Hegels Begriff der „eigentlichen Metaphysik"

HegelForum
Studien

herausgegeben von

Annemarie Gethmann-Siefert
Alain Patrick Olivier
Michael Quante
Elisabeth Weisser-Lohmann

Wissenschaftlicher Beirat

Paul Cobben
Paolo D'Angelo
Axel Honneth
Jussi Kotkarvirta
Jeong-Im Kwon
Herta Nagl-Docekal
Robert B. Pippin
Erzsébet Rózsa
Norbert Waszek

Zhili Xiong

Hegels Begriff der „eigentlichen Metaphysik"

Systematische Untersuchungen zum Metaphysikverständnis Hegels

Wilhelm Fink

Bibliografische Information der Deutschen Nationalbibliothek

Die Deutsche Nationalbibliothek verzeichnet diese Publikation in der Deutschen Nationalbibliografie; detaillierte bibliografische Daten sind im Internet über http://dnb.d-nb.de abrufbar.

Alle Rechte vorbehalten. Dieses Werk sowie einzelne Teile desselben sind urheberrechtlich geschützt. Jede Verwertung in anderen als den gesetzlich zugelassenen Fällen ist ohne vorherige schriftliche Zustimmung des Verlags nicht zulässig.

© 2019 Wilhelm Fink Verlag, ein Imprint der Brill-Gruppe
(Koninklijke Brill NV, Leiden, Niederlande; Brill USA Inc., Boston MA, USA; Brill Asia Pte Ltd, Singapore; Brill Deutschland GmbH, Paderborn, Deutschland)

Internet: www.fink.de

Einbandgestaltung: Evelyn Ziegler, München
Herstellung: Brill Deutschland GmbH, Paderborn

ISBN 978-3-7705-6454-5 (hardback)
ISBN 978-3-8467-6454-1 (e-book)

Inhalt

Danksagung VII

Einleitung: Das Problem der Metaphysik bei Hegel 1

1. Lehre vom Sein 15
   1.1 Bestimmtheit (Qualität) 15
      1.1.1 *Sein* 15
            Exkurs 1. Wurzel der ontologischen Lesart: das Sein 21
      1.1.2 *Das Dasein* 28
      1.1.3 *Das Fürsichsein* 36
   1.2 Die Größe (Quantität) 39
      1.2.1 *Die Quantität* 39
      1.2.2 *Quantum* 41
      1.2.3 *Das quantitative Verhältnis* 47
   1.3 Das Maß 51
      1.3.1 *Die spezifische Quantität* 51
      1.3.2 *Verhältnis selbstständiger Maße* 55
      1.3.3 *Das Werden des Wesens* 61

2. Lehre vom Wesen 67
   2.1 Das Wesen als Reflexion in ihm selbst 67
      2.1.1 *Der Schein* 67
      2.1.2 *Die Wesenheiten oder die Reflexions-Bestimmungen* 74
      2.1.3 *Der Grund* 82
            Exkurs 2. Wurzel der onto-theologischen Lesart:
            Beziehung des Grundes 93
   2.2 Erscheinung 98
      2.2.1 *Die Existenz* 98
      2.2.2 *Die Erscheinung* 104
      2.2.3 *Das wesentliche Verhältnis* 108
   2.3 Die Wirklichkeit 115
      2.3.1 *Das Absolute* 115
            Exkurs 3. Warum Hegels Metaphysik keine
            Onto-Theologie ist 120
      2.3.2 *Die Wirklichkeit* 127
      2.3.3 *Das absolute Verhältnis* 135

3. Lehre vom Begriff 145
   3.1 Die Subjektivität 145
      3.1.1 *Der Begriff* 145
            *Exkurs 4. Der ontologische Begriff oder der
            logische Begriff?* 152
      3.1.2 *Das Urteil* 157
      3.1.3 *Der Schluss* 168
   3.2 Die Objektivität 181
      3.2.1 *Der Mechanismus* 181
      3.2.2 *Der Chemismus* 186
      3.2.3 *Teleologie* 188
            *Exkurs 5. Die vorgestellte Realität oder die
            gedachte Objektivität?* 192
   3.3 Die Idee 196
      3.3.1 *Das Leben* 196
      3.3.2 *Die Idee des Erkennens* 200
            *Exkurs 6. Warum Hegels Metaphysik keine
            Transzendental-Philosophie ist* 209
      3.3.3 *Die absolute Idee* 216
      3.3.4 *Enzyklopädie der philosophischen Wissenschaften als
            Manifestationsprozess der eigentlichen Metaphysik* 220

Fazit: Epistemologie des philosophischen Begreifens als die
eigentliche Metaphysik 227

Literaturverzeichnis 233

Register 237

Danksagung

An dieser Stelle darf ich mich ganz besonders bei meinem Lehrer, Prof. Dr. Anton Friedrich Koch, für zahllose Anregungen, Diskussionen, lehrreiche Seminare und Kolloquien bedanken. Angeregt durch sein großes philosophisches Fachwissen und seine prägnanten philosophischen Analysen lernte ich, mich mit der Philosophie im Allgemeinen und mit der Philosophie Hegels im Speziellen selbständig und produktiv auseinanderzusetzen. Nachhaltigen Einfluss hinterließen auch Anregungen und Sachkenntnisse von Prof. Dr. em. Hans-Friedrich Fulda, bei dem ich mich an dieser Stelle offiziell und herzlich für die tiefen Einblicke und wertvollen Anmerkungen in Hegels Philosophie bedanken möchte. Prof. Dr. Michael Quante danke ich auch für Anregungen und Unterstützung. Den Herausgebern von *Hegel-Forum* danke ich für die Aufnahme in die Reihe. Nicht zuletzt danke ich dem *China Scholarship Council* (CSC) für das großzügige Stipendium und die damit verbundene finanzielle Unterstützung. Die vorliegende Publikation ist als Dissertation an der Universität Heidelberg eingereicht worden.

Einleitung: Das Problem der Metaphysik bei Hegel

Zur Herkunft des Problems: Historische Vorbemerkung über den Haupttitel „Begriff der eigentlichen Metaphysik"

Der Ausdruck „Metaphysik" bezeichnet in historischer Perspektive eine philosophische Disziplin, die eine über zweitausendjährige, abendländische Geschichte besitzt. Wie im Fall vieler anderer philosophischen Begriffe wandelt sich der Sinn der Rede von Metaphysik im Laufe der Zeit und es lassen sich mehrere Stadien feststellen. Bezüglich unseres Themas seien hier jedoch antizipierend nur drei Stadien der Metaphysik erwähnt und durch kurze Erläuterungen expliziert: (1) ihre Ursprungsphase bei Aristoteles, (2) ihre zweiteilige Phase in der Wolffischen Schulmetaphysik und schließlich (3) die Kantische Metaphysik. Anschließend wird (4) Hegels Begriff der „eigentlichen Metaphysik" im Kontext von Hegels eigener Entwicklung exponiert.

(1) Es wird in der Regel davon ausgegangen, dass die Bezeichnung „Metaphysik" aus der bibliothekarischen Arbeit von Andronikus von Rhodos (1. Jh. v.Chr.) stammt. Er „soll nämlich die aristotelischen Schriften geordnet und dabei das, was wir heute als die aristotelische M. verstehen, hinter der Physik eingereiht haben. So sei es zu der Bibliotheksbezeichnung τὰ μετὰ τὰ φυσικά gekommen."[1] Aristoteles selbst hat die Bezeichnung „Metaphysik" nie verwendet. Er nennt diese philosophische Disziplin „ἡ πρώτη φιλοσοφία"[2], die erste Philosophie, weil ihr Gegenstand das Allgemeinste, „τὸ ὂν ᾗ ὄν"[3] (das Seiende als solches) ist. Gleichzeitig scheint die erste Philosophie als Seinswissenschaft auch mit der Theologie (θεολογική[4]) nahezu gleichsetzbar zu sein, weil das göttliche Sein auch die Ursache und das Prinzip von allem ist. Der genaue Zusammenhang zwischen der Seinswissenschaft und der Theologie bleibt aber noch umstritten.

(2) Beeinflusst von der Cartesischen Metaphysik wird die Metaphysik von Christian Wolff nach drei Hauptarten des Seienden („Gott, menschliche Seelen, Körper"[5]) in drei Hauptzweige gegliedert: „Theologia Naturalis, Psychologia und Physica"[6]. Danach folgt aber auch eine Disziplin, die die allen Seienden gemeinsam zukommenden Eigenschaften untersucht. Wolff nennt

---

1 HWPh Bd. 5:1188.
2 Aristoteles, *Metaph.*: 1026 a24.
3 Aristoteles, *Metaph.*: 1003 a21.
4 Vgl. Aristoteles, *Metaph.*: 1026 a19.
5 HWPh Bd. 5: 1249.
6 HWPh Bd. 5: 1249.

diese Disziplin in Anlehnung an „Clauberg" „Ontologia".⁷ Erst durch Wolffs Schüler Alexander Gottlieb Baumgarten, dessen Lehrbücher für die Metaphysik und die praktische Philosophie selbst von Kant verwendet werden, werden diese vier philosophischen Disziplinen des Weiteren in zwei Teile der Schulmetaphysik eingeteilt: *metaphysica generalis* und *metaphysica specialis*.⁸ Während die Ontologie zur *metaphysica generalis* gehört, zählen die natürliche Theologie, die rationale Psychologie oder Pneumatologie und die rationale Physik oder Kosmologie zur *metaphysica specialis*.

(3) Durch seine programmatische „Umänderung der Denkart"⁹ nimmt Kant an, dass unsere Erkenntnis sich nicht nach den Gegenständen richten müsse, sondern vielmehr die Gegenstände „sich nach unserem Erkenntniß"¹⁰ richten. Angesichts dieser Revolution der Denkart kritisiert Kant auch jene Schulmetaphysik, weil die Gegenstände der Schulmetaphysik die Grenze unserer möglichen Erfahrungen übersteigen. Auf der Grundlage seiner *Kritik der reinen Vernunft* (KrV) bildet Kant die Metaphysik neu um. Er definiert die Metaphysik als „die ganze (wahre sowohl als scheinbare) philosophische Erkenntnis aus reiner Vernunft im systematischen Zusammenhange"¹¹ und gliedert die Metaphysik im weiteren Sinn nach der Unterscheidung zwischen dem spekulativen Vernunftgebrauch und dem praktischen Vernunftgebrauch in zwei Teile: die „*Metaphysik der Natur*" und die „*Metaphysik der Sitten*"¹². Insofern Metaphysik traditionell eine theoretische Disziplin ist, kann in *sensu stricto* auch allein die Metaphysik der Natur den Namen „Metaphysik" tragen. Anderseits aber lässt sich die Metaphysik der Natur in zwei Zweige gliedern: die „*Transzdentalphilosophie*" und die „*Physiologie* der reinen Vernunft"¹³ oder die rationale Physiologie. Während die rationale Physiologie jeweils die spezifischen Gegenstände unserer äußeren und inneren Sinne betrachtet, kümmert sich die Transzendentalphilosophie, die „nur den *Verstand* und Vernunft selbst in einem System aller Begriffe und Grundsätze"¹⁴ betrachtet, lediglich um die „Gegenstände überhaupt"¹⁵. Die *Kritik der reinen Vernunft*, die angesichts ihrer Untersuchung des reinen Denkens auch als Logik zu bezeichnen ist,¹⁶ wird von

---

7   HWPh Bd. 5: 1249.
8   Vgl. Vollrath (1962).
9   AA III: 11 (KrV B xvi).
10   AA III: 12 (KrV B xvi).
11   AA III: 543f (KrV B 869).
12   AA III: 544 (KrV B 869).
13   AA III: 546 (KrV B 873).
14   AA III: 546 (KrV B 873).
15   AA III: 546 (KrV B 873).
16   Vgl. AA IV: 387.

Kant deswegen nach der Stoischen Tradition auch „*Propädeutik*"[17] genannt. Da Kant den Gegenstand der vormaligen Ontologie, also das von unserem Denken unabhängige Seiende als solches oder Ding überhaupt, durch den Bereich des Gegenstandes urteilenden, reinen Denkens überhaupt ersetzt, tritt die transzendentale Logik an die Stelle der vormaligen Ontologie.[18]

(4) Wie aber verhält sich Hegel hierzu? Er hält am Anfang seiner Jenaer Zeit (etwa 1801/02) noch an der traditionellen Unterscheidung von Logik und Metaphysik fest. Es scheint so, als hätte er Kants Ersatz der Metaphysik durch die Logik noch nicht akzeptiert.[19] Dies geschah schlussendlich in seiner Nürnberger Zeit.[20] Das Resultat dieses Lernprozesses reflektiert sich offenkundig auch in seiner zur gleichen Zeit konzipierten *Wissenschaft der Logik*. Die Logik ist eben im Kantischen Sinn die Untersuchung des Begriffsgehaltes des reinen Denkens und somit „die eigentliche Metaphysik"[21] im inhaltlichen Sinne. Vor diesem Hintergrund verwendet Hegel den Ausdruck *Denk*bestimmungen und betrachtet die vorkantische Schulmetaphysik als die vergangene, also „vormalige Metaphysik"[22], die durch die eigentliche Metaphysik, also die spekulative Logik ersetzt werden müsse. Aus diesem Grund sind alle Interpretationen, die Hegel vorkantisch und somit vorkritisch lesen, zurückzuweisen.

Außer der Übereinstimmung mit Kant über die Ersetzung der Metaphysik durch die Logik muss Hegels Konzept der eigentlichen Metaphysik noch von der Kantischen Metaphysik unterschieden werden, weil Hegel die Kantische Metaphysik „wieder zu reinigen"[23] oder „wieder einmal von vorne anzufangen"[24] versucht. Der Grund für diesen Neuanfang liegt vor allem im Verdacht begründet, Kants Transzendentalphilosophie sei ein ‚Psychologismus'. Der ‚Psychologismus' der Transzendentalphilosophie reflektiert sich in

---

17 AA III: 43 (KrV B 25).
18 Vgl. AA III: 207 (KrV B 303).
19 Vgl. Jaeschke (2012).
20 Datiert auf den 23. Oktober 1812 bekennt sich Hegel in einem Privatgutachten über den Vortrag der philosophischen Vorbereitungswissenschaften auf Gymnasien an seinem lebenslangen Freund Immanuel Niethammer, die Kantische Konzeption der Metaphysik angenommen zu haben. „Nach meiner Ansicht des Logischen fällt ohnehin das *Metaphysische* ganz und gar dahinein. Ich kann hiezu Kant als Vorgänger und Autorität citiren. Seine Kritik reducirt das seitherige Metaphysische in eine Betrachtung des Verstandes und der Vernunft." GW 10.2: 825.
21 GW 21: 7.
22 GW 20: 70 (Enz³ 1830 §27).
23 GW 10.2: 826.
24 GW 21: 7.

zwei Aspekten: (1) dem Gegensatz von Subjekt und Objekt oder von Begriff und Realität und (2) der Vermögenstheorie.

Für Hegel ist der von Kant angenommene „Gegensatz von Begriff und Realität"[25] oder von Subjekt und Objekt[26] problematisch, weil er eine psychologistische Auffassung des Bewusstseins nahelegt und weswegen Hegel Kants Transzendentalphilosophie „psychologischen Idealismus"[27] und „subjektiven Idealismus"[28] nennt:

> Diß Verhältniß wird sowohl in der gewöhnlichen psychologischen Vorstellung, als auch in der Kantischen Transcendental-Philosophie so angenommen, daß der empirische *Stoff*, das Mannichfaltige der Anschauung und Vorstellung zuerst *für sich da* ist, und daß dann der Verstand dazu *hintrete*, *Einheit* in denselben bringe, und ihn durch *Abstraction* in die Form der *Allgemeinheit* erhebe.[29]

Dieser psychologistische Aspekt kann auch aus der Kantischen Definition von *transzendental* abgeleitet werden.

> Ich nenne alle Erkenntnis *transzendental*, die sich nicht so wohl mit Gegenständen, sondern mit *unserer Erkenntnisart* von Gegenständen, *so fern diese a priori möglich sein soll*, überhaupt beschäftigt. Ein System solcher Begriffe würde *Transzendental-Philosophie* heißen.[30]

Die Transzendentalphilosophie wird eben durch den apriorischen Bezug des urteilenden Denkens auf den Gegenstand definiert, der dem Denken gegenübersteht und demselben äußerlich gegeben wird. Anders als Kant fordert Hegel die Begriffe oder, genauer gesagt, die Denkbestimmungen „an und für sich"[31] zu betrachten bzw. „in ihrem besondern Inhalte"[32] und ohne jenen Bezug auf den Gegenstand oder Inhalt, der nicht aus dem Denken stammt. Die Voraussetzung des Gegensatzes zwischen Subjekt und Objekt scheint für Hegel auf den Reflexionsbegriff des Dinges-an-sich und des Gegenstandes überhaupt hinzuführen, die nur das Produkt der leeren, reflektierten Abstraktion sind. (Eine ausführlichere Kritik an der Gedankenbestimmung des Dinges-an-sich wird im Kapitel „Erscheinung" in der Wesenslogik noch ausführlicher dargestellt.)

---

25   GW 23.2: 696.
26   Vgl. GW 20: 79.
27   GW 12: 22.
28   GW 21: 180.
29   GW 12: 20.
30   AA III: 43 (KrV B 25).
31   GW 21: 49.
32   GW 21: 49.

An Kants Gliederung der menschlichen Vermögen,[33] die der damaligen Psychologie folgt, scheint für Hegel noch Weiteres problematisch zu sein: die theoretische und praktische Vernunft sowie die reflektierende Urteilskraft. Für Hegel ist die reine praktische Vernunft *qua* Wille „sogleich denkend; das was ihn treibt ist das Allgemeine"[34]. Deshalb hat Hegel die praktische Vernunft überhaupt in den Abschnitt *Die Idee des Guten* integriert, da die „theoretische Vernunft so wie die praktische [Vernunft] Einseitigkeiten sind, die nur Abstraktionen sind und nur Momente des Wahren."[35] Dies gilt auch für die reflektierende Urteilskraft, die – analog zur Funktion des anschauenden Verstandes[36] – die ihm angemessene Realität „durch Denken, durch Verstand"[37] selbst hervorbringen kann. Vor diesem Hintergrund wird bei Hegel der lebendige Organismus als Beispiel in das Kapitel „das Leben" integriert. Mit einem Wort: Die Denkbestimmungen, die bei Kant unter der Vermögenstheorie als dem vorausgesetzten, psychologistischen Paradigma verwendet werden, werden in der *Wissenschaft der Logik* allein in ihrem begrifflichen Zusammenhang systematisch untersucht.

Aus diesem historischen Rückblick ergibt sich offenkundig ein Bedürfnis nach einer systematischen Untersuchung der Metaphysik, womit der Horizont der *Wissenschaft der Logik* als der eigentlichen Metaphysik skizziert wird. Das Bedürfnis nach Systematizität besteht sowohl im Umfang als auch im Inhalt der Metaphysik. In Phase (1) war der Umfang der Metaphysik die Ontologie und die Theologie; in Phase (2) wurde der Umfang der Metaphysik bis auf die Begriffe der Seele und Welt, also die rationale Psychologie und Kosmologie, ausgedehnt; in Phase (3) wurde das traditionelle, realistische Muster der Metaphysik durch die anti-realistische Untersuchung des Begriffschemas des reinen Denkens ersetzt; in Phase (4), nämlich Hegels frühen Jahren, schwankte die Trennung der Metaphysik und Logik noch.[38]

Ganz allgemein gesprochen kann (mit oder ohne Hegel) behauptet werden, dass sich der Inhalt der Metaphysik oder das Inventar der Denkbestimmungen im Laufe der Zeit wandelt. Schon bei Aristoteles wurden Denkbestimmungen wie Sein, Ursache, Grund, Allgemeinheit, Substanz, Wesen

---

33   Die Diskussion solcher Vermögen fällt bei Hegel nicht in die Logik, sondern in die ‚Psychologie' seiner Enzyklopädie. Vgl. GW 20: 434ff (Enz.³1830, §440ff).
34   GW 23.2: 696.
35   GW 23.2: 699.
36   GW 20: 93 (Enz³ 1830 §55).
37   GW 23.2: 697.
38   Auch heutzutage bleibt der Umfang der Metaphysik offen. Dies betrifft v. a. die Frage, ob z.B. einige Teile der Philosophie der Religion, der Philosophie des Geistes und der Handlungstheorie zur Metaphysik gehören. Vgl. Loux (2006): 10-11.

usw. zur Bestimmung der Metaphysik verwendet. In Wolffs Schulmetaphysik kamen dann weitere metaphysische Bestimmungen hinzu; aber erst bei Kant wurde der Anspruch auf Systematizität der Kategorien erhoben, die jedoch nur auf die theoretische Vernunft und die subjektive Seite beschränkt blieben.

Solange die Metaphysik Wissenschaft sein soll, muss ein systematisches Projekt verfolgt werden, das beim reinen Denken voraussetzungslos ansetzt und alle Denkbestimmungen vollständig in ihrem begrifflichen Zusammenhang kritisch ableitet. Da die Denkbestimmungen zugleich bestimmte metaphysische Standpunkte nach sich ziehen, hebt Hegel durch diese kritische Ableitung aller Denkbestimmungen auch systematisch den realistischen Standpunkt der vormaligen Metaphysik und den subjektiven idealistischen Standpunkt des Kantischen sowie nachkantischen Idealismus auf. Vor diesem Hintergrund erweist sich eine systematische Untersuchung, die auf einen der beiden Standpunkte zurückgreift, der Hegelschen Philosophie als inadäquat.

Methodologische Vorbemerkung
Der Ausdruck „systematische Untersuchungen" im Untertitel bezeichnet die Methodologie dieser Abhandlung. In gegenwärtiger Bedeutung steht das Adjektiv „systematisch" für einen methodologischen Ausdruck, mit dem grundlegende Fragen der Philosophie adressiert werden. Dazu gehören z. B. die Fragen nach dem Wahrmacher eines Subjekt-Prädikat-Satzes, die Erkennbarkeit der Welt usw. Traditionell bedeutet jenes Adjektiv die durch alle Teile aufgebaute Untersuchung des *ganzen* Gegenstandes. Die traditionelle Bedeutung des Adjektivs „systematisch" entspringt der substantivischen Bedeutung von „System", das ein durch seine Teile organisiertes Ganzes ist.[39] Im Hegelschen Sinne ist das System mit der spekulativen Methode[40] *cum grano salis* zu identifizieren, die im letzten *Abschnitt* der *Wissenschaft der Logik – Die absolute Idee* – thematisch ist und in ihren drei Momenten – dem Verständigen, dem dialektischen und dem spekulativen[41] – dem Leser am Anfang präsentiert wird. Meine eigenen systematischen Untersuchungen liefern deshalb einen Überblick über die ganze *Wissenschaft der Logik*, der alle drei Bedeutungen des Systems einschließt. Warum muss aber die ganze Hegelsche Logik behandelt werden? Es lassen sich drei Gründe dafür nennen, warum diese Vorgehensweise angemessen ist.

---

39 Das Wort „System" kommt ursprünglich aus dem griechischen Wort: σύστημα (σύν zusammen + ἵστημι stellen) und bedeutet das aus den Teilen bestandene oder zusammengestellten Ganze. Vgl. HWPh Bd. 10: 824.
40 GW 20: 229 (Enz³ 1830 § 238).
41 Vgl. GW 20: 118 (Enz³ 1830 § 79) und GW 23,2: 713f.

(1) Die spekulative Logik ist ein Ganzes. Eine auf Hegels Metaphysik zutreffende, systematische Untersuchung muss den argumentativen Spuren im Text folgen und Schritt für Schritt die Ableitung der *ganzen* Logik explizieren. Da diese Abhandlung Hegels Konzeption der Metaphysik möglichst authentisch, d.h. in ihrer eigentümlichen Gestalt und nicht nur in Bezug auf das gegenwärtige philosophische Interesse zu explizieren versucht, muss die Art und Weise der Explikation selbst mit dem Hegelschen Anspruch auf Systematizität und Ganzheit übereinstimmen. Weil Hegel unter System und unter Rekurs auf die spekulative Methode einen „in sich geschlungenen Kreis"[42] versteht, ist das Hegelsche System im logischen Bereich oder bezüglich des Themas der Metaphysik die ganze *Wissenschaft der Logik*.

(2) Alle partiellen Interpretationen sind im Hinblick auf die Ganzheit der Logik mit Schwierigkeiten behaftet, die bei einer ganzheitlichen Interpretation vermieden werden können. Die partiellen Interpretationen haben freilich den Vorzug vor den holistischen Interpretationen der Logik, wenn sie ihren Fokus auf eine detaillierte Analyse oder Rekonstruktion des einen oder anderen Kapitels legen. Aber hier entsteht das Problem der Textauswahl, bei der sich die Frage stellt, welche Passagen einen Einblick ins Hegelsche Denken gewähren können und warum genau dieser und nicht jener Abschnitt es ist, der den metaphysischen Standpunkt Hegels belegen kann.[43] Eine solche Frage ist insofern berechtigt, als Hegel eben nicht *einige* Teile, sondern das *Ganze* seiner Logik als die eigentliche Metaphysik bezeichnet hat. Die bloß partielle Interpretation scheint sogar die Ursache für verschiedene Missverständnisse bezüglich Hegels Metaphysik zu sein, die im nächsten Hauptabschnitt der vorliegenden Einleitung in zwei typische Gruppen sortiert werden.

(3) Eine einheitlich das Ganze darlegende Behandlung ist angemessen bezüglich der Untersuchung von Hegels Metaphysik *qua* Logik. Es gibt viele Sammelbände[44], die sich auf das eine oder andere einzelne Kapitel der Logik beziehen. Diese sind als Begleitlektüre von verschiedenen Autoren verfasst, und eignen sich für eine Person, die nach einer Einführung in die Thematik sucht. Eine solche auf Kooperation ruhende Arbeit ist fruchtbar und effektiv und reflektiert den aktuellen Forschungsstand zur Hegelschen Logik. Sie läuft

---

42 GW 12: 252.
43 So hat Longuenesse das Kapitel des Grundes aus der Wesenslogik ausgewählt (Longuenesse (2007): xiv); Kreines hat sich für den zweiten und dritten Abschnitt der Begriffslogik entschieden (Kreines (2015): 27); Theunissen hat das jeweilige Anfangskapitel aus der Seins-, Wesens- und Begriffslogik genommen (Theunissen (1980): 19); Pippin hat die meisten Teile der Logik abgedeckt, aber noch einige ausgelassen, z.B. das Maßkapitel in der Seinslogik und das Objektivitätskapitel in der Begriffslogik (Pippin (1989): viii).
44 Wie Koch (2002), (2003); Arndt (2000), (2006), (2016); Quante u. Mooren (2018).

aber auch die Gefahr, dass die verschiedenen Autoren mit ihren verschiedenen Interpretationsansätzen der Hegelschen Logik hinsichtlich Hegels metaphysischer Konzeption nicht übereinstimmen. Die verschiedenen Deutungen können den Leser gar verwirren – beispielsweise wenn sich zeigt, dass Hegel einmal im Kapitel über das Absolute die vorkantische Metaphysik kritisiert und dann im Kapitel über die absolute Idee wieder ein Anhänger der vorkantischen Metaphysik zu sein scheint. Daher ist eine einheitliche Abhandlung zur Hegelschen Metaphysik notwendig für eine zugreichende Auskunft über die Hegelsche Metaphysik, in der Hegel selbst offenkundig nur *einen* metaphysischen Standpunkt einnimmt.

Obwohl die Behandlung der *Wissenschaft der Logik* hier im Detail an einigen Stellen hinter weitergehenden Erwartungen zurückbleiben muss, liefert sie doch einen relativ deutlichen Überblick über das gesamte Konzept der Metaphysik Hegels und dementsprechend auch über die ganze *Wissenschaft der Logik*, und zwar einen, der nicht nur als Abhandlung gelten darf, sondern auch als Begleitlektüre für den Anfänger dienlich sein kann. Um wirklich eine solche Abhandlung sein zu können, müssen die referierenden Teile der folgenden Arbeit sich vor allem auf Zusammenhänge der einzelnen Teile, Abschnitte und Kapitel der *Wissenschaft der Logik* konzentrieren. Ausgehend vom Überblick über die ganze Logik findet eine kritische Auseinandersetzung mit anderen Hegelinterpretationen statt. Schließlich soll auch Hegels Idee der eigentlichen Metaphysik ans Licht gebracht werden, indem gezeigt wird, dass Hegels *Wissenschaft der Logik* weder ein Realismus (vorkantische Metaphysik) noch der subjektive Idealismus (Transzendentalphilosophie), sondern zusammen mit ihrer weiteren Entwicklung in enzyklopädischer Natur- und Geistphilosophie Epistemologie des philosophischen Begreifens ist.

Zusammenfassender Bericht über den Zustand der Forschung zum Problem der Metaphysik bei Hegel

Seit der Hegel-Renaissance des letzten Jahrhunderts steht das Problem der Metaphysik bei Hegel im Fokus,[45] und wird bis heute immer noch heftig diskutiert.[46] Die Diskussion dreht sich vor allem um die Frage, in welchem Sinn und bis zu welchem Umfang Hegel eine Metaphysik konzipiert hat. Angesichts der großen Anzahl an Interpretationen können hier nicht alle von ihnen erwähnt werden. Das betrifft sowohl die systematische Einteilung der Hegelinterpretation als auch die Quantität der Publikationen. Die hier vorliegende Monographie setzt sich mit zwei Interpretationsansätzen kritisch

---

45 Vgl. Beiser (2008).
46 Vgl. Kreines (2006) und De Laurentiis (2016).

auseinander: Mit (A) der Standardmetaphysik oder Onto-Theologie und (B) Mit der Transzendentalphilosophie.

A. Die standardmetaphysische Deutung (Hegels Logik als Onto-Theologie):

Der Kern dieser Deutung ist, dass Hegels Metaphysik eine Lehre vom Seienden als solchen und vom höchst-exemplarischen Seienden, also dem Absoluten oder Gott sei. Nach Stephen Houlgates ontologischer Lesart beispielsweise ist Hegels spekulative Logik sowohl eine Darstellung der Struktur unseres Denkens als auch „an account of the basic structure of *being*", also eine *Ontologie*.[47] Ein anderes Beispiel wäre Rolf-Peter Horstmanns Deutung *relationsontologischer Monismus*,[48] worunter nicht ein auf der substantiellen Relation basierendes Substrat, sondern das Verhältnis von Verhältnissen bzw. die selbstbezügliche Relation verstanden wird. Diese selbstbezügliche Relation ist nach Horstmann die Primärstruktur (das Absolute) aller materiellen und geistigen Seienden und insofern auch das, was es in Wahrheit *gibt* und was Horstmann zufolge das eine umfassende Thema der Hegelschen Logik ausmacht.

Dieter Henrich zufolge ist dagegen die Hegelsche Metaphysik als Logik zwar auch ein Monismus, aber dieser Monismus ist keine „Theoria negativa",[49] also keine All-Einheitstheorie, sondern umgekehrt, eine „Theoria spekulativa" oder eine *Ein-Allheitstheorie*.[50] Im Gegensatz zu Theoria negativa wird die Existenz der endlichen Dinge in der Theoria spekulativa oder der Ein-Allheitstheorie nicht negiert, sondern durch die selbstbezügliche Negation des Einen oder des Absoluten z.T. aufbewahrt. Michael Theunissen liest Hegels Logik als *evangelische Theologie* und betont, dass diese Logik, wie nach Kantischem Programm, auch in zwei Teile eingeteilt wird:[51] nämlich in ein kritisches und ein dogmatisches Geschäft. Die Seins- und Wesenslogik, also die objektive Logik macht die Kritik der vormaligen Metaphysik (*die kritische Darstellung der Metaphysik*) aus und die subjektive Logik betreibt dagegen das dogmatische Geschäft, also eine neue Offenbarungstheologie, die als eine kommunikative Freiheitstheorie auf Liebe basiert und deshalb eine evangelische Theologie („die Koinzidenz von Liebe und Freiheit")[52] ist. Wieder eine andere Deutung

---

47 Houlgate (2006): 115 u. vgl. auch 436.
48 Vgl. Horstmann (1984): 104.
49 Henrich (1982): 144; eine Synthese von Henrichs selbstbezüglicher Negation und Horstmanns begrifflichem Monismus vgl. Bowman (2013): 5, 7, 10.
50 Henrich (1982): 145.
51 Vgl. Theunissen (1980): 41.
52 Theunissen (1980): 61.

des Absoluten ist Beisers spinozistische Interpretation, dass das Absolute keine der Welt transzendente Entität, sondern eine der Welt immanente Entität oder die Welt selbst ist:⁵³ „the infinite does not exist beyond the finite world but only within it".⁵⁴

Martin Heidegger ist wahrscheinlich der bekannteste Vertreter dieser *onto-theologischen Deutung*.⁵⁵ Nach ihm ist Hegels Logik eine Ontologie, weil die Logik mit dem Sein beginnt und mit der absoluten Idee als dem erfüllten Sein endet. Sie ist zugleich auch eine Theologie, weil die absolute Idee als das erfüllte Sein eben das höchste Sein ist, das im Sinne von Platons ὄντως ὄν (das wahrhafte Seiende) den Namen Gottes verdient. Vor dem Hintergrund des Rahmens der Schulmetaphysik Wolffs erklärt Robert Stern wiederum Hegels Logik zum „realism about universal" *qua metaphysica generalis* und zu einer immanenten Theorie des Absoluten *qua metaphysica specialis*.⁵⁶ Für Hegels Metaphysik vertritt seine Lesart einen *begrifflichen Realismus*. In Unterschied zu Heidegger subsumiert Stern Hegels Logik der traditionellen Debatte zwischen dem metaphysischen Realismus und dem Nominalismus, sodass der Begriff als solcher *qua* das Allgemeine in der *Wissenschaft der Logik* die wahrhafte Realität ist.

B. Die transzendentalphilosophische Deutung

Der transzendentalphilosophischen Deutung nach folgt Hegel Kant, indem er seine transzendentale Wendung übernimmt und sie durch seine Arbeit vollendet. Dieser Interpretationsrichtung folgt z.B. Klaus Hartmanns „Kategorientheorie"⁵⁷, der zufolge es in Hegels spekulativer Logik um eine *transzendentale Rekonstruktion der apriorischen Kategorien* geht, die keine metaphysischen Bezüge auf die existierenden Erkenntnisgegenstände haben.

Da diese Kategorientheorie den Bezug auf unser Bewusstsein aufzugeben scheint und sich selbst einschließt, stellt sich freilich die Frage nach dem epistemologischen Zugang zu solchen Kategorien. Wie können wir sie überhaupt erkennen? Von diesem Bedenken geht Robert Pippins transzendentale Deutung aus, in der die Logik als eine Untersuchung über „conceptual conditions required for there to be possibly determinate objects of cognition"⁵⁸ gedeutet wird. Genau wie Kant untersucht Hegel somit den *selbstbewussten*

---

53   Vgl. Beiser (1993): 7; auch Beiser (2005): 55.
54   Beiser (2005): 55.
55   Vgl. Heidegger (2006): GA 11: 63, auch Düsing (1995): 22 und Düsing (2012): 211.
56   Stern (2009): 26; eine ähnliche Interpretation der Hegelschen Logik als begrifflicher Realismus bei Kreines (2015): 22ff.
57   Hartmann (1972): 104.
58   Pippin (1989): 176.

Charakter des menschlichen Denkens mit Blick auf das Erkennen der möglichen Gegenstände. Zu dieser Interpretation tendieren auch Robert Brandom und Terry Pinkard. Mithilfe der Sprachphilosophien von Wilfrid Sellar und vom späten Wittgenstein rekonstruiert Brandom Hegels Idealismus als eine *Artikulation der Nachvollziehbarkeit der Welt anhand der materiellen Exklusion*.[59] Die materielle Exklusion hängt wiederum von der normativen Struktur des Selbstbewusstseins ab, dessen Bestimmtheit sowohl gesellschaftliche als auch geschichtliche Dimensionen voraussetzt.[60] Pinkard zufolge expliziert Hegels Logik begriffliche Dilemmas, die sich vor dem Hintergrund *unserer geistigen Eigenschaft* qua „self-interpreting animals" stellen.[61] Diese geistige Eigenschaft der Menschen ermöglicht es, eine den Menschen entsprechende Realität zu erzeugen

Abfolge und Gliederung der folgenden Kapitel

Dem oben Dargestellten folgend kann das Problem der Metaphysik bei Hegel nun expliziter in Form einer Frage formuliert werden: In welchem Sinn identifiziert Hegel seine *Wissenschaft der Logik* mit der „eigentlichen Metaphysik"? Die Schwierigkeit des Problems besteht in der Mehrdeutigkeit des Terminus „Metaphysik", sobald man bedenkt, dass die Bestimmungen in der *Wissenschaft der Logik* sowohl im realistischen Sinn als auch im subjektiven idealischen Sinn zu verstehen sind. Die Bestimmung „Qualität" z.B. könnte sowohl zur rationalistischen Metaphysik (eine dem Seienden an sich zukommende Eigenschaft) als auch zu Kants Transzendentalphilosophie (eine dem Denken zukommende Urteilsfunktion) gehören. Auch wenn Hegels metaphysischer Standpunkt von den rationalistischen und subjektiv-idealistischen Standpunkten ausdrücklich zu unterscheiden ist, lassen sich viele Interpretationen auf die partiellen – realistischen und subjektiv-idealistischen – Standpunkte zurückführen, wie im letzten Abschnitt gezeigt wurde. In der Tat wird aber eine systematische Aufhebung des Realismus und subjektiven Idealismus in der *Wissenschaft der Logik* von Hegel selbst vollzogen.

Dass Hegel beide Standpunkte in seine Metaphysik inkorporieren wollte, kann am Adjektiv „eigentlich" im Ausdruck „eigentliche Metaphysik" expliziert werden. Das Adjektiv „eigentlich" drückt auf der positiven Seite den eigentümlichen Charakter der Metaphysik aus, nämlich die Epistemologie des philosophischen Begreifens oder „Denken des Denkens"[62]. In seiner negativen

---

59 Vgl. Brandom (2002): 178ff.
60 Vgl. Brandom (2002): 210ff.
61 Vgl. Pinkard (2012): 5.
62 GW 20: 62 (Enz³ 1830 § 19 Anm.).

Konnotation bezeichnet das Adjektiv „eigentlich" die Uneigentlichkeit der vormaligen und Kantischen sowie nachkantischen Metaphysik. Aus diesem Zusammenhang ergibt sich die zweifache Aufgabe der *Wissenschaft der Logik*, einerseits die Epistemologie des philosophischen Begreifens zu explizieren und anderseits den realistischen und subjektiv-idealistischen Standpunkt aufzuheben.

Die Reihenfolge der Aufhebung des direkten Realismus, des indirekten Realismus oder Essentialismus und des subjektiven Realismus, entspricht dem kognitiven, psychologistischen Prozess.

> In unserer Wissenschaft, als der reinen *Logik*, sind diese Stuffen, *Seyn* und *Wesen*. In der *Psychologie* sind es das *Gefühl* und die *Anschauung*, und dann die *Vorstellung* überhaupt, welche dem Verstand vorausgeschickt werden. In der *Phänomenologie des Geistes*, als der Lehre vom Bewußtsein, wurde durch die Stuffen des *sinnlichen Bewußtseins* und dann des *Wahrnehmens* zum Verstande aufgestiegen. Kant schickt ihm nur Gefühl und Anschauung voraus. Wie *unvollständig* zunächst diese Stuffenleiter ist, gibt er schon selbst dadurch zu erkennen, daß er als *Anhang* zu der transcendentalen Logik oder Verstandeslehre, noch eine *Abhandlung* über die *Reflexionsbegriffe* hinzufügt; eine Sphäre, welche zwischen der *Anschauung* und dem *Verstande*, oder dem *Seyn* und *Begriffe* liegt.[63]

Gemäß der Übereinstimmung zwischen den Erkenntnisvermögen (Gefühl und Anschauung, Vorstellung und Reflexion, Verstand) und den Begriffsgehalten (Sein, Wesen, Begriff) ordnet Hegel auch die drei Hauptteile der *Wissenschaft der Logik*, nämlich Seinslogik, Wesenslogik und Begriffslogik. Analog zum psychologistischen Muster der Anschauung und Vorstellung, bei dem die Realität als äußerliche Gegebenheit vorausgesetzt wird, werden in der Seinslogik und Wesenslogik die entsprechenden Begriffsgehalte jenes psychologistischen Musters interpretiert. Dieser realistische Standpunkt kann in Hinblick auf den Unterschied der Gegebenheit – sinnliche Gegebenheit in der Anschauung (z.B. Humes sinnliche Eindrücke) und intellektuelle Gegebenheit in der Reflexion (z.B. Platons Ideen) – in den direkten Realismus und Essentialismus eingeteilt werden. Dementsprechend spielt der Verstand in diesem psychologistischen Muster die Rolle der leeren Form, die dem Gegebenen ‚übergestülpt' wird. Aus diesem Grund repräsentiert die Begriffslogik mit ihren entsprechenden Begriffsgehalten das Verstandesdenken und damit auch den subjektiv-idealistischen Standpunkt.

Bezüglich Hegels Argumentationsstrategie lässt sich die hiesige Abhandlung auch gemäß der Reihenfolge der *Wissenschaft der Logik* entfalten. In drei Hauptkapiteln der Abhandlung werden Hegels Argumentationsschritte als

---

63 GW 12: 19.

Aufhebungen des direkten Realismus, des Essentialismus und des subjektiven Idealismus referiert und rekonstruiert. Hegels eigene metaphysische Position *qua* die Epistemologie des philosophischen Begreifens erscheint schließlich im Fazit. Kurz vorm Fazit wird auch darauf hingewiesen, dass die absolute Idee und mit ihr die Logik nicht nur den Anfang der spekulativen Philosophie Hegelscher Provenienz ausmacht, sondern als Ende zugleich den Fortgang durch die Realphilosophie, insbesondere die Naturphilosophie, voraussetzt und wieder zu sich zurückkehrt. Wegen dieser Rückkehr zu sich erreicht der Ausdruck „Metaphysik" seine *eigentliche* Bedeutung im formalen Sinne seiner Stellung im System der spekulativen Philosophie, nämlich als eine philosophische Disziplin, die *nach* der philosophischen Physik zu sich kommt. Die Logik ist somit eigentliche „Meta-physik".[64]

---

64 Vgl. Fulda (1991); zudem auch Fulda (2003): 128f.

KAPITEL 1

Lehre vom Sein

1.1 Bestimmtheit (Qualität)

1.1.1 *Sein*

In der Lehre vom Sein wird die Kritik am direkten Realismus ausgeführt. Der *direkte Realismus* bezeichnet üblicherweise eine metaphysische Position, bei der der unmittelbaren Auffassung der Außenwelt, die vom Denken unabhängig und durch Anschauung gegeben ist, ein Primat eingeräumt wird. Dieser epistemisch-metaphysische Standpunkt wird durch das sinnliche Gegebene (sinnliche Qualia wie Dunkelrot, Schmerz usw.) erhoben. Angesichts dieser Unmittelbarkeit wird der direkte Realismus auch der *naive Realismus* genannt, der den metaphysischen Standpunkt des gesunden Menschenverstandes ausmacht. Da Hegel in der *Wissenschaft der Logik* und vor dem Hintergrund einer Theorie der Voraussetzungslosigkeit den ‚psychologischen' Rahmen von Anschauung, Gefühl, Wahrnehmung usw. als illegitime, theoretische Voraussetzung von Anfang an zurückweist, fokussiert er sich nur auf Begriffsgehalte des direkten Realismus *qua* Sein oder Unmittelbarkeit.

Um die eigentliche Metaphysik *qua* voraussetzungslose Wissenschaft (ein Gedankenexperiment) zu bilden, bleibt Hegel zunächst einmal nur die Option übrig, eine erste und ursprüngliche Unmittelbarkeit zum anfänglichen Gegenstand der eigentlichen Metaphysik zu machen. Voraussetzungslosigkeit heißt hier nicht eine ganz im Allgemeinen, als ob der Gebrauch der Worte selbst als eine Voraussetzung der Theoriebildung weggelassen werden müsste. Die Voraussetzungslosigkeit richtet sich allein auf theoretische Voraussetzungen. So setzt szientischer Realismus z.B. relevante, physikalische Entitäten wie Quarks voraus, oder der subjektive Idealismus setzt den psychologischen Rahmen wie den Gegensatz zwischen Subjekt und Objekt voraus. Die eigentliche Metaphysik als radikale, strenge Wissenschaft muss m.a.W. von Null an aufgebaut werden. Wenn aber der Gegenstand dieser Wissenschaft nicht anfänglich schon vorausgesetzt werden darf, wie z.B. materiale Objekte für Physik, was für ein Anfang ist der spekulativ-logische Anfang dann und wie wird er gemacht?

> Soll aber keine Voraussetzung gemacht, der Anfang selbst unmittelbar genommen werden, so bestimmt er sich nur dadurch, daß es der Anfang der Logik, des Denkens für sich, seyn soll. Nur der Entschluß, den man auch für

> eine Willkühr ansehen kann, nemlich daß man das Denken als solches betrachten wolle, ist vorhanden. So muß der Anfang absoluter oder was hier gleichbedeutend ist, abstracter Anfang seyn; er darf so nichts voraussetzen, muß durch nichts vermittelt seyn, noch einen Grund haben; er soll vielmehr selbst Grund der ganzen Wissenschaft seyn. Er muß daher schlechthin ein Unmittelbares seyn, oder vielmehr nur das Unmittelbare selbst.[1]

Hegel lehrt uns, dass der spekulativ-logische Anfang mit dem Entschluss, zu philosophieren, identisch ist. Durch diesen Entschluss wird im Denken alles abstrahiert oder ausgeschlossen. Es bleibt nur das Denken selbst übrig, das wegen seiner Leerheit von Hegel „reines Denken" genannt wird. Das reine Denken ist m.a.W. *das* minimale Gegebene oder Unmittelbare, dessen Begriffsgehalt Null ist. Auch die Bestimmung „Unmittelbarkeit" selbst muss von diesem Begriffsgehalt ausgeschlossen werden. Nach der Tradition der Metaphysik nennt Hegel diesen Begriffsgehalt „reines Sein". Angesichts der Unmittelbarkeit des Anfangs konstituiert das reine Sein den logischen Ausgangspunkt des direkten Realismus, der das unmittelbar Gegebene für Realität hält.

Heutzutage ist man gewöhnt, einen Begriffsgehalt als Proposition zu bezeichnen, der jeweils ein Sachverhalt entspricht. Ein Sachverhalt kann bestehen oder nicht bestehen, woraus sich seine Zweiwertigkeit ergibt. Er ist eine Tatsache oder der Fall und damit wirklich, wenn er besteht; er ist keine Tatsache oder Nicht-der-Fall, wenn er nicht besteht. Die Existenz eines Sachverhaltes bleibt hingegen in beiden Möglichkeiten unverändert. Die Existenz und der Bestand eines Sachverhaltes fallen auseinander. Eine Proposition ist z.B.:

(1) Yinchuan ist die Hauptstadt Chinas.
(2) Kim Jong-un ist der Oberste Führer Nordkoreas.

Während (1) nicht besteht und daher falsch ist, ist (2) eine Tatsache und daher wahr. Propositionen besitzen eine logische Struktur in Form eines Subjekt-Prädikat-Verhältnisses, der die Bewusstseinsdifferenz (Gegenstand und Bewusstsein) entspricht. Hegel bezeichnet Propositionen daher auch als Bewusstsein. In (1) z.B. tritt Yinchuan, Hauptstadt der Ningxia Provinz, an die Stelle des Subjekts; die Hauptstadt Chinas an die Stelle des Prädikats. Das logische Subjekt einer Proposition bezieht sich auf ein Objekt, und das logische Prädikat auf eine Vorstellung, die von der betreffenden Person dem Objekt hinzugefügt wird.

Das reine Sein ist kein Begriffsgehalt wie es bei Propositionen der Fall ist. Es hat keinen Unterschied von Subjekt und Objekt, also keine Propositionsstruktur.

---
[1] GW 21: 56.

1.1 BESTIMMTHEIT (QUALITÄT)

Das leere Denken bietet aber den logischen Ausgangspunkt *qua* Denkbarkeit für alle möglichen Propositionen oder Sachverhalte. Trotz der Weglassung irgendeines Denkinhaltes bleibt das reine Sein *qua* das leere Denken übrig. In diesem Sinne darf man das reine Sein, wie Anton F. Koch vorgeschlagen hat, *Ursachverhalt* nennen.[2] Die Existenz dieses Ursachverhaltes fällt mit seinem Bestand zusammen.

Als minimale Unmittelbarkeit ist das reine Sein der vorläufige Gegenstand der Logik. Als das Synonym der Voraussetzungslosigkeit ist es aber eigentlich das Resultat jener „leeren Abstraktion", welches den Entschluss[3] bezeichnet und welches insofern gar kein Unmittelbares, sondern im Gegenteil das Vermittelte, das Negative, ist. Aber diese Wahrheit ist zuerst nur für uns Leser und nicht für das der Logik immanente Denken,[4] weil erst nach jener Abstraktion das reine Denken selbst aufgetreten ist. So muss OL diese Wahrheit – das reine Sein als Schein der Negativität – erst in der Wesenslogik finden.[5] Für die OL liegt nur ihre Leerheit vor.

Die Unterscheidung von HL und OL hat mit Hegels Konzept einer eigentlichen Metaphysik zu tun. Sofern die Ableitung der verschiedenen metaphysischen Standpunkte streng kontrolliert werden soll, müssen unsere äußeren Reflexionen vom immanenten Fortgang unterschieden werden. Was dem immanenten logischen Denken (OL) implizit ist, gilt für uns Außenstehende (HL) explizit. Die immanente Artikulation des bestimmten Denkinhaltes durch OL selbst bezeichnet Hegel mit dem Schlagwort „gesetzt". Erst wenn OL einen Begriffsgehalt artikuliert, gehört er zum immanenten logischen Fortgang oder zur Sache selbst. Bezüglich der Strenge des Gedankenexperimentes muss OL ihren verborgenen Begriffsgehalt schrittweise artikulieren und sich am Ende ihrer Entwicklung mit HL ausgleichen.

> Beydes ist immer sehr wohl von einander zu unterscheiden; nur das, was *gesetzt* ist an einem Begriffe, gehört in die entwickelnde Betrachtung desselben, zu seinem Inhalte. Die noch nicht an ihm selbst gesetzte Bestimmtheit aber gehört unserer Reflexion, sie betreffe nun die Natur des Begriffes selbst, oder sie sey äussere Vergleichung; eine Bestimmtheit der letztern Art bemerklich zu machen kann nur zur Erläuterung oder Vorausandeutung des Ganges dienen, der in der Entwicklung selbst sich darstellen wird.[6]

---

2 Vgl. Koch (2014): 65.
3 GW 20: 124 (Enz.³1830, §87 A).
4 „für uns"/ „an sich" = Hintergrundlogik = HL; „für sich" = das logische Denken selbst = Objektlogik = OL.
5 Vgl. GW 21: 86.
6 GW 21: 97.

Da das reine Sein durch leere Abstraktion entstanden ist, kann es wegen seiner maximalen Inhaltslosigkeit nicht bestimmt werden. Deshalb schreibt Hegel am Anfang des Seinskapitels einen unvollständigen Satz: „*Seyn, reines Seyn*, -ohne alle weitere Bestimmung."[7] Man könnte nur mit Anzeichen diesen Zustand des reinen Seins andeuten, wie „unmittelbar", „unbestimmt", „unterschiedslos" und „leer" usw..[8] Solche Anzeichen gehören bezüglich ihrer Andeutungsfunktion nur *uns* (HL), den außenstehenden Beobachtern. Das reine Sein selbst ist daher propositional unartikulierbar.

Das Anzeichen „unmittelbar" heißt soviel wie: „ohne Bezug auf Anderes" oder „ohne Fremdbezug", weil ihm keine Vermittlung durch Anderes zukommt – denn sonst wäre es kein reiner unmittelbarer Anfang, sondern ein vermittelter und somit ein Resultat. In demselben Sinne kann das Anzeichen „unbestimmt" auch benutzt werden, weil eine Bestimmung generell eines Fremdbezugs auf das Andere bedarf, um eine Differenz gegen dieses Andere zu ziehen. Daher bleibt das reine Sein nur mit sich selbst gleich und ist einfach im wahrsten Sinne des Wortes. Da das reine Sein keine Bestimmtheit hat, kann es weder von einem äußerlichen Anderen noch von seinen inneren Elementen unterschieden werden. Insofern können ihm die Anzeichen „unterschiedslos" und „leer" zugeschrieben werden. Indem es im reinen Sein keinen Unterschied gibt, bleibt das reine Sein absolut identisch mit sich selbst.

L_{Sein} (L = logische Struktur) = reine und differenzlose Selbstidentität und Unmittelbarkeit.

Das reine Sein ist daher absolut unmittelbar und macht daher das erste Unmittelbare für den direkten Realismus aus. Das reine Sein hält, ähnlich wie das unmittelbare Sein im Kapitel „sinnliche Gewissheit" der *Phänomenologie des Geistes*, die absolute Unmittelbarkeit fest. Der Unterschied zwischen dem logischen und ‚phänomenologischen' Anfang liegt nur darin, dass das unmittelbare Sein der sinnlichen Gewissheit einen konkreten mentalen und auf Intentionalität beruhenden Zustand bezeichnet, während das reine Sein der spekulativen Logik den relevanten Begriffsgehalt und die logische Struktur betrifft, ohne Auskunft über die subjektive Mentalität zu geben.

Indem nichts im leeren Denken gedacht wird, weist es in der Tat aber schon auf das Nichts hin. In Wahrheit können alle Anzeichen, die auf das reine Sein angewandt werden, auch für das Nichts gebraucht werden, weil in dieser Phase gar keine Differenz zwischen beiden gezogen werden kann und das

---

[7] GW 21: 68.
[8] Vgl. GW 21: 68f.

reine Sein eigentlich nur den Bereich der Denkbarkeit markiert. Der Bereich der Denkbarkeit, der Ursachverhalte, ist eben auch das, was man unter dem Nichts zuerst denkt. In dieser Hinsicht ist das reine Sein kein absolut Unmittelbares, sondern ununterschieden von dem Nichts bezeichnet es einen doppeldeutigen Begriffsgehalt, bei dem beide Denkbestimmungen – reines Sein und Nichts – ununterscheidbar sind. Die ursprüngliche These des direkten Realismus scheitert daher sofort im Ansatz. So stellt sich die Frage, ob der direkte Realismus vielleicht das Nichts gegen das reine Sein als absolut Unmittelbares substituieren kann. Aber auch hier muss die Antwort „Nein" lauten. Der Grund ist der folgende:

Das Nichts kann, wie schon erwähnt, ebenso durch jene Anzeichen wie „unmittelbar", „unbestimmt" usw. bezeichnet werden.[9] Wäre das Nichts nicht unmittelbar, sondern vermittelt, hätte es eine Bestimmtheit als seinen Inhalt, die durch vorhergehende Vermittlung herbeigeführt worden wäre. Aber diese Denkweise widerspricht dem Nichts, das *per definitionem* keinen Inhalt hat. Denn auch das Nichts darf nur mit sich selbst identisch und daher einfach und leer sein. Darum ist das Nichts auch ein reines Denken und Anschauen und geht nicht ins reine Sein über, sondern ist vielmehr schon immer ins Sein übergegangen. Der Unterschied zwischen dem reinen Sein und Nichts ist nur äußerlich und eine „bloße *Meynung*".[10]

Aber warum ist das Nichts nicht gleich, sondern „*dasselbe*"[11] mit dem reinen Sein? Es hängt vor allem von der Ununterscheidbarkeit der beiden ab. Bei der Identität von Sein und Nichts neigt man normalerweise dazu anzunehmen, dass das reine Sein kein wirkliches Nichts sei und dass es einen Unterschied zwischen beiden gebe. Dieser vermeintliche Unterschied ist im Hinblick auf den Anfang der Logik jedoch unhaltbar, wenn man das Prinzip der Identität der Ununterscheidbarkeit (*PIU*) berücksichtigt, das da lautet:

> Notwendigerweise für irgend zwei konkrete Objekte, a und b, gilt: Φ ist eine Eigenschaft von a dann und nur dann, wenn Φ eine Eigenschaft von b ist, sodass a numerisch identisch mit b ist. $(\forall F)\, (Fa \leftrightarrow Fb) \rightarrow a = b$

Obwohl das reine Sein und das Nichts keine konkrete Eigenschaft wie Grün haben, teilen sie gleiche Anzeichen wie „unmittelbar" und „unbestimmt" usw. Beide sind daher ununterscheidbar und streng identisch. Weder Sein noch Nichts kann das Erfordernis des absoluten Unmittelbaren des direkten Realismus erfüllen, weil das reine Sein und das Nichts jeweils einen doppeldeutigen

---

9 Vgl. GW 20: 124, GW 21: 69.
10 GW 20: 124 (Enz.³1830, §87 A).
11 GW 21: 69.

Begriffsgehalt hat. Solange Sein und Nichts für ein Widerspruchspaar gehalten wird, führt diese Ununterscheidbarkeit zwischen beiden zu einem Selbstwiderspruch: Sein ist Nichts und Nichts ist Sein.

Obwohl der Selbstwiderspruch wegen des Satzes vom Widerspruch (SW) – ¬(A∧¬A) – sofort kollabiert, räumt Hegel diesem Selbstwiderspruch bezüglich dessen logischen Augenblickes einen logischen Status ein: den infinitesimalen Grenzfall. Dies nennt Hegel „Werden", bei dem in äußerer Reflexion zwei Varianten oder Perspektiven unterschieden werden können: „Entstehen" und „Vergehen"[12]. Wird an SW festgehalten, dann widerspricht das Werden SW, weil zwei entgegengesetzte Denkbestimmungen, Sein und Nichts, in Werden zusammenstehen. Diese Festsetzung nennt Hegel „Verstandesansicht". Unter der Verstandesansicht wird das Werden *qua* jener logische Grenzfall übersehen. Der logische Grenzfall stützt noch unsere Intuition über das empirische Werden, das lediglich das permanente Übergehen und Übergegangensein von Sein und Nichts wiederspiegelt.

Nach seinem logischen Augenblick führt das Werden schließlich zu einem Ergebnis: einem Gewordenen („*geworden* zu sein"[13]), das *qua* Nachfolger des Werdens von Hegel „Dasein" genannt wird. Durch das Scheitern der reinen Identifikation der absoluten Unmittelbarkeit mit sich selbst hat sich OL entwickelt: Das standhafte Unmittelbare kann nur im Da-sein fixiert werden, also einem Sein *mit* Negation. Ein vermeintliches Sein ohne Negation ist undenkbar.

$L_{Das\ Dasein}$ (das gesetzte Sein) = Das Sein inklusive einer direkten Negation (¬S).

Mit Rücksicht auf die systematische Hinsicht Hegels, nämlich auf die drei logischen Momente – dem verständigen, dialektischen und spekulativen Moment[14] – der „spekulativen Methode"[15] ist der Übergang von Sein zu Nichts zu Werden wie folgt zusammenzufassen. Zuerst wird das reine Sein in seinem Selbstbezug von Hegel durch die Begriffe – „unmittelbar", „unbestimmt", „unterschiedslos", „leer" – angedeutet. Dem verständigen Moment nach

---

12   GW 21: 92.
13   TW 8: 195 (Enz.³1830, §89 Z).
14   Im verständigen Moment wird eine Denkbestimmung allein in ihrem Selbstbezug betrachtet. Im dialektischen Moment wird sie durch ihren Fremdbezug in ihre entgegengesetzte Denkbestimmung gestellt. Im spekulativen Moment werden beide entgegengesetzten Denkbestimmungen in ihrer prozessualen Einheit aufgefasst. Alle drei Momente machen den Kern der spekulativen Methode aus und lassen sich nicht voneinander trennen. Vgl. GW 20: 118-120 (Enz³ 1830 §79-82).
15   GW 20: 229 (Enz³ 1830 §238).

werden solche Begriffe bloß auf das reine Sein angewandt. Dem dialektischen Moment zufolge verweisen sie allerdings auch auf eine entgegengesetzte Denkbestimmung, das Nichts. Hält das verständige Moment aber am Nichts fest, zeigt das dialektische Moment erneut auf den Anfang zurück, das Sein. Wegen des wechselseitigen Übergegangenseins zwischen Sein und Nichts kann das verständige Moment letztlich an keiner Denkbestimmung einseitig festhalten. Hinsichtlich dieses Dilemmas ist eine ‚synthetische' Auffassung des Verhältnisses zwischen Sein und Nichts durch das spekulative Moment möglich, in der keine der beiden Denkbestimmungen für sich allein besteht, sondern in dem gegenseitigen Übergang *qua* Prozessualität konzentriert wird. Der erste logische „Prozess" wird mit „Werden" bezeichnet.

Exkurs 1. Wurzel der ontologischen Lesart: das Sein

Die Ontologie, wie in der Einleitung skizziert wurde, beschäftigt sich mit dem Seienden als solchen und ist deshalb *die* allgemeine philosophische Disziplin. Da Hegel den ersten Teil seiner Logik „Lehre vom Sein" nennt, ist es angebracht, die ontologische Lesart der hegelschen Logik zu diskutieren. Auf den ersten Blick scheint „Ontologie" als Bezeichnung für den Anfang der spekulativen Logik (die Denkbestimmung des reinen Seins) gut zu passen, weil es in der Ontologie aus historischer Perspektive eben um das Sein geht. Auf diese Weise werden die allgemeinen Eigenschaften, die allen Seienden an sich zukommen, etwa wie Qualität, Quantität usw., in der Ontologie bestimmt. Solche Eigenschaften oder Kategorien werden als in den Seienden vorgefunden angesehen.

Wie aber passt diese Konzeption der Ontologie zur spekulativen Logik? Sind Denkbestimmungen wie Sein, Qualität und Quantität für Hegel auch die allen Seienden als solchen zukommenden Eigenschaften? Der Gegenstand der Ontologie – das Seiende als solches – ist vor allem eine Vorstellung, nach deren Denkmuster ein abstraktes Substrat mit Akzidenzen untergestellt wird, während das „Sein" bei Hegel als eine Denkbestimmung, also als das Resultat der maximal denkmöglichen Abstraktion, die „einfache Beziehung auf sich",[16] betrachtet wird. Es ist geradezu eine Pointe des spekulativ-begreifenden Anfangs, dass die erste Denkbestimmung *nicht* unmittelbar in den *vorgestellten* Seienden liegt, sondern lediglich dem *Denken* entspringt. Erst durch die Abstraktion, indem *alle* Bestimmungen – inklusive des Gedankens der Intentionalität – weggelassen werden, bleibt das Sein als das leere, selbstbezügliche Denken selbst übrig.

In Hegels enzyklopädischer Psychologie – dem Gegenstandsbereich nach vergleichbar mit der gegenwärtigen Psychologie – werden die in Raum und

---

16 GW 12: 252.

Zeit unmittelbaren Gegebenen zuerst durch Anschauung und Gefühl aufgenommen, durch die Intelligenz als ihr Anderes gesetzt und dann weiter in Bilder, Zeichen[17] sowie schließlich in Namen transformiert. Da die Referenzen jener unmittelbaren Gegebenen trotz ihrer Veränderung vonseiten der Intelligenz noch in dem Namen als dem Allgemeinen beibehalten werden, ist der Name, der durch Laute seine physikalische Existenz erwirbt, für Hegel simultan zugleich „die *Sache*"[18]. Für eine Person, die den Namen einer Sache kennt, reicht es aus, auch ohne unmittelbare Anschauung sich an die durch den Namen bezeichnete Sache zu erinnern, um in der Lage zu sein, objektiv über sie zu sprechen. Durch das mechanische Gedächtnis bereiten Namen dem Denken den Boden vor. „Es ist in Namen, daß wir *denken*"[19]. Die Namen sind m.a.W. die durch die Intelligenz wiederhergestellte Existenz, die dem Denken eine objektive Bedeutung gibt. Die Namen als die Sachen, denen das Denken in Form der Intelligenz integral ist, sind also für Hegel „die wahre Objectivität"[20]. Für Hegel ist deshalb die sog. Objektivität eine durch das Denken rekonstruierte Realität.

Summa summarum bleibt als Zwischenfazit Folgendes festzuhalten: Sofern die Denkbestimmungen nicht in den vorgestellten Gegenständen unmittelbar vorgefunden, sondern aus dem spontanen Denken erzeugt werden, sind sie keine vorgestellten Kategorien der Ontologie, sondern *Denk*bestimmungen der Logik. Das heißt dann nicht, dass diese Denkbestimmungen *per se* leer sind, insofern sie keinen objektiven Gehalt haben. Allein in der skizzierten Hegelschen Lehre der Namen zeigt sich, dass diese nicht nur subjektiv sind, sondern immer auch auf etwas Unmittelbares – sei es konkret oder abstrakt – verweisen. In diesem Fall ist es verfehlt, Hegels Logik noch als Ontologie zu bezeichnen, die unter Sein noch vorgestelltes Seiendes versteht.

Um meine Ansicht gegen die ontologische Lesart zu untermauern, wende ich mich jetzt einigen Beispielen ebendieser Lesart zu. Nach Stephen Houlgate ist Hegels Logik sowohl die Darstellung der Struktur des Denkens als auch die Struktur des Seienden als solchen und deshalb auch letztendlich eine Ontologie.[21] Houlgate zitiert zuerst Hegels Ausdrücke – jeweils in der ersten Vorrede der *Wissenschaft der Logik* und in §24 der Enzyklopädie sowie in der Einteilung der Logik – für die Koinzidenz der Metaphysik und der *Wissenschaft der Logik*, um für die Legitimität seiner ontologischen Lesart zu

---

17   Dazu vgl. Sánchez de León Serrano (2013) §11.
18   GW 20: 459 (Enz³ 1830 §462).
19   GW 20: 460 (Enz³ 1830 §462 A).
20   GW 20: 462 (Enz³ 1830 §464).
21   Vgl. Houlgate (2006): 115.

argumentieren. Bei näherem Hinsehen scheinen aber alle drei Stellen für die Legitimität dieser Lesart nicht auszureichen. Die ersten zwei Stellen können maximal nur für Hegels metaphysische Position zeugen, nicht aber die Interpretation dieser Metaphysik als Ontologie nachweisen. Das Wort „Metaphysik" ist, wie in der Einleitung angegeben, aus der historischer Perspektive ambig und bezieht sich nicht ausschließlich auf die Ontologie – weder im klassischen Sinn noch in irgendeinem anderen Sinn. Das Zitat der dritten Stelle, wo die objektive Logik an die Stelle der vormaligen Metaphysik tritt, ist insofern problematisch, als dieses „an die Stelle der vormaligen Metaphysik tritt" auch als „ersetzen" gelesen werden kann. So gelesen vertritt Hegel gerade *nicht* Positionen der vormaligen Metaphysik, sondern liefert eine eigene Auffassung, an der andere theoretische Positionen, zu denen auch die vormalige Metaphysik gehört, kritisch zu überprüfen sind. Das Prädikat „ersetzen" bedeutet dann für die Theoriebildung selbst, dass die vormalige Metaphysik und damit auch die Ontologie nicht mehr ausnahmslos gelten können.

Der zweite Nachweis für Houlgates ontologische Lesart ist Hegels Behauptung, dass die Denkbestimmungen wie „Begriff", „Urteil" sowie „Schluss" die Struktur der Dinge bezeichnen. Auf dieser Basis glaubt Houlgate, dass Hegels Logik nicht nur Logik, d.h. Form des Denkens, sondern auch die Form „aller Dinge"[22], also Ontologie sei.[23] Aber auch dieses Zitat reicht, ähnlich wie die ersten drei Zitate, nicht aus, um die ontologische Lesart zu belegen.

Zunächst einmal gilt es zu erwähnen, dass Houlgates Verständnis von ‚Dingen' problematisch und ambig ist, da er statt Hegels terminologischen Fachgebrauchs von Dingen in einem alltagssprachlichen Sinne zu reden scheint. Er verwendet das Wort „Ding" in jenem Zitat, als ob es ein Gegenüber des Denkens oder sogar ein vom Denken Unabhängiges wäre.[24] Ganz im Gegenteil gehört das Wort „Ding" für Hegel, wie „Begriff", „Urteil" und „Schluss", auch zu den Denkbestimmungen und ist insofern ein Gebilde des Denkens. Dass die Denkbestimmungen „Begriff", „Urteil" und „Schluss" auf Dinge angewandt werden können, weist nicht nach, dass sie dem Seienden als solchen an sich zukommen. Sie können auf die Dinge angewandt werden, weil die logische Struktur der Dinge selbst, wie oben erklärt, vom Denken erzeugt wird. Schon bei Kant sind die Verstandesbegriffe als Urteilsfunktionen zwar die Formen des Denkens, aber doch auch die notwendigen Bedingungen der Erscheinungen und mithin objektivgültig.[25] Obwohl Hegel Kants Ding-an-sich

---

22   TW 8: 84 (Enz³ 1830 §24 Z).
23   Vgl. Houlgate (2006): 116.
24   Vgl. Houlgate (2006): 117.
25   Vgl. AA III: 115 (B 143 §20 der transzendentalen Deduktion der reinen Verstandesbegriffe).

als Reflexionsbegriff in seiner Wesenslogik kritisiert, hat er diesen objektiven Gebrauch der Denkbestimmungen nicht negiert, und nennt daher solche Bestimmungen „objektive Gedanken"[26]. Für Kants transzendentalen Idealismus und Hegels objektiven Idealismus gibt es bei Houlgate keine Möglichkeit der Vermittlung zwischen dem subjektiven Idealismus und der vormaligen Metaphysik.

Aus dieser zweiteiligen werkimmanenten Rekonstruktion schließt Houlgate weiter, dass Hegels Logik von vornherein die Identität des Seins und Denkens voraussetze. Er erklärt diese Identität so:

> a logical form or structure that is intelligible to thought and is the same as the structure of our basic categories. Indeed, it means that being *is* in itself intelligible logical form and that thought is the direct awareness of such intelligible being. Being is immediacy, or sheer „that-ness," prior to consciousness or „spirit."[27]

Für Houlgate bedeutet das Denken nur „direct awareness of such intelligible being", also das direkte Bewusstsein oder Achtsamkeit des intelligiblen Seienden. Die Kantische Wendung scheint dieser Ansicht zufolge Hegel gar nicht beeinflusst zu haben, sodass der Eindruck entsteht, als ob Hegel analog zur vormaligen Metaphysik die Intelligibilität des Seienden vorauszusetzen würde.[28] Alles, was das Denken zu leisten braucht, ist, solche intelligiblen Formen des Seienden ‚passiv' in sich aufzunehmen.

Wie oben schon gezeigt, werden die Begriffsgehalte des Seienden nicht aus dem Seienden selbst, sondern aus dem Erkenntnisprozess der Intelligenz hergeleitet. Wenn Houlgate das Sein als Unmittelbares mit dem „sheer that-ness" oder dem indexikalischen Diesen identifiziert, scheint er voreilig die *Wissenschaft der Logik* mit der *Phänomenologie des Geistes* zu parallelisieren. Es ist aber unstritig, dass in der letzteren Wissenschaft anfänglich am Bewusstseinsgegensatz zwischen erkennenden Subjekt und dem von ihm unabhängigen Sein festgehalten wird. Dieser Gegensatz besteht aber am Anfang der spekulativen Logik nicht.[29] Deshalb entspricht diese Bezeichnung des Denkens als „direct awareness" jedenfalls nicht der Logik.

Dieselbe Identität des Seins und Denkens und daher die ontologische Lesart besteht z.B. auch in Horstmanns relationsontologischem Konzept. Nach Horstmann gibt Hegel dem Kantischen Vermögensbegriff der Vernunft außer

---

26 GW 20: 67 (Enz³ 1830 §24).
27 Houlgate (2006): 117.
28 Vgl. Houlgate (2006): 119, hier hat Houlgate noch einmal den Nennwert der Worte Hegels einfach aufgenommen.
29 GW 21: 35.

seinem epistemischen Sinn noch eine „ontologische Konnotation".[30] Gemäß diesem ontologischen Sinn sei die Vernunft „das, was eigentlich und eminent wirklich ist".[31] Hingegen würden der Kantische Begriff vom Verstand und das dem Verstand adäquate Urteil dem endlichen Ding zugeschrieben. Diese wahrhaft wirkliche Vernunft sei kein normales Ding, sondern eine gedankliche Relation, genauer eine Selbstbeziehung, in der „etwas von einer bestimmten Art sich auf etwas Anderes von ebenderselben Art als auf sich selbst bezieht."[32]

Horstmanns selbstbezügliche Vernunft, die von ihm zugleich als Hegels Begriff des „Absoluten"[33] angesehen wird, ist erstens ein Monismus, weil „man die Gesamtheit dessen, was in irgendeinem Sinne wirklich ist, als Ausdifferenzierung und partielle Realisierung einer allen in irgendeinem Sinn wirklichen Sachverhalte zugrundeliegenden Primärstruktur auffassen muß."[34] Der Grund für diesen Monismus liegt für Horstmann auch ganz einfach darin, dass der Monismus die einzige Option für „ein einheitliches und vollständiges Weltbild"[35] ist. Zweitens ist dieser relationsontologische Begriff der Vernunft wegen eines einfachen Faktums die Einheit von Denken und Sein, nämlich da „es sowohl materielle oder physische Entitäten als auch nicht-materielle oder geistige Sachverhalte gibt"[36]. Hegels Begriff des Denkens ist für ihn die Bezeichnung des geistigen Elements alles Seienden. Die durch selbstbezügliche Vernunft bezeichnete Primärstruktur konstituiert drittens einen teleologischen und ontologischen Prozess, der jedoch als ein Erkenntnisprozess verstanden werden muss,[37] dessen Realität durch quasi-organische Prozesse gekennzeichnet ist,[38] bei denen lebendige Organismen die (metaphorischen) Beispiele sind.

Gegen eine solche Interpretation lässt sich einwenden, dass Hegel der Vernunft lediglich eine objektive, aber dadurch noch keine ontologische Konnotation zuschreibt. Objektive Vernunft ist nicht einfach mit Ontologie gleichzusetzen. Während in der Ontologie die Objektivität der Kategorien auf die vorgestellten Seienden zurückgeführt wird, gewinnen die Denkbestimmungen der Logik ihre Objektivität nicht durch vorgestellte Gegenstände, sondern durch den begrifflichen Zusammenhang des reinen Denkens.

---

30 Horstmann (2004): 133.
31 Horstmann (2004): 133.
32 Horstmann (1989): 102.
33 Horstmann (2004): 135.
34 Horstmann (2004): 134.
35 Horstmann (2004): 135.
36 Horstmann (2004): 135.
37 Horstmann (2004): 137.
38 Horstmann (2004): 138.

Es ist Hegels Ansicht, dass nur vermittelst eines Nachdenkens die wahre Natur des Gegenstandes zu Bewusstsein kommt.[39] Eine realistische Annahme über die Gegebenheit der Natur des Gegenstandes weist Hegel zurück.

Horstmanns erste Überzeugung, dass Hegels Ontologie wegen des Ziels eines einheitlichen Weltbildes ein Monismus sein müsse, scheint mit Hegels eigener Angabe bezüglich des Ziels der Logik inkompatibel zu sein. In der kleinen Logik weist Hegel der Logik die folgende Aufgabe zu: Sie ist die Wissenschaft der reinen Idee, d.h. „der Idee im abstracten Elemente des *Denkens*"[40]. In der großen Logik nennt Hegel den Gegenstand der Logik „das *begreifende Denken*"[41]. Horstmanns Gebrauch vom Weltbild ist irreführend, insofern Hegel einen klaren Unterschied zwischen den Dingen und der Sache als dem Begriff der Dinge zieht.[42] Es ist auffällig, dass Horstmann die Bedeutung des Seienden als des Bestandteiles eines bestimmten Weltbildes nicht beschränkt, sondern nur ganz abstrakt von „Weltbild" spricht. Freilich versteht man normalerweise unter dem Weltbild eben jene von Hegel aus der Logik ausgeschlossenen Dinge, die durch Vorstellung und nicht Denken ins Bewusstsein gebracht werden.

Die zweite Überzeugung von Horstmann ist komplizierter als die erste, weil hier die Dualität von Materie und Geist vorausgesetzt wird. Dieser Gegensatz scheint wiederum Hegels Anspruch der *Wissenschaft der Logik* nicht zu entsprechen. Hinsichtlich Hegels terminologischen Fachgebrauchs ist erstens die Natur und nicht Materie Äquivalentbegriff von Geist. Zweitens macht die Materie – wie aus der Wesenslogik folgt – statt mit dem Geist, mit der Form einen Gegensatz aus. Das Beispiel für die Dualität von Materie und Geist gehört wahrscheinlich nicht zur Logik, sondern zum Abschnitt der Physiognomik und Schädellehre der *Phänomenologie des Geistes*, wo Hegel durch das unendliche Urteil: „*das Seyn des Geistes* [ist] *ein Knochen*"[43] diesen Gegensatz zurückweist. Das Problem dieser Dualität besteht noch darin, dass Horstmann dem Anspruch der Logik nicht genügt, insofern er das Denken, das sich in geistigen und materialen Erscheinungen manifestiert, und das Denken/Logik selbst unmittelbar gleichsetzt, was natürlich im Hinblick auf die Begriff-Bildung ein Problem wäre.[44] Horstmanns erste Überzeugung, dass nur ein Monismus ein einheitliches Weltbild liefern könne, erweckt den Eindruck, als ob dieser Monismus nur eine Zusammensetzung von Materie und Geist wäre. Solange

---

39 Vgl. GW 20: 66 (Enz³ 1830 §22).
40 GW 20: 61 (Enz³ 1830 §19).
41 GW 21: 27.
42 GW 21: 17.
43 GW 9: 190.
44 Vgl. GW 12: 238.

1.1 BESTIMMTHEIT (QUALITÄT)

der prekäre Status des Materienbegriffs bei Horstmann ungeklärt bleibt, kann Hegels Logik nicht sinnvoll als Monismus bezeichnet werden.

Ein weiteres Bedenken gilt Horstmanns dritter Überzeugung: Solange Horstmann Hegels Metaphysik als ein Konstituieren der Welt konzipiert, so lange bleibt Schellings Frage nach der Erzeugung der natürlich-materiellen Welt aus dem Geist oder dem Denken virulent. Ferner: Wenn wir Horstmanns Weltbegriff als den Inbegriff der raumzeitlichen Dinge verstehen, tritt ein weiteres Erklärungsproblem auf, das sich vor dem Hintergrund ergibt, dass Hegel einerseits den Bereich seiner rein-begrifflichen Metaphysik offenkundig nur auf die Logik beschränkt, anderseits Raum und Zeit allererst in der Naturphilosophie thematisiert. Schließlich bringt die Identifikation des Erkenntnisprozesses mit dem ontologischen Prozess mehr Probleme als Erklärungen mit sich als sie zu lösen imstande ist. Wenn Hegel, entsprechend dieser Identifikation, wirklich das göttliche Konzept der Weltschöpfung dem Muster der Teleologie nach annimmt, warum betont er noch im Vorbegriff seiner Naturphilosophie die Grundlagenfunktion der naturwissenschaftlichen Forschung so stark, dass die Philosophie nicht nur mit der „Natur-Erfahrung" übereinstimmt, sondern die *Entstehung* und *Bildung* der philosophischen Wissenschaft die empirische Physik zur Voraussetzung und Bedingung haben muss.[45]

Zusammengefasst wird hier die These vertreten, dass die ontologische Lesart von Hegels Logik im Grunde genommen keine explikative Kraft hat, weil erstens der Gegenstand der Ontologie, also das vorgestellte Seiende als solches, nicht einer in Hegels Logik ist. Obwohl die folgenden Denkbestimmungen als die Weiterbestimmungen des Seins angesehen werden können, tragen sie keine Bedeutung vorgestellter Entitäten, die dem Denken gegeben sind. Anders gesagt: „Sein" als Denkbestimmung muss vom Seienden als solchen als Vorgestelltem unterschieden werden. In der spekulativen Logik wird „Sein" bloß in seinem begrifflichen Zusammenhang untersucht, ohne Vorstellung und deren psychologistisches Muster anzunehmen.

Zweitens ist die Hegelsche Objektivität eine durch das Denken rekonstruierte Wirklichkeit, die sich von der vorgestellten Wirklichkeit im Sinn der Ontologie unterscheidet. Durch das Denken oder die Intelligenz reinterpretieren die Menschen, nach Hegels Erläuterung in seiner enzyklopädischen Psychologie, ihre sinnlichen Reize, auf dessen Grundlage eine neue, zweite Naturwelt gebildet wird. Über die Begriffe, die in der gedanklichen Aneignung der unmittelbaren Wirklichkeit hergestellt werden, denkt Philosophie nach. Dies werden wir später noch im Kapitel über die Objektivität der Begriffslogik ans Licht bringen, wo Hegel die Objektivität nicht wie die vormaligen

---

45 GW 20: 236 (Enz³ 1830 §246 A).

Metaphysiker als die dem Seienden an sich zukommende Realität, sondern als die durch die naturwissenschaftliche Forschung (wie Physik, Chemie, Biologie usw.) gebildete Realität definiert.

1.1.2   *Das Dasein*

Hegel zufolge macht das Dasein „die Bestimmtheit als solche"[46] oder *Qualität* aus. Indem die Qualität in keine reflexive Relation wie die Ding-Eigenschaft- oder Substanz-Akzidenz-Relation eintritt, hat sie noch kein Substrat. Eine solche Qualität spiegelt *grosso modo* das wieder, was Philosophen der Gegenwart unter „Qualia" verstehen. „Qualia" sind sinnliche Eigenschaften, die man durch das Gefühl direkt erfasst, wie z.B. der Augenblick des Sonnenuntergangs oder das Gefühl des Schmerzes usw. Indem die erste These des direkten Realismus sich als eine vermeintliche Unmittelbarkeit erwiesen hat, wird der metaphysische Standpunkt von absoluter Unmittelbarkeit zu einer bestimmten Unmittelbarkeit korrigiert, die ihrem negativen Korrelat gleicht. „Da-sein" konstituiert das neue Unmittelbare des direkten Realismus.

Der Gegenstand der OL wird nun als Qualität identifiziert. In OL wird das Unmittelbare vom reinen Sein zum Dasein, dem stabilen Sein (Realität) aus dem Werden, korrigiert, das jenen doppeldeutigen Begriffsgehalt (Sein=Nichts) an ihm hat. Indem in OL der doppeldeutige Begriffsgehalt gezeigt wurde, enthält das Dasein eine negative Seite. Diese Seite nennt Hegel Negation oder „Mangel",[47] womit man eine Qualität von einer anderen unterscheiden kann. Obwohl Realität *qua* Dasein von ihrer Negation *qua* Mangel unterschieden zu sein scheint, sind beide hinsichtlich ihrer gleichen Struktur unterschiedslos. Die Negation ist kein absolutes Nichts, das soeben in Sein negiert worden ist. Ein absolutes Nichts ist undenkbar. Anders gesagt: Eine Negation oder der Mangel muss sich immer auf ein Seiendes beziehen, wenn sie überhaupt denkbar sein soll. Trotz seiner Abwesenheit enthält Nicht-Rot *qua* eine Bestimmtheit auch ein Seiendes nämlich Rot. Umgekehrt erhält Rot auch seine Bestimmtheit durch seinen negativen Bezug auf andere Farben. Die Bestimmtheit der beiden hängt m.a.W. von ihrer reziproken Exklusion ab. Beide sind ununterscheidbar. Aber diese Ununterscheidbarkeit ist nicht wie jene zwischen Sein und Nichts, weil diese Ununterscheidbarkeit durch eine Negation des Unterschiedes zwischen Realität und Negation, der ein realer Unterschied ist, aufgebaut wird. Im Vergleich dazu ist der Unterschied zwischen Sein und Nichts nur vermeintlich und geprüft als undenkbar.

---

46   GW 21: 97.
47   GW 21: 98.

Dieses Aufheben der Unterscheidung ist mehr als ein bloßes Zurücknehmen und äusseres Wieder-Weglassen derselben oder als ein einfaches Zurückkehren zum einfachen Anfange, dem Daseyn als solchem. Der Unterschied kann nicht weggelassen werden; denn er *ist*. Das Factische, was also vorhanden ist, ist das Daseyn überhaupt, Unterschied an ihm, und das Aufheben dieses Unterschiedes; das Daseyn nicht als unterschiedslos, wie Anfangs, sondern als *wieder* sich selbst gleich, *durch Aufheben des Unterschieds*, die Einfachheit des Daseyns vermittelt durch dieses Aufheben. Diß Aufgehobenseyn des Unterschieds ist die eigene Bestimmtheit des Daseyns; so ist es *Insichseyn*; das Daseyn ist *Daseyendes, Etwas*.[48]

Durch diese Ununterscheidbarkeit nimmt das Dasein auch seine Negation in sich auf. Die Negation ist auch ein Dasein. Strukturell unterscheidet sie sich nicht von der Realität. Das Dasein ausgestattet mit diesem neuen Verständnis ist das Resultat der Negation (Verneinung *qua* Operation) der Negation (Privation *qua* Denkbestimmung). Dieser ersten doppelten Negation nach nennt Hegel das neu erreichte Dasein „Daseinendes, *Etwas*" (Insichsein).[49] Sofern die Negation bei Hegel immer einer Realität (das durch Nichtsein bestimmte Sein) anhaftet, kann das Nichts in der ersten logischen Triade (dem reinen Sein) wegen seiner vermeintlichen Unabhängigkeit von Sein nicht zur Negation gezählt werden. Durch Etwas wird die Untrennbarkeit des Seins und Nichts als die Wahrheit jenes vermeintlichen Unmittelbaren nun an OL artikuliert oder gesetzt. Die doppelte Negation *per se* hingegen ist aber noch nicht gesetzt für OL.

Indem die Negation hinsichtlich der gedoppelten Struktur (Realität plus Negation) des Etwas im Etwas aufgenommen wird, wird das Werden des Etwas neu bestimmt als *Veränderung*, die nicht mehr wie das Werden ein permanentes, ineinander gehendes Entstehen und Vergehen ist, sondern als eine qualitative Veränderung fungiert und zu einem anderen Etwas führt. So betrachtet bekräftigt sich im Etwas das Unmittelbare für den direkten Realismus: Etwas wird jetzt als das neue Unmittelbare des direkten Realismus identifiziert. Wird Etwas verändert, verwandelt es sich zu seinem „*Andere[n]*"[50] als seinem negativen Pendant. Falls Etwas unmittelbar ist, muss es von Anderem unabhängig und unterschieden sein. Dieses Andere ist, wie alle anderen Denkbestimmungen in der *Wissenschaft der Logik*, ein logischer Begriffsgehalt, der die logische Struktur für konkrete Andere bietet (z.B. einen anderen Ort, eine andere Person). Etwas und Anderes bilden somit ein disjunktives Begriffspaar, das die logische Struktur der Dinge bestimmt. Das Andere scheint daher durch die Disjunktion vom Etwas eindeutig unterschieden zu sein.

---

48   GW 21: 103.
49   GW 21: 103.
50   GW 21: 104.

Eine kurze Erinnerung an den Ursprung des Etwas wird diese Eindeutigkeit aber in Frage stellen, weil Etwas aus der doppelten Negation (R→N→E) entstanden ist. Das Andere als die Negation des Etwas enthält aber die gleiche doppelte Negation, insofern der Anfangspunkt der doppelten Negation nicht der Realität, sondern der Negation anhaftet. Fängt man mit der Negation (Pendant zur Realität) an, ist Etwas die Negation der Negation (logische Operation). Indem das Andere wieder eine Negation des Etwas ist, ist es die zweite Negation (N→E→A), also die doppelte Negation. Spielt Etwas die Rolle der Folgebestimmung der Realität, ist Anderes auf gleiche Weise die Folgebestimmung der Negation. Etwas und Anderes besitzen daher die gleiche Struktur *qua* doppelte Negation. Das Andere ist auch das Etwas. Beide sind so ununterscheidbar. Ob dieses oder jenes das Andere ist, fällt völlig in das Vergleichen eines Dritten als eines Außenstehenden.[51] OL droht die Gefahr des Selbstwiderspruchs, der zugleich ihren direkten realistischen Standpunkt außer Kraft zu setzen imstande ist.

In OL kann ein Gegenargument gegen die Gefahr des Selbstwiderspruchs formuliert werden, indem in ihr ein solches Andere, das von dem oberen Etwas ununterscheidbar ist, nicht zum adäquaten Begriff des Anderen qualifiziert, sondern ein neues Andere eingeführt wird. Es bleibt OL noch ein möglicher Kandidat für das Andere übrig, nämlich kein Operandum (wie Realität, Negation *qua* Privation, Etwas, Anderes), sondern die Operation (Negation *qua* Verneinung) selbst. Ob Etwas oder ein unqualifiziertes Anderes, beide benötigen die Verneinung. Hinsichtlich des Anderen ist das Etwas das Andere; umgekehrt ist das unqualifizierte Andere hinsichtlich des Etwas das Andere. Obwohl die Vergleichsreferenz relativ ist, bleibt das Andere *qua* die Verneinung unverändert. Das Andere *qua* die Verneinung bezieht sich immer nur auf sich. Diese selbstbezügliche Verneinung wird nun als neu qualifiziertes Andere (= das selbstbezügliche Andere oder die Fremdheit als solche) angenommen. Hegel nennt es „das Andere seiner selbst".[52]

Im Vergleich zum selbstbezüglichen Anderen, das die Unruhe an sich ist, bezeichnet Etwas eine stabile Bestimmung. Das Andere seiner selbst und Etwas machen daher die vollständig logische Struktur des Etwas aus. Etwas bezeichnet im Hinblick auf sich die Stabilität (positive Selbstbezüglichkeit oder Selbstbezug). Im Gegensatz dazu bezeichnet das Anderes seiner selbst im Hinblick auf Fremdes die Instabilität (negative Selbstbezüglichkeit oder Fremdbezug) oder das Potential, Anderes zu werden. Im Sinne des Fremdbezugs wird das Andere seiner selbst zum *„Sein-für-Anderes"* und das Etwas im Sinne

---

51   Vgl. GW 21: 105.
52   GW 21: 106.

des Selbstbezugs zum „*Ansichsein*",[53] das gegen jenes Potential, das Andere zu werden, mit sich gleichbleibt.

Das Ansichsein konstituiert darum (1) die *Bestimmung* des Etwas, die das immer mit sich Gleichbleibende oder die positive Selbstbezüglichkeit ist. Das Sein-für-Anderes konstituiert dagegen das immer mit sich Ungleiche oder die negative Selbstbezüglichkeit, also (2) die *Beschaffenheit*. Während die Bestimmung mit sich gleich bleibt, wird die Beschaffenheit immer mannigfaltig und wechselhaft. Beide konstituieren allerdings eines und desselben Etwas nur im Hinblick auf verschiedene Aspekte. Sofern Bestimmung von der Beschaffenheit unterschieden ist, bleibt die Unmittelbarkeit der Bestimmung unberührt.

Wird die auf Sein-für-Anderes basierende Beschaffenheit isoliert, ist die Selbstidentität während des Prozesses der Veränderung auch in ihm zu finden. Solange das Kennzeichen des Ansichseins die Selbstidentität ist, erfüllt Sein-für-Anderes auch dieses Kennzeichen des Ansichseins oder der Bestimmung. E (=Etwas) verändert sich zum A (=das Andere), A ist wieder ein E, A verändert

zu werden, bleibt das selbstbezügliche Andere in diesem kontinuierlichen Prozess mit sich gleich. Umgekehrt gilt es auch für die auf dem Ansichsein basierenden Bestimmung. Sie ist eine Beschaffenheit in Hinsicht auf ihren Abbruch in Veränderung. Beide sind identisch und wandelbar. Indem die Bestimmung und Beschaffenheit wieder ununterscheidbar sind, verliert Etwas wegen seiner Verwicklung mit dem Anderen seine Unmittelbarkeit.

In diesem Sinne ist jener Prozess der Veränderung für die Bestimmung eher ein Prozess der „Änderung"[54], die nicht nur im Hinblick auf den Selbstbezug, sondern auch auf den Fremdbezug des Etwas geschieht.[55] Die Veränderung ist m.a.W. internalisiert. Die Beschaffenheit *qua* der Fremdbezug zusammen mit der Bestimmung *qua* dem Selbstbezug geben dem Etwas eine *Grenze*, die keine quantitative, sondern eine qualitative ist. Eine quantitative Grenze ist z.B. eine 15 m² große Fläche, sie kann abnehmen oder zunehmen, ohne ihre Qualität, eine Fläche zu sein, zu verlieren. Im Gegensatz dazu zeigt eine qualitative Grenze eine grundsätzliche Veränderung an, z.B. den des qualitativen Unterschieds zwischen Fläche und Körper. Geht die Fläche über ihre Grenze hinaus, ist sie nicht mehr eine Fläche, sondern ein Körper. Die Grenze enthält auch beide Seiten (Selbstbezug und Fremdbezug). Zieht man eine Grenze zwischen Fläche und Körper, muss man beide zugleich haben.

---

53 GW 21: 106f.
54 GW 21: 112.
55 Vgl. GW 21: 113.

Deswegen ist die Grenze eine gemeinsame. Die Grenze in diesem Sinne ist auch das Ende von Etwas, worin Etwas nicht mehr bestehen kann. Ein Etwas ist daher auch ein *Endliches*.

Das Endliche bezieht sich durch seine Grenze sowohl auf sich als auch auf ein Anderes und bringt daher sein Anderes mit sich. Dies ist der Sinn der Grenze als eine innerliche Negation des Etwas. Da z.B. die Linie aus den unzählbaren Punkten bestehend vorgestellt werden kann, macht der Punkt auch die Grenze der Linie aus. Die Punkte auf einer Linie sind keine Punkte mehr, sondern Bestandteile der Linie. Sie sind sozusagen aufgehoben in der Linie. Diese Punkte fungieren hier sowohl als Fremdbezug der Linie, indem sie für sich betrachtet keine Linie, sondern Punkte sind, als auch als Selbstbezug der Linie, indem die Linie aus ihnen besteht. Die Grenze ist daher doppeldeutig. Einerseits ist die Grenze negativ oder fremdreferenziell, wie z.B. der Punkt bei der Linie das Fremde der Linie ist (und umgekehrt). Durch den Punkt kommt die Linie außer sich. Anderseits ist die Grenze auch konstitutiv und daher positiv, weil sie eben Bestandteil von Etwas ist, wie Punkte Bestandteile der Linie sind. Angesichts dieser Doppeldeutigkeit der Grenze sind zwei untergeordnete Momente zu unterscheiden.

Das Außer-sich-Kommen konstituiert das Moment des Sollens. Oder anders gesagt betont die Denkbestimmung „Sollen" die negative Funktion der Grenze. Indem Etwas aber außer sich kommt, wird seine Grenze auch gleichzeitig negiert. Diese negierte Grenze macht hingegen das Moment der Schranke aus. Oder anders gesagt betont die Denkbestimmung „Schranke" die konstitutive Funktion der Grenze. Kein Wunder, dass Hegel in der Folge die zwei widersprechenden Elemente (Sollen und Schranke) als Ursprung des Selbstwiderspruchs des Endlichen erklärt. Das Schicksal des Endlichen, ebenso wie das des Werdens, liegt im Vergehen. Weil aber das Endliche, wie oben bereits erklärt, schon das selbstbezügliche Negative ist, ist das Resultat des Vergehens des Endlichen wieder ein neues Endliches. Das neue Endliche vergeht wegen des gleichen Selbstwiderspruch erneut, wodurch sich der Zyklus wiederholt. Für OL entsteht daher eine unendliche Abfolge von Endlichen:

$$E \to \neg(E) \to \neg\neg(E) \ldots [E = \textit{Endliches}]$$

Eine solche unendliche Abfolge ist aber keine wirkliche Verneinung des Endlichen, weil das Endliche in diesem Prozess aufs Neue wiederhergestellt wird. Das Vergehen des Endlichen muss daher den ganzen Progress negieren, um einen adäquaten Begriff des Anderen zu haben. Das Resultat der einfachen Negation des Endlichen ist das *Un*endliche.

Indem das Unendliche aus der einfachen oder ersten Negation des Endlichen resultiert, enthält es das Endliche als sein Anderes oder in Bezug auf sich seine Schranke. Das Unendliche hat m.a.W. die gleiche Struktur wie das Endliche. Angesichts ihrer homogenen Struktur wird das Unendliche aber auch zu einem Endlichen gemacht, also dem schlechten Unendlichen. Umgekehrt muss das Endliche jedoch wegen seines Selbstwiderspruchs ins Unendliche übergehen, das *qua* perpetuierende Abfolge das wahrhafte Ansichsein (Selbstbezug) des Endlichen ist.[56] In diesem Sinne bestimmen sich das Endliche und das Unendliche wechselseitig, und beide konstituieren ihrerseits – analog zum Ansichsein und Sein-für-Anderes – eine Abfolge: U-E-U und E-U-E. In beiden Abfolgen kehrt aber eines der beiden Momente (E und U) unbedingt durch sein Anderes zu sich zurück. Womit wir diesen Prozess anfangen, ist völlig gleichgültig. In beiden Abfolgen ist das Resultat gleich. Hegel hält diese Abwechselung zwischen Endlichem und Unendlichem für *das wahrhafte Unendliche qua* Prozessualität. In diesem Prozess sind beide disjunktiven Momente (E und U) enthalten. Daher hat das Unendliche *qua* Prozess kein Ende und ist

> Wie also das Unendliche in der That vorhanden ist, ist der Proceß zu seyn, in welchem es sich herabsetzt, nur *eine* seiner Bestimmungen, dem Endlichen gegenüber und damit selbst nur eines der Endlichen zu seyn, und diesen Unterschied seiner von sich selbst zur Affirmation seiner aufzuheben und durch diese Vermittlung als wahrhaft Unendliches zu seyn.[57]

In diesem Prozess setzt sich das wahrhafte Unendliche zuerst zum Endlichen herab und erhebt sich durch den Selbstwiderspruch des Endlichen wieder zum Unendlichen. Bezüglich dieser Zirkularität beschreibt Hegel den Prozess als einen Kreis. Sofern das wahrhafte Unendliche seine Selbstidentität in diesem Prozess erhält, befriedigt es die Definition des Seins. Aus diesem Grund nennt Hegel das wahrhafte Unendliche auch Sein. Und sofern diese Selbstidentität erst durch eine Negation zu sich zurückkehrt, erfüllt es auch die Definition des Daseins. Dieses Sein *plus* Dasein ist *das Fürsichsein*. Indem in Wirklichkeit jedes Mal nur ein Moment und nicht der ganze Prozess vorhanden ist, kann der ganze Prozess nur als ideell und nicht real aufgefasst werden. Auf diese Weise führt Hegel die Idealität ein, die eine höhere Realität als diejenige einfache Realität des Daseins ist. Das Fürsichsein macht daher das neue Unmittelbare aus.

---

56   Vgl. GW 21: 125.
57   GW 21: 135f.

L_Das Fürsichsein (die gesetzte doppelte Negation) = Die Selbstidentität des Seins durch die Selbstdifferenz des Daseins.

Ausgehend von der spekulativen Methode lässt sich der Übergang vom Dasein zu Fürsichsein wie folgt zusammenfassen. Das Dasein – das Gewordene *qua* Einheit des Seins und Nichts – ist zuerst dem verständigen Moment nach mit „Realität" zu bezeichnen. Abgesehen von seiner negativen Seite, durch die ein Dasein überhaupt bestehen kann, wird in der ‚Realität' der Akzent bloß auf die Bestimmtheit des Daseins als Affirmation gesetzt. Mithilfe des dialektischen Momentes wird jedoch bei der Affirmation daran erinnert, dass hinsichtlich des Ausschlusses des Bejahenden die Affirmation zugleich Negation ist. Umgekehrt gilt aber, dass jede Negation zugleich auf eine Affirmation angewiesen ist. „Nicht-rot" setzt z.B. „rot" voraus. In diesem dialektischen Gedankenschritt lässt sich die Negation wieder als Affirmation und Realität erkennen. Weil Realität und Negation den doppeldeutigen Begriffsgehalt – die Einheit des Seins und Nichtseins oder Dasein – teilen, sind sie nicht voneinander unterschieden. Das verständige Moment ist auf dieser Stufe der logischen Entwicklung dadurch gekennzeichnet, dass an dem unterschiedslosen Dasein, das zum Daseinenden oder Etwas bestimmt wird, festgehalten wird.

Angesichts der Unterschiedslosigkeit des Etwas scheint sein negatives Korrelat, das Andere, auch ein Etwas zu sein. Etwas bezieht sich durch Negation seines scheinbaren Anderen auf sich, das dem Etwas integral ist. Dem dialektischen Moment nach wird aber nicht bloß der Selbstbezug, sondern auch der Fremdbezug des Etwas – das Andere – durch dieselbe negative Selbstbezüglichkeit realisiert. Statt des Etwas ist „das Andere seiner selbst" dieser negativen Selbstbezüglichkeit zu entnehmen. Um das Etwas vom Anderen abzugrenzen, wird die negative Selbstbezüglichkeit des *Selbstbezuges* des Etwas durch das verständige Moment von der negativen Selbstbezüglichkeit des *Fremdbezugs* des Etwas unterschieden. Während das erstere mit „Ansichsein" bezeichnet wird, heißt das letztere „Sein-für-Anderes".

Hinsichtlich des Begriffsgehaltes des Daseins – Einheit des Seins und Nichtseins – lässt sich jedoch der Selbstbezug des Etwas nicht von seinem Fremdbezug trennen. Durch das dialektische Moment wird daran erinnert, dass auch der Fremdbezug des Etwas – Sein-für-Anderes – wegen seiner negativen Selbstbezüglichkeit dem Selbstbezug und Ansichsein angehört. Aufgrund dieser Untrennbarkeit gibt es am Etwas keinen Unterschied zwischen Ansichsein und Sein-für-Anderes, sondern bloß „Bestimmung", die auch den Fremdbezug des Etwas einschließt. Hält das verständige Moment an der „Bestimmung" fest, zeigt das dialektische Moment sofort, dass die

Bestimmung trotz ihrer Selbstbezüglichkeit von ihrem Fremdbezug zu unterscheiden ist, obwohl das letztere nun die Bestimmung konstituiert. Das verständige Moment räumt nun diesen Unterschied ein und ‚definiert' den Fremdbezug der Bestimmung als „Beschaffenheit". Das dialektische Moment greift diesen Unterschied an, indem es zeigt, dass die Bestimmung durch ihren Fremdbezug auf Anderes bzw. Beschaffenheit zu konstituieren ist und derselbe Fremdbezug auf Anderes in umgekehrter ‚Richtung' den Selbstbezug der Beschaffenheit erweist. Weil beide sich wechselseitig spiegeln, fungieren sie sowohl konstitutiv als auch begrenzt füreinander. Wegen des gleichen doppeldeutigen Begriffsgehaltes *qua* der Grenze sind Etwas und Anderes nicht voneinander zu unterscheiden und führen zu einem Widerspruch. Dem Widerspruch ist für das dialektische Moment zu entnehmen, dass Etwas und Anderes Endliche sind.

Erkennt das verständige Moment Etwas als Endliches an und hält am Endlichen fest, zeigt das dialektische Moment wiederum den unendlichen Übergangsprozess des Endlichen zu einem anderen usw., der dem widersprüchlichen Begriffsgehalt des Endlichen zu entnehmen ist. Im Hinblick auf den unendlichen Übergangsprozess versucht das verständige Moment das Unendliche *qua* den Übergangsprozess vom Endlichen *qua* Element des Prozesses zu unterscheiden. Angesichts der Unterscheidung bzw. des Gegensatzes zwischen Unendlichem und Endlichem weist das dialektische Moment darauf hin, dass ein solches Unendliche, das durch die Negation des Endlichen entsteht, selbst zum Begriffsumfang des Endlichen gehört, das eben durch eine selbstbezügliche Negation erzeugt wurde. Wird das verständige Moment mit dem dialektischen Moment und *eo ipso* der Ununterscheidbarkeit zwischen dem Unendlichen und Endlichen in Einklang gebracht, ist der Unterschied aber nicht endgültig beseitigt; vielmehr zeigt das dialektische Moment erneut auf, dass das Unendliche *per definitionem* den Anspruch der Negation des Endlichen aufrecht erhält und sich vom Endlichen unterscheiden lässt.

Bezüglich dieses Dilemmas zwischen Ununterscheidbarkeit und Unterscheidung des Endlichen und Unendlichen versucht das spekulative Moment, eine prozessuale Einheit des Endlichen und Unendlichen als einen Ausweg zu finden. In der prozessualen Einheit bezieht sich jedes, sei es Endliches oder Unendliches, auf sich – und zwar durch seinen Fremdbezug auf sein negatives Korrelat. Die selbstbezügliche Negation konstituiert den Prozess, in dem der Gegensatz zwischen dem Endlichen und Unendlichen zur Einheit zu bringen ist. Auf diese Weise kommt der zweite Prozess als „Fürsichsein" neben dem ersten Prozess *qua* Werden zum Vorschein.

1.1.3 *Das Fürsichsein*

Nach Hegel ist das passende Beispiel vom qualitativen Fürsichsein das „Bewußtsein".[58] Im Bewusstsein nehme ich alles auf eine ideelle Weise auf. Ich habe z.B. eine Vorstellung von einem Studentenhaus. Die Vorstellung des Hauses ist selbstverständlich nicht das reale Haus selbst. In dieser Vorstellung unterscheide ich das Haus von mir und bin mir des Hauses als etwas Fremden bewusst. Indem ich mir dieser Andersheit (Fremdheit) bewusst bin, bin ich in einem quasi-widersprüchlichen Zustand, indem – wie Fichte es formuliert – das Ich und Nicht-Ich im Ich zugleich sind. Dies ist die Ambiguität des Bewusstseins. Im Bewusstsein bleibe ich mit mir gleich und gehe nicht wie Etwas in das Andere über.

> Das Bewußtseyn enthält schon als solches an sich die Bestimmung des Fürsichseyns, indem es einen Gegenstand, den es empfindet, anschaut u.s.f. sich *vorstellt*, d.i. dessen Inhalt in ihm hat, der auf die Weise als *ideelles* ist; es ist in seinem Anschauen selbst, überhaupt in seiner Verwicklung mit dem Negativen seiner, mit dem Andern, *bey sich selbst*.[59]

Indem das Fürsichsein eine Synthese des Seins und Daseins ist, enthält es auch den Unterschied der beiden. Dasein, wie schon gezeigt, ist die Sphäre der Differenz, wo das Sein immer mit Negation behaftet und daher eine Bestimmtheit ist. Qualität, das Andere, Beschaffenheit, Grenze und Schranke sind die verschiedenen unvollkommenen Formen der Negation des Seins.[60] Aber beim Fürsichsein ist diese Differenz mit dem Sein ausgeglichen, weil das Fürsichsein als die negative Selbstbezüglichkeit die Definition des Seins *qua* Selbstidentität erfüllt. Deswegen ist das Dasein zwar schon ein Moment des Fürsichseins; aber im Fürsichsein besteht nicht mehr ein Sein-für-Anderes wie beim Ansichsein, indem das eine ins Andere übergeht, sondern ein „Sein-für-eines"[61], wodurch beide disjunktiven Momente in *einer* Einheit bestehen. Denn die Negation oder die Tendenz des Außer-Sich-Kommens weist unmittelbar auf sich zurück und ‚biegt' sich ins Fürsichsein zurück. Anders formuliert: Die negative Selbstbezüglichkeit des Fürsichseins wird eben durch das Sein-für-Anderes vollgezogen.

Das Fürsichsein bezieht sich auf sich nur als auf ein aufgehobenes Anderssein (das ideelle Anderssein), das also „für-eines" ist.[62] Jedes Reale ist von

---

58   GW 21: 145.
59   GW 21: 145.
60   Vgl. GW 21: 144.
61   GW 21: 146.
62   GW 21: 147.

diesem Standpunkt aus betrachtet also ein Fürsichsein. Seine Beziehung zu anderen Realen führt nicht zu seinem Vergehen, sondern zu seiner Selbsterhaltung. Ein Reales als ein solches ist vergleichbar mit Leibniz' Monaden. Jede Monade schließt seine externen Beziehungen auf ideelle Weise in sich ein und isoliert sich daher von anderen Monaden. So hat OL ein ideelles Unmittelbares bekommen, das wegen seiner ideellen Einheit *Eins* ist. Die realen Entitäten werden m.a.W. als *Eins* idealisiert.

Weil das Fürsichsein durch die selbstbezügliche Negation zustande gekommen ist, schließt es zugleich dasjenige aus, was nicht zur Negation gehört. Es bleibt daher Nichts im Eins übrig als diese selbstbezügliche Negation. Dieses Nichts ist jetzt aber unterschieden vom Nichts beim Sein und Nichts beim Insichsein. Nichts beim Sein und Dasein führen zu einem Anderen, das sich außer dem Sein und Etwas findet. Das Nichts am Eins ist aber wegen des Charakters des Fürsichseins in sich zurückgebogen. Das Nichts führt nicht zu einem Anderen. Ein solches Nichts, das in Eins eingeschlossen ist, nennt Hegel ein *Leeres*.

Jetzt scheint es wieder eine Verschiedenheit zwischen dem Eins und dem Leeren zu geben, wodurch das Fürsichsein in die Sphäre des Daseins zurückfiele. Aber sie sind tatsächlich dasselbe und bestehen aus demselben Prozess; und dieser Prozess ist genau das Fürsichsein und Eins, das die Sphäre des Daseins durch Sein-für-Eines aufgehoben hat. Mit dem Sein-für-Eines bezieht das Eins sich nicht auf Anderes, sondern nur auf sich. In diesem Sinne ist das Leere nicht wirklich das Andere des Eins, sondern eben auch Eins. Beide sind eigentlich die zwei disjunktiven ideellen Momente des einen Daseins. M.a.W. benötigt Eins jetzt einerseits als negative Selbstbezüglichkeit (Fremdbezug) das Negative und anderseits als positive Selbstbezüglichkeit (Selbstbezug) das Seiende oder die Selbstidentität. Um diese Forderung zu erfüllen, dehnt sich die Verschiedenheit des Eins auf verschiedene Eins aus.

> Das Fürsichseyn des Eins ist jedoch wesentlich die Idealität des Daseyns und des Andern; es bezieht sich nicht als auf ein Anderes, sondern nur *auf sich*. Indem aber das Fürsichseyn als Eins, als für sich *seyendes*, als *unmittelbar* vorhandenes fixirt ist, ist seine *negative* Beziehung *auf sich* zugleich Beziehung auf ein *Seyendes*; und da sie eben so sehr negativ ist, bleibt das, worauf es sich bezieht, als ein *Daseyn* und ein *Anderes* bestimmt; als wesentlich Beziehung *auf sich selbst*, ist das Andere nicht die unbestimmte Negation, als Leeres, sondern ist gleichfalls *Eins*. Das Eins ist somit *Werden zu vielen Eins*.[63]

---

63   GW 21: 155.

Dieses Werden vom Eins zu vielen Eins als die selbstbezügliche Negation des Eins ist die *Repulsion*, und seine umgekehrte Bewegung ist die *Attraktion*. Erst durch diese gegenseitige Abwechselung zwischen Repulsion und Attraktion ist die doppelte Negation *qua* selbstbezügliche Negation in OL gesetzt. Indem das Eins als wechselseitige Bewegung der Repulsion und der Attraktion immer mit sich identisch bleibt und nicht mehr durch seine Negation in sein Anderes übergeht, ist diese jetzt gesetzte oder artikulierte Selbstidentität ein neues Unmittelbares, das eine absolute und bleibende Grenze besitzt. Hegel nennt das Unmittelbare *Quantität*. Die Veränderung einer Quantität (Ab- und Zunehmen) verändert ihre Qualität aber nicht. So tritt die idealisierte Realität zuerst als die mathematische Realität auf.

L$_{\text{Die Quantität}}$ (das gesetzte Eins) = gleichgültige Grenze.

Bezüglich des Denkinhaltes ist der Kern des direkten Realismus das Gegebene oder das Unmittelbare. Durch kritische Darstellung verschiedener Formen der Unmittelbaren in diesem Abschnitt widerlegt Hegel den ersten Versuch des direkten Realismus, nämlich die Realität als ein qualitatives Unmittelbares zu begreifen. Hegels Strategie besteht *simpliciter* darin, die Unmittelbarkeit mithilfe der Negation und somit als Vermittlung auszuweisen. Solange das Unmittelbare mit einer Vermittlung behaftet ist, ist der Anspruch des direkten Realismus zum Scheitern verdammt.

Zuerst liefert OL das vermeintliche Unmittelbare als Kandidat des direkten Realismus. Diese theoretische Position wird aber sogleich als undenkbar erwiesen, weil das reine Sein nach der Prüfung eigentlich ein durch sein Gegenteil, das Nichts, Vermitteltes ist. Das Nichts kontaminiert also das Sein und mit ihm das Denken als solches von Anfang an. Das Resultat dieser Form der Kontamination ist das Dasein *qua* Etwas, das immer mit seinem Gegenteil, dem Anderen, behaftet ist und deshalb ebenfalls kein qualifizierter Kandidat des Unmittelbaren ist. Im Fürsichsein erhält OL ein neues Unmittelbares, das seinen Fremdbezug auf ideelle Weise als Selbstbezug ausweist und daher das Defizit des daseienden Unmittelbaren überwindet. Anders gesagt: Die Negation des Unmittelbaren ist beim Fürsichsein wieder das Unmittelbare selbst. Ein solches Unmittelbares ist aber nicht mehr ein qualitatives oder sinnliches, sondern ein quantitatives, weil seine Bestimmtheit *qua* Qualität irrelevant geworden ist. So muss OL seinen Anspruch auf Unmittelbarkeit grundsätzlich ändern. Statt eines qualitativen muss ein quantitatives oder mathematisches Unmittelbares die theoretische Grundlage bilden.

Bezüglich der spekulativen Methode lässt sich der Übergang vom Fürsichsein zu Quantität wie folgt zusammenfassen. Beim verständigen Moment wird bloß der Selbstbezug des Fürsichseins akzentuiert, demzufolge der Fremdbezug auf das negative Korrelat zugleich auf sich zurückverweist. Wegen des Rückverweises des Fremdbezuges auf sich erscheint das Fürsichsein für das verständige Moment als „Sein-für-Eines". Für das dialektische Moment scheint diese radikale Rückverweisung aller Fremdbezüge jedoch zum „Leeren" zu führen, weil in ihr alle Fremdbezüge und mithin alle Bestimmtheit wegfallen. Hält das verständige Moment nun am Leeren fest und unterscheidet das Eins vom Leeren, macht das dialektische das verständige Moment erneut auf das Eins aufmerksam: Jeder zurückverwiesene Fremdbezug auf Eins weist nicht auf nichts hin, sondern auf Eins. Wegen dieser ‚Erinnerung' wird das negative Korrelat des Eins durch das verständige Moment neu-interpretiert: Das Leere wird zu vielen Eins. Dementsprechend lässt sich die Unterscheidung des Eins zu vielen Eins als Repulsion bestimmen. Diese Unterscheidung führt wiederum zum dialektischen Moment, weil die Vielheit vom Eins erzeugt und zum Eins gezählt werden soll. Der Gedanke der Repulsion schließt auf diese Weise den Gedanken der Attraktion ein. Oszillierend zwischen Repulsion und Attraktion ist die Prozessualität *qua* selbstbezügliche Negation wiederum durch das spekulative Moment zu realisieren. Wegen der gleichgültigen Qualität lässt sich die neue Denkbestimmung „Quantität" nennen.

1.2 Die Größe (Quantität)

1.2.1 *Die Quantität*

Die Quantität *qua* das mathematische Sein erhält zuerst ihre Selbstidentität *qua* Eins während ihres konstanten Außer-sich-Kommens (ihres repellierenden Prozesses), weil ihre Grenze *qua* Fremdbezug nun irrelevant geworden ist.[64] Diese mathematische Unmittelbarkeit hat daher jetzt die *Kontinuität* zur Bestimmung. Der direkte Realismus verwandelt sich damit zu einem mathematischen Realismus, wobei das sinnliche Gegebene durch Abstraktion quantifiziert und mathematisiert wird. Das quantifizierte und mathematisierte Gegebene macht in dieser Phase des logischen Fortgangs die eigentliche Realität aus. Als das minimale Unmittelbare der Mathematisierung wird die Realität am Anfang zu einem reinen Kontinuum idealisiert (z.B. Raum und Zeit, Materie überhaupt und Ich), das keine Skala oder mathematische Einheit besitzt.

Zur Erinnerung: Weil die Kontinuität, die ein repellierender Prozess ist, tatsächlich aus vielen Eins besteht, kann sie aufgrund der Vielheit der Eins

---

64   Vgl. GW 21: 176.

qua wahrhafte Dynamik der Repulsion nicht fortgesetzt werden. Vor diesem Hintergrund ergibt sich, dass das mathematische Kontinuum nicht nur als kontinuierlich, sondern auch als diskret aufzufassen ist. Umgekehrt setzt auf gleiche Weise der Gedanke des Diskreten auch den Gedanken der Kontinuität voraus. Ohne Kontinuität *qua* Attraktion kann es keinen Gegenstand geben, sie mit Diskretheit zu unterbrechen. Diese zwei Bestimmungen, Kontinuität und Diskretheit, sind daher im mathematischen Unmittelbaren eng miteinander verbunden. Beide machen *einen* doppeldeutigen Begriffsgehalt aus. Dies gilt aber zuerst nur für HL und nicht für OL.

Für OL ist jetzt nur der Fall, dass das Kontinuum nicht wirklich ohne Unterbrechung existiert. Das Kontinuum ohne Unterbrechung ist nur ein vermeintliches Kontinuum. Genauso wie OL vorher das reine Sein zum Dasein korrigieren musste, muss das Kontinuum *qua* mathematisches Unmittelbares jetzt zum realen Kontinuum revidiert werden, in dem das Kontinuum mit seiner Negation *qua* Diskretheit zusammenbesteht. Dies nennt Hegel „continuirliche Größe"[65]. Weil das Kontinuum nun auch das Diskrete oder die Unterbrechung enthält, gibt es neben der kontinuierlichen Größe auch die diskrete Größe, wie beim Verhältnis von Negation und Realität im Dasein.

> Die Quantität ist Aussereinanderseyn an sich, und die continuirliche Größe ist diß Aussereinanderseyn, als sich ohne Negation fortsetzend, als ein in sich selbst gleicher Zusammenhang. Die discrete Größe aber ist diß Aussereinander als nicht continuirlich, als unterbrochen. ... Weil die discrete Größe Quantität ist, ist ihre Discretion selbst continuirlich. Diese Continuität am Discreten besteht darin, daß die Eins das einander gleiche sind, oder daß sie dieselbe Einheit haben. Die discrete Größe ist also das Aussereinander des vielen Eins, als des Gleichen, nicht das viele Eins überhaupt, sondern als das Viele einer Einheit gesetzt.[66]

Wie das Zitat bereits erkennen lässt, erweist sich der Unterschied zwischen der kontinuierlichen und der diskreten Größe als unhaltbar. Obwohl diskrete Größen als untergebrochene Punkte veranschaulicht werden können, die der Kontinuität gegenüberzustehen scheinen, führen die Punkte wieder zum Kontinuum zurück. Denn der Gedanke der Punkte *qua* Negation der Kontinuität kann aufgrund ihrer Gleichgültigkeit nicht aufrechterhalten werden. Geht eine diskrete Größe über ihre Grenze *qua* Negation der Kontinuität hinaus, behält sie zwar ihre Negation an ihr, nämlich als Kontinuität; aber diese Negation ist eben auch ein Eins, das isoliert und bezüglich seiner Form betrachtet gerade Diskretheit ist. So entsteht der paradoxe Gedanke, dass das Diskrete sich

---

65   GW 21: 189.
66   GW 21: 190.

kontinuiert. Umgekehrt besitzt die Kontinuität die gleiche Struktur, insofern das Diskrete ihre Grundlage ausmacht. Mit diesem wechselseitigen Verweis beider Seiten wird die Unterscheidung oder Grenze zwischen der diskreten und kontinuierlichen Größe relativiert. Die Quantität wird auf diese Weise an OL gesetzt und entspricht *cum grano salis* dem qualitativen Etwas.

> Aber das Seyn, das hier begrenzt ist, ist wesentlich als Continuität, vermöge der es über die Grenze und diß Eins hinausgeht, und gleichgültig dagegen ist. Die reale discrete Quantität ist so *eine* Quantität, oder Quantum, – die Quantität als ein Daseyn und Etwas.[67]

Die relativierte Größe nennt Hegel *Zahl* oder *Quantum*. So erhält der direkte Realismus das neue Unmittelbare *qua* Grundlage der Arithmetik.

$L_{Quantum}$ (die gesetzte Quantität) = Einheit der kontinuierlichen und diskreten Größe

Mit Blick auf die spekulative Methode lässt sich der Übergang von Quantität zur Zahl wie folgt zusammenfassen. Die Quantität wird zuerst durch das verständige Moment als reine Kontinuität des Eins aufgefasst. Mit dem dialektischen Moment rückt die konstitutive Funktion der Fremdbezüglichkeit des Eins auf die Vielheit in den Vordergrund. Vor diesem Hintergrund lässt sich die reine Kontinuität bloß durch das Diskretsein denken. Umgekehrt gilt aber für das dialektische Moment auch, dass das Diskretsein die Kontinuität voraussetzen muss. Aus dieser Oszillation ergibt sich die prozessuale Einheit der Kontinuität und des Diskretseins, die das spekulative Moment ausmacht und in der sich die Quantität durch das Diskretsein kontinuiert. Eine diskrete Quantität ist ein Quantum oder Zahl.

1.2.2 *Quantum*

Die Zahl *qua* das arithmetische Unmittelbare ist die Einheit der kontinuierlichen und diskreten Größe. Die Zahl macht die reale Grundlage des mathematischen Realismus aus. Das kontinuierliche Unmittelbare im letzten Abschnitt kann wegen seiner vermeintlichen Kontinuität nicht quantifiziert werden. Erst mit der Zahl kann die Realität durch mathematische Formel und Muster konkret kalkuliert werden. Eine Zahl, z.B. 5, ist einerseits eine Menge; als solche hat sie anderseits auch fünf Elemente. Das erstere nennt Hegel „*Einheit*" und das letztere „*Anzahl*". Beide machen die Momente der Zahl aus,

---

[67] GW 21: 192.

inklusive der sechs positiven/negativen Rechnungsarten: Addieren, Multiplizieren, Potenzieren; Subtrahieren, Dividieren, Wurzelziehen.[68]

> Das Quantum nur als solches ist begrenzt überhaupt, seine Grenze ist abstracte, einfache Bestimmtheit desselben. Indem es aber Zahl ist, ist diese Grenze als *in sich selbst mannichfaltig* gesetzt. Sie enthält die vielen Eins, die ihr Daseyn ausmachen, enthält sie aber nicht auf unbestimmte Weise, sondern die Bestimmtheit der Grenze fällt in sie; die Grenze schließt anderes Daseyn, d.i. andere Viele aus, und die von ihr umschlossenen Eins sind eine bestimmte Menge, – *die Anzahl*, zu welcher als der Discretion, wie sie in der Zahl ist, das andere die *Einheit*, die Continuität derselben, ist. *Anzahl* und *Einheit* machen die *Momente* der Zahl aus.[69]

Eine Zahl, z.B. 5, hat eine Anzahl, nämlich fünf, und zugleich muss diese Anzahl als eine Einheit „5" angesehen werden. Anzahl und Einheit sind aber keine zwei unterschiedenen Momente. Die Zahl 5 als eine Einheit kann nur durch ihre Anzahl bestimmt werden oder vielmehr macht die Anzahl 5 jene Einheit *qua* „5" aus. Man könnte streiten, ob alle fünf Eins nicht gleichwichtig sind, weil erst durch das fünfte Eins *qua* Begrenzendes die Grenze der 5 festzulegen ist. Das begrenzende Eins ist aber eine abstrakte Formulierung. Man kann nur das begrenzende Eins feststellen, wenn man alle fünf Einsen in eine Folge bringt. Bevor eine mögliche Folge festgelegt wird, kann die Möglichkeit der Folge vielerlei und deswegen auch zufällig sein. Bezüglich dieser Zufälligkeit hat das begrenzende Eins (z.B. das fünfte Eins der Fünfermenge) streng genommen keinen Vorzug vor anderen Eins und ist den anderen Eins gleichgültig, weil jedes Eins der Fünfermenge diese Rolle der Begrenzung spielen kann und zur Bestimmtheit der Fünfermenge keines davon abwesend sein darf. Stehen alle fünf Eins erst einmal zusammen, machen sie oder die Anzahl 5 aus – eine Einheit *qua* Zahl 5. In diesem Sinne besteht die Grenze der Zahl nicht in jenem begrenzenden Eins, sondern in der Anzahl 5, womit die Grenze der Zahl mit der Anzahl koinzidiert. Diese neue Bestimmtheit nennt Hegel „*die extensive Größe*"[70], die die gesetzte Anzahl ist.

Insofern die Zahl 5 wesentlich *eine* Zahl und keine fünf zufälligen Einsen ist, muss die Bestimmtheit der 5 nicht in der Anzahl (der Vielheit), sondern in der Einheit liegen, sonst könnte die Zahl 5 von irgendwelchen fünf Einsen nicht unterschieden werden. Die Zahl 5 als *eine* Zahl kann aber ihre Bestimmtheit der 5 nur durch die fünfte Eins erhalten. Mit Hegel gesprochen: Die Zahl

---

68 Vgl. TW 8: 214ff (Enz.³1830, §102 A).
69 GW 21: 194.
70 GW 21: 208.

1.2 DIE GRÖSSE (QUANTITÄT)

muss gezählt werden.[71] Angesichts dieser Überlegung wird darum jene vorhin beseitigte, begrenzende Eins wieder angenommen. Aber es ist dieses Mal nicht mehr eine unbestimmte Eins, sondern wesentlich *die* fünfte, also die Ordinalzahl 5, worin die Bestimmtheit der 5 enthalten ist.

Diese Ordinalzahl nennt Hegel „*den Grad*" und „*das intensive Quantum*"[72], das die Vielheit in Einheit verwandelt. Somit kehrt die Zahl von einer einfachen, unmittelbaren (deswegen zufälligen) Grenze durch die Negation der Grenze, nämlich die extensive Größe, wieder zu sich zurück und hat dadurch eine negative Selbstbezüglichkeit, die dem Fürsichsein entspricht. Die intensive Größe als die Koinzidenz der Grenze und der Einheit der Zahl ist die Zahl dargestellt in ihrem Moment der Einheit; umgekehrt ist die extensive Größe die Zahl dargestellt in ihrem Moment der Anzahl. Der Unterschied zwischen der extensiven Größe und der intensiven Größe ist folgender: Während die Bestimmtheit der Zahl beim Extensiven innerhalb dieser Größe erscheint, ist die Bestimmtheit beim Intensiven außerhalb dieser Größe.

Warum bleibt die intensive Größe aber außerhalb der Größe? Denn die Ordinalzahl kann nur durch ihre vorher- und nachfolgenden Zahlen bestimmt werden. Daher hängt die intensive Größe auch von ihrer Äußerlichkeit (Ab- und Zunahme der Quantität) ab. Sofern die Bestimmtheit der Ordinalzahl außer ihrer selbst liegt, verwandelt sich die intensive Größe zur extensiven Größe. (So hängt z.B. die Ordinalzahl 5 als intensive Größe der Zahl 5 von ihrer vorhergehenden und nachfolgenden Zahl ab, also den Zahlen 4 und 6.) Indem diese Äußerlichkeit in beide Richtungen der Sukzession gehen kann, macht sie eine Skala aus. Aber die extensive Größe benötigt umgekehrt auch eine Ordinalzahl (also die intensive Größe), die als Grenze der bestimmten extensiven Größe *per se* fungiert, um sich zu binden. Deswegen wird die extensive Größe wieder zur intensiven Größe.

> Die extensive Größe geht in intensive Größe über, weil ihr Vieles an und für sich in die Einheit zusammenfällt, ausser welcher das Viele tritt. Aber umgekehrt hat dieses Einfache seine Bestimmtheit nur an der Anzahl und zwar als *seiner*; als gleichgültig gegen die anders bestimmten Intensitäten hat es die Aesserlichkeit der Anzahl an ihm selbst; so ist die intensive Größe eben so wesentlich extensive Größe.[73]

Mit dem Zusammenfallen des Vielen meint Hegel die Bestimmtheit der Extension, die die andere irrelevante Eins aus sich ausschließt. Durch Abstraktion

---

71   Vgl. GW 21: 197.
72   GW 21: 193.
73   GW 21: 213.

und Vereinfachung ergibt sich die Extension als eine Menge *qua* Intension, deren quantifizierte Konnotation aber auch von Extension abhängt. Durch diese Reflexion wird der Unterschied zwischen beiden Arten der Größe zur Gleichgültigkeit gebracht und die Identität der beiden erreicht. Weil diese Identität durch die Negation des Unterschiedes vorkommt, erfüllt sie auch die logische Struktur des Etwas. Bezüglich dieser Identität benötigt die Bestimmtheit der extensiven Größe die intensive Größe, und die intensive Größe benötigt auch die extensive Größe. Jede kann nur durch ihr Anderes eigene Bestimmtheit erhalten, und die Grenze als die Bestimmtheit der Zahl muss sich immer zwischen jenen beiden „verändern".[74] Daher ist diese Grenze eine gleichgültige Grenze, weil ihre Bestimmtheit „an ihr selbst als die sich äußerliche Bestimmtheit ist".[75] Wie das Beispiel der Zahl 5 zeigt, benötigt die Bestimmtheit dieser Zahl andere Zahlen *qua* Extension, nämlich die Zahlen 4 und 6. 4 und 6 sind selbst aber auch Intensionen, die wiederum andere Zahlen *qua* Extension für ihre Bestimmtheit benötigen, nämlich die Zahlen 3 und 5, 5 und 7. Das konstante Außer-sich-Kommen liefert die Dynamik für die quantitative Unendlichkeit.

So tritt der Widerspruch zwischen der Bestimmtheit der Zahl und ihrer Äußerlichkeit auf. Diese Äußerlichkeit oder das Außer-sich-Kommen der Zahl ist die Negation der Zahl, aber das Resultat der Negation ist auch eine Zahl, weil eine Zahl nur durch eine andere Zahl bestimmt werden kann. Diese andere Zahl wird in demselben Sinne auch von anderen Zahlen bestimmt, sodass ein Prozess entsteht, der *qua* Werden ins lineare Unendliche getrieben wird. Aber das quantitative Unendliche ist unterschieden von dem qualitativen Unendlichen in zwei Charakteristika: Verglichen mit der einzigen Richtung im Fall des qualitativen Unendlichen besitzt das arithmetische Unendliche erstens zwei entgegengesetzte Richtungen, weil eine Zahl zugleich von ihren vorhergehenden und nachfolgenden Zahlen abhängt. Die zwei Richtungen machen darum das unendlich Große und das unendlich Kleine aus.[76] Zweitens ist das qualitative Andere das Selbstständige gegen Etwas. Das quantitative Andere hingegen ist kein Selbstständiges, sondern *qua* Moment des Etwas konstitutiv für das Etwas. Das unendliche Große und Kleine sind einerseits auch Quanta, weil es die Bestimmtheit der quantitativen Unendlichkeit ist, eine Äußerlichkeit zu setzen. Andererseits sollen beide keine Quanta sein, weil ihre Unendlichkeit *qua* Negation der Zahl eben das Jenseits des Quantums sein soll, das

---

74   GW 21: 217.
75   GW 21: 211.
76   Vgl. GW 21: 221.

1.2 DIE GRÖSSE (QUANTITÄT)

aber nie erreicht werden kann. M.a.W.: Das wahrhafte, quantitative Unendliche soll kein Quantum mehr sein.

Durch ihre Grenze kommt die Zahl außer sich, aber bleibt zugleich in einer anderen Zahl mit sich identisch. Ihre Grenze ist nur eine relative. Das Außer-sich-Kommen oder die Negation der Zahl führt paradoxerweise nur zur Wiederherstellung des Quantums. Dieser infinite Progress ist eine Unendlichkeit, die als „schlechte Unendlichkeit" zu bezeichnen ist. Bezüglich dieser Wiederherstellung *qua* Negation des Außer-sich-Kommens (der Negation der Zahl) findet in OL wieder eine doppelte Negation, die „Negation der Negation" statt.[77] Durch diese Form der negativen Selbstbezüglichkeit erhält das Quantum sein Fürsichsein oder seine qualitative Bestimmtheit.

> Das Quantum ist hiemit gesetzt als von sich repellirt, womit also zwey Quanta sind, die jedoch aufgehoben, nur als Momente *einer Einheit* sind, und diese Einheit ist die Bestimmtheit des Quantums. – Dieses so in seiner Aeusserlichkeit als gleichgültige Grenze *auf sich bezogen*, hiemit qualitativ gesetzt, ist das *quantitative Verhältniß*. – Im Verhältnisse ist das Quantum sich äusserlich, von sich selbst verschieden; diese seine Aeusserlichkeit ist die Beziehung eines Quantums auf ein anderes Quantum, deren jedes nur gilt in dieser seiner Beziehung auf sein Anderes; und diese Beziehung macht die Bestimmtheit des Quantums aus, das als solche Einheit ist.[78]

Hegel hat im Zitat nicht expliziert, was für zwei Quanta die sind. Freilich sind sie nicht irgendwelche zwei Quanta, die in keiner proportionalen Beziehung zueinanderstehen, weil gemäß dem Inhalt des nächsten Abschnittes die benötigte Beziehung keine einfache mathematische Beziehung – z.B. „$1 + 1 = 2$" – ist. Trotzdem ist Hegels Ziel im Zitat deutlich: Die äußerliche Beziehung (jene „Einheit" im Zitat) zu anderen Zahlen soll das wahrhafte Unendliche des Quantums ausmachen. Nur die proportionale Beziehung passt dem Erfordernis des quantitativen Unendlichen, weil ein solches Unendliche sowohl die Äußerlichkeit (Ab- und Zunahme des Quantums) als auch das Fürsichsein (Selbstidentität) besitzen muss. Ändert sich z.B. 1 in „$1 + 1 = 2$" zu 2, ändert sich das Ergebnis der Gleichung „$1 + 1 = 2$" zu 4. Es gibt keine Selbstidentität. Nur in Proportionen z.B. der Form „$\frac{4}{2} = 2$" kann der Zähler 4 auf 8 steigen und der Nenner 2 auf 4 usw., ohne dass Ergebnis 2 verändert wird, mithin mit sich identisch bleibt. In diesem Fall werden beide Erfordernisse des quantitativen Unendlichen befriedigt.

---

77 GW 21: 234.
78 GW 21: 236.

Diese äußerliche Beziehung *qua* Proportion kommt der Qualität des Quantums zu. Diese Beziehung *qua* wahrhafte Qualität der Quantität ist aber in OL noch nicht gesetzt. Für OL ist nur klargeworden, dass die Äußerlichkeit sein eigenes Moment ist. Das arithmetische Unmittelbare *qua* Zahl, die anfänglich als selbstständig angesehen wurde, hat sich nun als eine Vermittlung (die äußerliche Beziehung zu anderen Zahlen) erwiesen. So korrigiert der direkte Realismus sein neues mathematisches Unmittelbares von Zahl zum proportionalen Unmittelbaren, das durch das quantitative Verhältnis zum Ausdruck gebracht wird.

$L_{\text{Das quantitative Verhältnis}}$ (das gesetzte Quantum) = äußerliche Beziehung zwischen zwei Zahlen.

Mit Rückgriff auf die spekulative Methode lässt sich der Übergang vom Quantum zu quantitativem Verhältnis wie folgt zusammenfassen. Aufgrund seiner diskreten Kontinuität wird sich das Quantum durch das verständige Moment in zwei Momente einteilen: Einheit und Anzahl. Das verständige Moment unterscheidet die Einheit von der Anzahl durch ihre verschiedenen Funktionen. Während die Kontinuität des Eins in einer Zahl durch die Einheit ausgedrückt wird, lässt sich das Diskretsein der Anzahl zuordnen. Analog zum vorigen Verfahren der spekulativen Methode zweifelt wiederum das dialektische Moment die Unterscheidung zwischen Einheit und Anzahl an. Die Bestimmtheit einer Zahl hängt von ihrer Anzahl ab, insofern die Anzahl die Grenze dieser Einheit markiert. Aufgrund der Anzahl ist die Zahl vielmehr die extensive Größe. Gegen das Festhalten des verständigen Moments an der extensiven Größe zeigt das dialektische Moment umgekehrt, dass es zur Bestimmtheit der Zahl *qua* des Selbstständigen, das durch eine feste Grenze von anderen Zahlen unabhängig ist, der Einheit bedarf. Wegen dieser Einheit ist die Zahl eine intensive Größe. Das verständige Moment kann auch nicht an der intensiven Größe festhalten, weil Intension der Größe bloß durch ihre benachbarten Zahlen zu bestimmen ist. Die benachbarten Zahlen weisen wiederum die Anzahl und eine extensive Größe auf.

Unter der skeptischen Prüfung des dialektischen Moments gerät das verständige Moment in einen Widerspruch, indem zwischen der extensiven und intensiven Größe oszilliert wird. Die Bestimmtheit *qua* Qualität einer Zahl lässt sich immer an ihren benachbarten Zahlen bzw. ihrer Andersheit ‚ablesen'. Dem dialektischen Moment nach führt die Andersheit bzw. Äußerlichkeit weiter zur unendlichen Zahlenreihe. Mit dem spekulativen Moment erreicht das Quantum im unendlichen Prozess seine negative Selbstbezüglichkeit, indem ein Quantum, das durch ein bestimmtes Verhältnis der

Quanta ausgedrückt wird, keiner quantitativen Veränderung unterliegt. Dies Verhältnis *qua* Prozessualität macht die wahrhafte Unendlichkeit des Quantums aus.

1.2.3 *Das quantitative Verhältnis*

Das proportionale Unmittelbare ist *qua* Exponent auch eine Zahl. Es bringt aber außer dem Sinn einer Zahl auch den Sinn eines Fürsichseins mit sich. Die Vereinigung von Quantität *qua* Äußerlichkeit und Qualität *qua* Selbstidentität gilt explizit nur für uns oder in HL, nicht aber für OL. Für OL muss diese Vereinigung durch das quantitative Verhältnis selbst gezeigt werden. Deshalb gilt in OL zuerst nur, dass eine Zahl mit einer anderen Zahl irgendwie eine feste Beziehung ausmacht. Was aber diese feste Beziehung im eminenten Sinn besagt, ist in OL noch nicht expliziert. Für HL ist es klar, dass diese feste Beziehung eben die Qualität oder die Selbstidentität, die trotz der Ab- und Zunahme der Zahl (Äußerlichkeit der Quantität) immer zu sich zurückkehrt.

Die erste Form der Vereinigung von Äußerlichkeit und Selbstidentität ist *das direkte Verhältnis*, wo ein Quantum mit einem anderen in einer unmittelbaren und festen Beziehung steht.[79] Das Muster dafür ist: „$y = c \cdot x$". Die Selbstidentität und Äußerlichkeit, die Hegel in dem Kapitel über das direkte Verhältnis erneut als „Einheit" und „Anzahl" bezeichnet, treiben das quantitative Verhältnis an. Die Einheit der beiden ist der Exponent, weil er sowohl eine Zahl, die mit Äußerlichkeit behaftet wird, als auch ein Fürsichsein ist, das gegen Äußerlichkeit (im Sinne der Ab- und Zunahme der Zahl) mit sich identisch bleibt. Im früheren Stadium der logischen Entwicklung – dem Kapitel über das Quantum ... – bestanden die beiden Momente in einem und demselben Quantum. Beim direkten Verhältnis trennen sich beide zuerst in unterschiedliche Zahlen, die durch Variablen x und y markiert werden können, sodass gilt: Wenn y als Einheit gesetzt und verändert wird, muss x auch nach derselben Anzahl oder demselben Vielfachen dieser Einheit verändert werden (und *vice versa*).

In diesem Fall kann jede Zahl aber immer nur entweder die Rolle der Einheit oder die der Anzahl spielen. Diese Situation spiegelt sich weiter noch in ihrem Verhältnis wider, das im Exponenten – der Konstanten c – dargestellt wird und entweder als Einheit oder Anzahl angesehen werden kann.[80] So ist z.B. 2 zwar der Exponent von „$\frac{6}{3} = 2$", aber der Exponent 2 kann auch mit 3 als Einheit ausgetauscht werden. Der Exponent verhält sich wie Anzahl somit auch

---

79 Vgl. GW 21: 311f.
80 Vgl. GW 21: 313.

gleichgültig gegen die Einheit. Der Exponent soll aber die Einheit der beiden Momente sein und in keinem disjunktiven Verhältnis zu ihnen stehen. Anders gesagt weist der Exponent im direkten Verhältnis noch eine Unvollständigkeit auf. Die Disjunktion verweist auf eine gegenseitige Negation, die im direkten Verhältnis anfänglich nur *idealiter* und nur in HL besteht und noch nicht zum Vorschein gekommen ist. Jetzt wird diese disjunktive Beziehung *qua* wahrhafte Gestalt des direkten Verhältnisses expliziert. So kommt *das umgekehrte Verhältnis* zum Vorschein.

Das Muster für das umgekehrte Verhältnis ist „$y = \dfrac{c}{x}$". In diesem Verhältnis ist der Exponent c zwar auch ein Quantum, das von der anderen Seite des Verhältnisses (der Veränderung von x und y) unterschieden ist. Aber die Veränderung jener Seite ist nicht mehr gleichgültig gegen den Exponenten, wie es beim direkten Verhältnis noch der Fall ist, weil im direkten Verhältnis die Einheit allein selbstständig ist. Der Exponent c als das Produkt von x und y bestimmt den Umfang ihrer Veränderung und ist daher die Grenze bzw. die Negation von x und y. Zudem ist die Beziehung zwischen x und y eine gegenseitige Negation. Wenn x als Einheit vermehrt wird, muss y als Anzahl gemäß demselben Exponenten vermindert werden. Ihre Einheit ist der Exponent, die nicht mehr schwankend zwischen Einheit und Anzahl, sondern die Einheit beider ist.

> Nach diesen Bestimmungen *begrenzen* sich die beyden Momente innerhalb des Exponenten und sind das eine das Negative des andern, da er ihre bestimmte Einheit ist; das eine wird um so vielmal kleiner, als das andere größer wird, jedes hat insofern seine Grösse, als es die des andern an ihm hat, als dem andern mangelt. Jede continuiert sich auf diese Weise *negativ* in die andere; so viel sie an Anzahl ist, hebt sie an der andern als Anzahl auf, und ist, was sie ist, nur durch die Negation oder Grenze, die an ihr von der andern gesetzt wird.[81]

Der Exponent *qua* Grenze der Einheit und Anzahl ist m.a.W. ihr qualitatives Jenseits. Der Exponent scheint daher die Vereinigung der Äußerlichkeit und des Fürsichseins leisten zu können. In der Tat erweist sich dies jedoch als Trugschluss. Eben wegen der disjunktiven Rolle des Exponenten können die beiden Momenten (Einheit und Anzahl) jedoch in ihrer Funktion nie der Exponent werden, sondern sich ihm nur annähern. Falls x oder y dem Exponenten gleicht, „verschwindet"[82] y bzw. x aber auch gleichzeitig. So tritt nun eine neue schlechte Unendlichkeit in diesem Annäherungsprozess ein.

---

81   GW 21: 315.
82   GW 21: 316.

1.2 DIE GRÖSSE (QUANTITÄT)

Anders betrachtet drückt jene unendliche Veränderung von x und y allerdings zugleich das feste Verhältnis aus, das durch den Exponenten definiert und mit ihm identisch ist. Obwohl die unendliche Veränderung von x und y den Gedanken der Äußerlichkeit repräsentiert, wird diese Veränderung durch den Exponenten c absolut begrenzt. Bezüglich der Disjunktion des Exponenten, der sich in x und y aufspaltet, bringt die Veränderung (Äußerlichkeit) von x die von y mit sich und *vice versa*. Jede Veränderung bestätigt m.a.W. die Disjunktion, die in dem Exponenten zusammengefasst wird. Weil die Anzahl die Einheit mit sich bringt (und umgekehrt), ergibt sich das umgekehrte Verhältnis als das *Potenzenverhältnis*, wo die Anzahl direkt mit der Einheit gleich ist.

Das Muster für das Potenzenverhältnis ist eigentlich nur das Quadrat „$a = b^2 = b \cdot b$", wo die Einheit die Anzahl mit sich bringt. Anders gesagt: Die Anzahl ist auch tatsächlich die Einheit selbst. Somit lässt sich die gesuchte Einheit von Einheit und Anzahl beim Potenzenverhältnis – exemplifiziert am Quadrat – finden, in dem der Exponent nicht mehr auf der anderen Seite der Gleichung steht. Die Anzahl ist zugleich die Einheit und die Einheit zugleich die Anzahl, sodass beide Momente nun eins geworden sind.

> Diß ist der Fall im Potenzenverhältnisse, wo die Einheit, welche Anzahl an ihr selbst ist, zugleich die Anzahl gegen sich als Einheit ist. Das Anderssseyn, die Anzahl der Einheiten, ist die *Einheit* selbst. Die Potenz ist eine Menge von Einheiten, deren jede diese Menge selbst ist.[83]

Die Einheit und Anzahl können sich verändern, aber ihre Beziehung wird immer so bestimmt, dass die eine durch sich selbst die andere bestimmt. Das Quantum bleibt so identisch mit sich in seinem Anderssein oder bezieht sich genau durch den Unterschied auf sich, der von sich selbst geschaffen wird. So wird die qualitative Bestimmung des Quantums schließlich realisiert. Aber sobald diese Bestimmung realisiert ist, wird das Quantum in seine Negation, nämlich die Qualität übergehen. Daher ist das Potenzenverhältnis bezüglich dieser Negation des Quantums auch ein Dasein.[84] Das mathematische Unmittelbare geht wieder ins qualitative oder sinnliche Unmittelbare über, indem das mathematische Unmittelbare zum Ende sich nicht als Unmittelbares, sondern mit der Qualität behaftet findet. Zur Erinnerung ist die Quantität aber seit ihrem Anfang eben die aufgehobene Qualität. Einfach ins qualitative Unmittelbare überzugehen, ist m.a.W. vergebliche Mühe. Deswegen kommt am

---

83   GW 21: 318.
84   Vgl. GW 21: 320.

Ende des Abschnittes über das Potenzenverhältnis „der doppelte Übergang"[85] vor. Für OL *qua* direkten Realismus bleibt nur noch ein Ausweg übrig, also ein solches Unmittelbare, das die Einheit des qualitativen und mathematischen Unmittelbaren ist. Das neue Unmittelbare ist das maßvolle Unmittelbare, worin die sinnlichen Qualia mathematisch idealisiert werden.

> L$_{\text{Das Maß}}$ (das gesetzte quantitative Verhältnis) = die Einheit der Quantität und Qualität

In Anlehnung an die spekulative Methode lässt sich der Übergang vom quantitativen Verhältnis zum Maß wie folgt zusammenfassen. Das verständige Moment setzt zuerst bei dem direkten Verhältnis an, in dem das feste quantitative Verhältnis *qua* Bestimmtheit bzw. Qualität durch andere Zahlen *qua* Dividend und Divisor exprimiert wird. Das direkte Verhältnis wird jedoch durch das dialektische Moment weitergedacht, indem gezeigt wird, dass der Dividend und Divisor wegen ihrer gleichgültigen Veränderung der Quantität allein angehören, während der Quotient der beiden durch den Exponenten im Sinne der Qualität festgelegt wird. Weil der Quantität und Qualität keine identischen Rollen zugewiesen werden können und der Anspruch des quantitativen Verhältnisses, das qualitative quantitative Verhältnis zu sein, nicht mehr aufrechterhalten werden kann, wird das direkte Verhältnis negiert. Dieses ‚Scheitern' führt mit Blick auf das verständige Moment dazu, dass das umgekehrte Verhältnis aufgefasst wird, in dem der Exponent durch Multiplikation zweier Zahlen erzeugt wird. Obwohl die Veränderung und gegenseitige Negation der zwei Zahlen durch den Exponenten begrenzt wird, lässt sich durch das dialektische Moment explizieren, dass die gleichgültige Veränderung der Zahlen statt der Qualität, die durch das quantitative Verhältnis beansprucht wird, vielmehr die Äußerlichkeit des Quantums aufweist. So findet eine Korrektur statt: Das umgekehrte Verhältnis wird zum Potenzverhältnis, weil die quantitative Veränderung zugleich die qualitative ist.

Angesichts des Überganges von der Quantität zur Qualität, der durch das Potenzverhältnis expliziert wird, hält das dialektische Moment das verständige Moment davon ab, die Qualität wiederum für wahr zu halten, indem jenes dieses daran erinnert, dass die Quantität eben das Aufgehobene der Qualität ist. Der Ausweg aus diesem Dilemma erfolgt über das spekulative Moment, bei dem auf den Prozess hingewiesen wird, in dem ein doppelter Übergang von Qualität zu Quantität und umgekehrt stattfindet. Das verständige Moment

---

85   GW 21: 320.

nimmt diesen neuen Prozess *qua* Maß an, bei dem die Veränderung der Quantität in einem qualitativen Umfang zu begrenzen ist.

1.3 Das Maß

1.3.1 *Die spezifische Quantität*

Das maßvolle[86] Unmittelbare qualifiziert sich als das neue Unmittelbare des direkten Realismus durch seine Integration des qualitativen und quantitativen Unmittelbaren. Ein solches *unmittelbare Maß* trägt daher einen doppelten Charakter und bezeichnet eine Qualität durch Quantifizierung. Dies erweckt *per se* den Eindruck, dass die Veränderung der Qualität auf eine bloße allmähliche Veränderung der Quantität zurückgeführt werden kann. Hegel insistiert jedoch auf einem irreduzierbaren Unterschied zwischen der quantitativen und qualitativen Veränderung.[87]

Hegels Argument dafür geht von der alten Sorites- oder Haufen-Paradoxie aus, die im gegenwärtigen philosophischen Diskurs unter dem Deckmantel des Problems der Vagheit diskutiert wird. In der Haufen-Paradoxie wird ein Haufen bestehend aus vielen Körnern intuitiv der Quantität nach definiert. Das Prädikat oder der Begriff des Haufens ist aber ein vager Begriff. Die Grenze zwischen Korn und Haufen ist nämlich unbestimmt, weil objektiv nicht eindeutig zu bestimmen ist, ab wie vielen Körnern von einem Haufen gesprochen werden kann. Zur Paradoxie gehört es, dass in diesem unbestimmten Progress der Akkumulation irgendwann das eintritt, was man als Haufen bezeichnen könnte, dass aber dieses Auftreten offenbar durch keine kontinuierliche und quantitativ abzählbare Akkumulation erklärt werden kann. Umgekehrt kann auch nicht erklärt werden, wann genau ein Haufen bei allmählicher Wegnahme des Korns aufhört, ein Haufen zu sein. Für Hegel liegt der Grund einer solchen Paradoxie in einer reinen quantitativen Auffassung des Objekts.

> Die Verlegenheit, der Widerspruch, welcher als Resultat herauskommt, ist nicht etwas Sophistisches im gebräuchlichen Sinne des Worts, als ob solcher Widerspruch eine falsche Vorspiegelung wäre. Das Falsche ist, was der angenommene Andere, d.h. unser gewöhnliches Bewußtseyn begeht, eine Quantität nur für eine gleichgültige Grenze d.h. sie eben im bestimmten Sinne einer Quantität zu nehmen.[88]

---

86   Unter „maßvoll" verstehe ich im Folgenden: „gemäß einem Maß".
87   Vgl. GW 21: 331-332.
88   GW 21: 332.

Hegel zufolge muss jede Qualität eine quantifizierbare Grenze besitzen, die Hegel „Regel" nennt. Um das Problem der Vagheit zu vermeiden, muss in OL das maßvolle Unmittelbare zum spezifischen maßvollen Unmittelbaren korrigiert werden. Mittels dieser Veränderung hat OL auch ein unmittelbares Maß, aber dies ist nicht mehr vage, sondern bestimmt.

Beispiele für ein bestimmtes, aber unmittelbares Maß sind vielfältig und zahlreich, wie z.B. ein durchschnittlicher menschlicher Fuß, der als Längenmaß fungiert. Der Unterschied zwischen dem quantitativen Moment und dem qualitativen Moment tritt aber im spezifischen Maß wieder darin auf, dass sich die Qualität in bestimmtem Umfang gleichgültig gegen die Veränderung der Quantität verhält. So ändert sich der Aggregationszustand des Wassers bei einer Veränderung der Wassertemperatur zwischen 0 und 100°C unter Standardbedingungen nicht. Über diese Grenze hinaus wird das flüssige Wasser aber entweder zu Dampf oder zu Eis. 0 und 100 sind daher Zahlen, die eine spezifische Bedeutung für das Wasser haben.

Die Grenze fungiert als eine Regel für das Transformationsverhältnis zwischen Quantität und Qualität. Die Regel ist in erster Linie arbiträr, wie sich z.B. an der Längeneinheit „Fuß" illustrieren lässt. Dessen ungeachtet verhält sich das Ding trotz seiner quantitativen Veränderung gegen den Maßstab stabil (vgl. die Veränderung der Wassertemperatur). Analog zum Verhältnis der intensiven und extensiven Größe macht die Regel ein immanentes Maß eines jeden Dinges aus. Für jeden stabilen physikalischen Zustand gibt es entsprechende Quantifizierung, die durch eine mathematische Formel ausgedrückt werden kann, um die Grenze dieses Zustandes klar zu bestimmen. Gemäß der Konklusion des Quantitätsabschnittes, in der die Qualität durch Potenzverhältnis ausgedrückt wird, benutzt Hegel an der Stelle des Unterabschnittes des Maßkapitels „das spezifizierende Maß" wieder den „Exponent[en] dieses Verhältnisses"[89] um die Grenze des unmittelbaren Maßes zu bestimmen.

Durch ein solches quantifiziertes Verhältnis unter den verschiedenen Quantitäten werden verschiedene Qualitäten aneinandergebunden, z.B. die Beziehung des quantitativen Verhältnisses der Temperatur zu den entsprechenden verschiedenen Wärmekapazitäten der einzelnen Körper.[90] Ein Quantum ist also nicht nur eine irrelevante Bestimmtheit, sondern auch der Garant für die Spezifikation des Körpers. Dementsprechend ist eine Qualität kein quantitätsfreies Dasein, sondern eine durch Potenzverhältnisse maßvoll kontrollierte Qualität. Aufgrund einer solchen Entwicklung des Maßes

---

89   GW 21: 334.
90   Vgl. GW 21: 335f.

ist die Veränderung des Quantums nicht mehr eine irrelevante, sondern eine qualitative und somit eine reelle Veränderung.

Indem jedes Quantum eine spezifische Qualität vertritt, verbindet das Quantum als homogener Faktor alle verschiedenen Qualitäten wie auf einer Zahlenlinie. Dies ist eben das Ideal der mathematisierten Wissenschaften. In dieser weiteren Entwicklung der OL ist das Maß nicht mehr eine spezifische Beziehung, durch die ein äußerliches Quantum mit einer Qualität verknüpft wird, sondern „das *immanent* quantitative Verhalten *zweier* Qualitäten zu einander".[91] Da das Potenzverhältnis, wie gesagt, die einzige qualifizierte Weise ist, das Quantum zur Qualität zu transformieren, basiert das Maßverhältnis, in dem eine qualitative Veränderung auf quantitativer Basis gedacht wird, auf der höheren Mathematik.

> die wahrhafte Veränderung aber ist die des Quantums als solchen; diß gibt die, so gefaßt, interessante Bestimmung der veränderlichen Grösse in der höhern Mathematik; wobey nicht bey dem Formellen der *Veränderlichkeit* überhaupt stehen zu bleiben, noch andere als die einfache Bestimmung des Begriffs herbeyzunehmen ist, nach welcher *das Andere des Quantums* nur *das Qualitative* ist. Die wahrhafte Bestimmung also der reellen veränderlichen Grösse ist, daß sie die qualitativ, hiemit, wie zur Genüge gezeigt worden, die durch ein Potenzenverhältniß bestimmte ist; in dieser veränderlichen Grösse ist es *gesetzt*, daß das Quantum nicht als solches gilt, sondern nach seiner ihm andern Bestimmung, der qualitativen.[92]

Durch das Potenzverhältnis erhält die Veränderung des Quantums eine qualitative Bedeutung. Historisch gesagt vertritt diese Phase die neuzeitliche erfolgreiche Kombination der Mathematik und Physik, also die Mathematisierung der Welt, wodurch das Maß realisiert wird. In diesem Sinn hat Hegel Galilei, Kepler und Newton vor Augen.[93]

Analog zur Intension und Extension beim Quantum soll die arithmetische Progression der Maßveränderung Extension (Anzahl) und die entsprechende qualitative (Einheit) Veränderung Intension sein. Jedes Maß hat einen entsprechenden Ausdruck in der höheren Mathematik. Da einige Qualitäten (z.B. Raum und Zeit) angesichts ihrer Maßeinheit (z.B. Fuß und Sekunde) noch zum unmittelbaren Maß gehören, scheinen sie für Hegel ungeeignet für eine vollkommene Realisierung des Maßes zu sein. Dafür hat Hegel drei Beispiele gegeben, nämlich das Gesetz der gleichförmigen Bewegung ($s = vt$),

---

91 GW 21: 337.
92 GW 21: 337f.
93 Vgl. GW 21: 339ff.

das Galileischen Gesetz der gleichförmig beschleunigten Bewegung des Falls schwerer Körper ($s = gt^2$) und das dritte Keplersche Gesetz ($s^3 = at^2$).[94]

Nach Hegel sollte die Intension zur vollkommenen Realisierung des Maßes ein festes „Potenzenverhältnis"[95] sein, das die gleichgültige Veränderung der Quantität reguliert und das *qua* Regulation allein Qualität ist. Diese Forderung wird im Gesetz der gleichförmigen Bewegung gar nicht und im Gesetz des Falls nur teilweise erfüllt. Nur im dritten Keplerschen Gesetz werden beide Variablen (Raum und Zeit) durch ihr eigenes Potenzverhältnis als reguläre Exponenten (die Intension oder die Qualität) festgeschrieben. Indem die Transformation von einem Maß durch solche Gleichungen als Maßverhältnis zum anderen Maß wird, tritt auch die negative Selbstidentität des Maßes in diesem Progress der Transformation potentiell auf. Denn die Transformation zu einem anderen Maß ist eben die Negation eines früheren Maßes, aber das Resultat ist wieder ein Maß. So bezieht sich das Maß auf negative Weise auf sich. Deshalb ist dieses neue Maß ein vermitteltes durch das feste, reguläre Potenzverhältnis, in dem das Maß sein Fürsichsein erhält. Dies gilt aber wie vorher wieder nur für HL und noch nicht für OL.

In diesem Progress der Maßveränderung wird die unmittelbare oder empirisch bestimmte Qualität (wie Raum oder Zeit) zuerst durch ein anderes quantitatives Maßverhältnis (z.B. Geschwindigkeit $s = vt$) negiert, aber zugleich als Exponent (z.B. in drittem Keplerschen Gesetz) wiederhergestellt, der durch das Potenzverhältnis festgesetzt ist. Das gilt nicht nur für den Gedanken der Qualität, sondern auch für den der Quantität. Die unmittelbare Quantität (z.B. Fuß oder Sekunde), die die unmittelbare Qualität (z.B. Fuß *qua* Raumeinheit und Sekunde *qua* Zeiteinheit) mit sich bringt, wird auch durch die in Gleichungen als Exponent vorkommende Qualität (die spezifische Quantität) negiert und zugleich in deren quantitativer Form wiederhergestellt. Somit ist dieser Exponent als die Rückkehr des unmittelbaren Maßes ein Fürsichsein oder die negative Selbstbezüglichkeit des unmittelbaren Maßes.

Dieses Fürsichsein *qua* negative Selbstidentität des Maßes nennt Hegel *das reale Maß*. Für OL ist das reale Maß das wahrhafte, maßvolle Unmittelbare, weil das spezifizierende Maß in der höheren Mathematik durch die anderen spezifizierenden Maße vermittelt wird und somit nicht mehr als Unmittelbares qualifiziert ist. Das reale Maß bietet daher für OL die naturwissenschaftliche Grundlage der Realität, indem das sinnlich Gegebene *qua* Etwas, das über verschiedene Qualitäten verfügt, in Raum und Zeit durch höhere Mathematik zum szientistischen Unmittelbaren wiederaufgebaut wird.

---

94   Vgl. GW 21: 339.
95   GW 21: 337f.

> Diese negative Einheit ist *reales Fürsichseyn*, die Kategorie eines *Etwas*, als Einheit von Qualität, die im Maaßverhältniße sind; eine volle *Selbstständigkeit*. Unmittelbar geben die beyden, welche sich als zwey verschiedene Verhältnisse ergeben haben, auch ein zweyfaches Daseyn, oder näher solches selbstständige Ganze ist als Fürsichseyendes überhaupt zugleich ein Abstoßen in sich selbst in *unterschiedene Selbstständige*, deren qualitative Natur und Bestehen (Materialität) in ihrer Maßbestimmtheit liegt.[96]

Dies reflektiert den damaligen physikalischen Standpunkt (Mechanik) für ein Ding überhaupt, also z.B. das Gewicht eines Dinges, das durch Gravitation bestimmt wird, sowie sein Volumen als der ideelle Raum, den ein Ding theoretisch einnimmt. Erst durch diese mathematische Maßbestimmung wird ein Ding oder eine Materie realisiert. Das reale oder selbstständige Maß macht daher die Grundlage des direkten szientistischen Realismus aus.

L$_{\text{Verhältnis selbstständiger Maße}}$ (das gesetzte unmittelbare Maß) =
die durch das Potenzverhältnis konkretisierten Qualitäten

Mit Blick auf die spekulative Methode lässt sich der Übergang vom unmittelbaren Maß zum realen Maß wie folgt zusammenfassen. Das Maß wird zuerst durch das verständige Moment unmittelbar aufgefasst, als ob alles – z.B. ein Haufen von Körnern – quantitativ ermittelbar wäre. Bei dem Problem der Vagheit setzt das dialektische Moment an und fordert eine spezifische Regel für quantitative Veränderung eines Dinges. Nimmt das verständige Moment eine spezifische Regel an, ‚bricht' das dialektische Moment hervor und weist darauf hin, dass die Regel bloß willkürlich aus der Erfahrung genommen und nicht dem Potenzverhältnis gemäß vermittelt wird, durch das allein ein Maß legitimer Weise entsteht. So betrachtet, hält das verständige Moment am realen Maß fest, das durch das Potenzverhältnis vermittelt ist.

1.3.2 *Verhältnis selbstständiger Maße*

Durch die Mathematisierung der Welt wird das spezifische Maß zum realen Maß eines konkreten Dinges konkretisiert, das z.B. durch Gewicht als sein „*Insichsein*" und Volumen als „*die Äußerlichkeit* dieses Insichseins"[97] weiterbestimmt wird. Beide sind die zwei Qualitäten eines Dinges. Sie sind weder sinnliche Qualia wie Sonnenrot in Dasein noch essentielle Eigenschaft wie H_2O für Wasser in der Wesenslogik, sondern allgemeine, physikalische Qualitäten eines Dinges. Das Verhältnis der beiden Qualitäten $\left(\rho = \dfrac{m}{v}\right)$ macht die

---

96   GW 21: 344.
97   GW 21: 347.

Dichte eines Dinges („die qualitative Natur des materiellen Etwas"[98]) aus. Erst in der Dichte kann Etwas von anderem unterschieden oder bestimmt werden. Die Dichte des Goldes z.B. ist 19.3×10^3 kg/m³ und die des Wassers ist 1.0×10^3 kg/m³. In diesem Sinne nennt Hegel die Dichte oder den Exponenten ρ „das *spezifische An-sich*-bestimmtsein, das innere eigentümliche Maß von Etwas"[99]. So wird das szientistische Unmittelbare zum neuen Unmittelbaren des direkten Realismus. Jedes Etwas wird als unmittelbare oder selbstständige Materie definiert, die durch ein Maßverhältnis quantitativ ausgedrückt wird.

Die Dichte ist eine solche Qualität, die als Maß anderer Qualitäten fungiert und die durch zwei weitere Qualitäten (Gewicht und Volumen) bestimmt wird, deren jedes wiederum ein Maß sein kann. Da der Exponent (ρ) unmittelbar betrachtet auch ein Quantum ist, steht er weiterhin in quantitativer Beziehung zu anderen Dingen, die wiederum jeweils durch einen weiteren spezifischen Exponenten vertreten werden (vgl. die Beispiele von Gold und Wasser). Bezüglich dieser quantitativen Beziehung wird die Materie auch der Veränderung ausgesetzt.

Da jede Materie ein innerliches Maß *qua* ihre Qualität hat, ist diese Veränderung auch eine Veränderung der Maße. In der Veränderung wird ein Maß mit einem anderen verbunden, und beide werden zu einer neuen Einheit gebracht, die *per se* wiederum ein Maß ist. Angesichts des quantitativen Charakters (Gleichgültigkeit) dieser Einheit sind die zwei vorherbestehenden Materien oder Maße in diesem neuen Maß neutralisiert. Neutralisierung bezeichnet in diesem Kontext den homogenen und quantitativen Charakter aller drei Exponenten. Dies macht die Grundlage für das Fürsichsein des Maßes oder die Reproduktion des Maßes aus. Das physikalisch Gegebene erweist sich angesichts dieser Veränderung nicht als unmittelbar, sondern als vermittelt durch seine gemeinschaftliche Quantifizierung mit anderen physikalisch Gegebenen.

In OL kann aber ein Gegenargument gegen die Vermittlung des physikalisch Gegebenen vorgebracht werden: dass es *qua* Dichte noch keine vollständige Form des szientistischen Unmittelbaren ist. Die Veränderung mit anderen Materien muss als die Manifestation eines selbstständigen Unmittelbaren angesehen werden. Da sich eine Materie gegen verschiedene andere Materien auch verschieden verhält, erzeugt sie bezüglich ihres Maßverhältnisses zu anderen verschiedenen Materien aus ihrer Perspektive eine Reihe verschiedener Maßverhältnisse, deren Exponenten als verschiedene Punkte in dieser Reihe auf einer Skala stehen. Jede Reihe der Exponenten macht die

---

98 GW 21: 347.
99 GW 21: 347.

vollständige Form einer selbstständigen Materie (das chemische Element) aus, wie z.B. Magnesium (M) oder Sauerstoff (O). Diese Reihe der Maßverhältnisse aus der Perspektive einer Materie ist das vollständig, szientistisch Unmittelbare. Das physikalisch Unmittelbare wird dadurch zum chemisch Unmittelbaren verwandelt.

> Wahrhaft unterscheidet sich das Selbständige durch die *eigentümliche Reihe* der Exponenten, die es, als Einheit angenommen, mit andern solchen Selbstständigen bildet, indem ein anderes derselben ebenso mit ebendenselben in Beziehung gebracht und als Einheit angenommen, eine andere Reihe formirt. – Das Verhältnis solcher Reihe innerhalb ihrer macht nun das Qualitative des Selbständigen aus.[100]

Setzt man z.B. 8g als das Standardmaß für Sauerstoff, erhält man durch die stöchiometrischen Massenverhältnisse in den chemischen Verbindungen des Sauerstoffs mit anderen verschiedenen Stoffen eine Reihe von Exponenten (Äquivalente),[101] mit denen der Sauerstoff ohne Einschränkungen gemessen werden kann. Um die chemische Verbindung z.B. zwischen Sauerstoff (Standardmaß 8g) und Magnesium zu haben, werden 12.2g Magnesium benötigt. Eine chemische Verbindung erfolgt erst, wenn zwei Elemente in ihrer Verbindung ein Drittes erzeugen. Da dieses Dritte eine unterschiedene Affinität zu jenen zwei Elementen hat, kann man gemäß dieser Unterschiedenheit die Affinität verschiedener Elemente zueinander ausmessen.

Dies reflektiert die damalige Tafel der chemischen Affinität.[102] Um zwei Stoffe miteinander zu vergleichen oder ihre Reaktivität gegeneinander quantitativ zu bestimmen, muss das Verhältnis unter den Exponenten der beiden Reihen ein „*constantes* Verhältnis"[103] sein. Damit können beide eine gemeinsame Einheit haben. Jeder Stoff wird durch dieses konstante Verhältnis wieder mit anderen Stoffen neutralisiert. In der Chemie wird dieses Neutralisationsprodukt „Salz" genannt. Nach dem verschiedenen Grad der Affinität jener Neutralisation werden die Stoffe wiederum unter verschiedenen Klassen im Sinne neuer Einheiten zugeordnet. Eine bestimmte Säure steht z.B. in einem engeren Zusammenhang mit einer Base als andere Säuren mit dieser Base.[104] So haben sie eine unterschiedliche Affinität. Die neue Klasse ist so die Negation der Stoffe. Indem die chemischen Stoffe *qua* vollständige Selbstständige schon die Negation der physikalischen Materien

---

100 GW 21: 347.
101 Vgl. Ruschig (2010): 305.
102 Vgl. Moretto (2002): 86.
103 GW 21: 350.
104 Vgl. GW 21: 355.

sind, konstituieren die neuen Klassen *qua* Affinität das Resultat der doppelten Negation.

> Diese ihre qualitative Einheit ist somit für sich seyende *ausschliessende* Einheit. Die Exponenten, welche zunächst Vergleichungszahlen unter sich sind, haben in dem Momente des Ausschliessens erst ihre wahrhaft specifische Bestimmtheit gegen einander an ihnen und ihr Unterschied wird so zugleich qualitativer Natur. Er gründet sich aber auf das Quantitative; das Selbständige verhält sich *erstens* nur darum zu einem *Mehrern* seiner qualitativ andern Seite, weil es in diesem Verhalten zugleich gleichgültig ist; *zweytens* ist nur die neutrale Beziehung durch die in ihr enthaltene Quantitativität nicht nur Veränderung, sondern als Negation der Negation gesetzt, und ausschliessende Einheit. Dadurch ist die *Verwandtschaft* eines Selbstständigen zu den Mehrern der andern Seite nicht mehr eine indifferente Beziehung, sondern eine *Wahlverwandtschaft*.[105]

Die Wahlverwandtschaft unterscheidet sich von der bloßen Verwandtschaft in Unterschied zwischen Qualität und Quantität. Die Verwandtschaft zeigt sich nur durch die „Vergleichungszahlen", also anhand einer rein quantitativen Perspektive. Die Wahlverwandtschaft hingegen manifestiert sich durch die sog. „ausschließende Einheit". Die Pointe Hegels ist eindeutig: Die Wahlverwandtschaft auf der reinen Quantifizierung ist irreduzibel. (Die gleiche Pointe gab es bei Hegel schon am Anfang des Maßes, nämlich beim Problem der Vagheit.) Das chemische Unmittelbare erneuert sich jetzt zur Wahlverwandtschaft.

Zwar ist jede Wahlverwandtschaft ein Ausschließendes, aber bezüglich ihrer quantitativen Seite kann eine mit der anderen neutralisiert werden. Durch solchen chemischen Prozess entstehen verschiedene Verbindungen oder Komposita als Produkte jener Neutralisierung. Jedes Produkt verliert seine Spezialität im Prozess der quantitativen Neutralisation, deren Resultat aber ein neuer Stoff als Negation dieser quantitativen Veränderung ist. Es ist somit eine konstante Abwechslung zwischen Qualität und Quantität basierend auf einer und derselben quantitativen Neutralität. So bilden alle Komposita eine Skala, die Hegel *Knotenlinie* nennt.

Auf der Linie bildet jedes Maß eines Etwas (Kompositum als chemische Formel) der qualitativen Seite nach einen Knoten (einen Sprung) auf der Linie, die von Hegel als das „Substrat"[106] bezeichnet wird. Jeder Knoten *qua* Kompositum unterscheidet sich von anderen Maßen angesichts der quantitativen Seite (Allmählichkeit) nur durch eine quantitative Verschiedenheit.[107] Unter diesem Fall wird der Unterschied der Qualität und

---

105 GW 21: 351f.
106 GW 21: 364.
107 Vgl. GW 21: 365.

der Quantität innerhalb eines Maßes zum Unterschied des Sprunges und der Allmähnlichkeit in der Knotenlinie, wie z.B. die verschiedenen, physikalischen Zustände (Aggregatzustand, tropfbare Flüssigkeit, elastische Flüssigkeit usw.) des Wassers je nach verschiedenen Temperaturen. Dieser Unterschied macht die Abwechslung zwischen qualitativer Bestimmtheit und dem quantitativen Maßverhältnis der Maße aus. Der Verlauf dieser Abwechslung ist der Prozess, worin ein Maß seine qualitative Bestimmung erhält und durch die quantitative Veränderung wieder zum „*Maßlose[n]*" wird.[108]

Auf diese Weise gestaltet jene Abwechslung eine Unendlichkeit des spezifischen Maßes. Indem das Maß anfänglich die Einheit der Quantität und der Qualität ist, ist diese Unendlichkeit des spezifischen Maßes zugleich auch die Einheit der qualitativen und quantitativen Unendlichkeit. Während der wesentliche Charakter der qualitativen Unendlichkeit der *unmittelbare* Übergang oder Umschlag von einem Endlichen zu einem anderen Endlichen ist, ist der wesentliche Charakter der quantitativen Unendlichkeit eine *Kontinuität* des einander gleichgültigen Quantums. Die Unendlichkeit des spezifischen Maßes ist deswegen sowohl ein unmittelbarer Umschlag (Sprung) zwischen verschiedenen Maßen als auch ein Übergang innerhalb der Kontinuität (Allmählichkeit) des quantitativen Maßverhältnisses. Mit dieser Gedankenfigur ist die Unendlichkeit des Maßes für OL gesetzt.

Analog zum Gedanken der Qualität und dem des Quantums, erwartet man, dass durch diese Unendlichkeit das wahrhafte Fürsichsein des Maßes als Gedankenbestimmung thematisch wird. Das Fürsichsein des Maßes *qua* jener Abwechslung zwischen qualitativer Bestimmtheit und dem quantitativen Maßverhältnis der Maße nennt Hegel „die wahrhaft bestehenbleibende, selbstständige *Materie, Sache*",[109] das Sein als das Substrat, das *qua* Unverändertes von jenen Maßen, die auf ihm basieren, abgetrennt wird. Denn die Knotenlinie verändert sich nicht. Sie verhält sich gleichgültig gegen den Sprung und die Allmählichkeit. Alle Maße sind dadurch zu Zuständen dieses Substrates herabgesetzt und das Maß ist wieder zu seiner qualitativen Identität geworden.

> In den Reihen selbstständiger Maaßverhätnisse sind die einseitigen Glieder der Reihen unmittelbare qualitative Etwas, (die specifischen Schweren, oder die chemische Stoffe, die basischen oder kalischen, die sauren z.B.), und dann die Neutralisationen derselben, (– worunter hier auch die Verbindungen von Stoffen verschiedener specifischer Schwere zu begreifen sind –) sind selbständige und selbst ausschliessende Maaßverhältnisse, gegeneinander gleichgültige Totalitäten fürsichseyenden Daseyns. Nun sind solche Verhältnisse nur als Knoten

---

108 GW 21: 369.
109 GW 21: 370.

eines und desselben Substrats bestimmt. Damit sind die Maaße und die damit gesetzten Selbstständigkeiten zu *Zuständen* herabgesetzt. Die Veränderung ist nur Aenderung eines *Zustandes* und das *Uebergehende* ist als darin *dasselbe* bleibend gesetzt.[110]

Hegel weist mit dem Terminus „Substrat" auf Aristoteles' ὑποκείμενον hin, das wörtlich das „Darunter(vor)liegende" heißt. Das Maßlose *qua* die Knotenlinie ist ein Darunterliegendes, das von der konkreten Maßveränderung nicht gestört wird. Aristoteles benutzt das Wort zur Erklärung der Veränderung. Beispiel dafür wird Sokrates, dessen weiße Hautfarbe durch ein Sonnenbad braun wird. Obwohl seine Farbe im Beispiel verändert wird, bleibt Sokrates *qua* ‚Darunterliegendes' gleich, weil die Veränderung ein Bezugssystem benötigt. Das Darunterliegendes für Aristoteles spielt eben die Rolles des Bezugsystems. Bezüglich der logischen Struktur fungiert die Knotenlinie bei Hegel gleichfalls als das Bezugsystem.

Angesichts der absoluten, gleichgültigen Knotenlinie musste das szientistische Unmittelbare in OL aufgegeben werden, weil es immer in jener Abwechslung zwischen qualitativer Bestimmtheit und dem quantitativen Maßverhältnis der Maße vermittelt wird. Gleichzeitig bleibt für OL die indifferente Knotenlinie *qua* Substrat noch übrig. Das Substrat scheint für OL wegen seiner Indifferenz zur qualitativen und quantitativen Veränderung der ideale Kandidat für das Unmittelbare zu sein. Für uns oder HL ist das Substrat eben jene Abwechslung *qua* Vermittlung zwischen Qualität und Quantität. Dies ist aber in OL noch nicht gesetzt. In OL wird die Abwechslung der Qualität und Quantität noch von deren Substrat unterschieden. Das Substrat ohne Abwechslung zwischen Qualität und Quantität wird von Hegel „die absolute Indifferenz"[111] genannt. Die absolute Indifferenz ist das vollständig entwickelte Sein in der Seinslogik. Beim reinen Sein war die Unbestimmbarkeit noch eine vermeintliche Bestimmung. Die absolute Indifferenz wurde durch den bisherigen Progress expliziert. Die ganze Entwicklung der Seinslogik entpuppte sich daher als eine Rückkehr zum Sein. Sein *qua* Unmittelbarkeit scheint daher die endgültige Wahrheit zu sein. Auf diese Weise setzt OL die absolute Indifferenz als letztes, absolutes Unmittelbares.

L$_{\text{Die absolute Indifferenz}}$ (das gesetzte szientistische Unmittelbare) = das Substrat unabhängig von qualitativer und quantitativer Bestimmung.

---

110   GW 21: 371.
111   GW 21: 373.

Mit Blick auf die spekulative Methode lässt sich der Übergang vom realen Maß zur absoluten Indifferenz wie folgt zusammenfassen. Bezüglich des Festhaltens des verständigen Moments am realen Maß wird vom dialektischen Moment erinnert, dass ein reales Maß wegen der quantitativen Charakteristika des Potenzverhältnisses entsteht, das durch quantitative Veränderung zu einem anderen Maß wird. Anders gesagt: Die quantitative Veränderung bringt auch die Veränderung des Maßes mit sich. Auch das reale Maß, das auf dem Potenzverhältnis fußt, ist der quantitativen Veränderung ausgesetzt. Die Veränderung des Maßes gleicht auf diese Weise einer Knotenlinie, auf der jedes Maß wie ein Knoten aussieht. In der Folge verliert jedes Maß je nach quantitativer Veränderung seine Bestimmtheit. Mit Blick auf das dialektische Moment ‚mündet' diese Veränderung in einen maßlosen Prozess. Weil das verständigen Momentes das Maß im Maßlosen nicht begreifen kann, weist das spekulative Moment auf den Prozess selbst hin, der sich selbst indifferent gegen die Unterscheidung von Maß und Maßlosem verhält und sich bloß auf sich bezieht. Das verständige Moment gewinnt so eine neue Gedankenbestimmung, indem es an der absoluten Indifferenz festhält.

1.3.3 *Das Werden des Wesens*

Die absolute Indifferenz ist zuerst eine „bloße Ordnung, noch ganz äußerliche Einheit", worin „nur die äußerliche quantitative Bestimmung vorhanden ist".[112] Diese Ordnung wird durch verschiedene Maßverhältnisse wie Punkte auf der Zahlenlinie ausgemacht, worauf jedes Maß nur ein Zustand ist. Sofern diese Ordnung das Resultat der Negation aller vorhergehenden Bestimmungen des Seins (des Maßes und somit auch der Qualität und der Quantität) ist, kann sie mit dem Adjektiv „absolut"[113] bezeichnet werden. Hegel setzt hier die Bedeutung des Absoluten mit der Alternativlosigkeit gleich.

Die absolute Indifferenz oder „Gleichgültigkeit"[114] ist die wahrhafte Form des Seins in der Seinslogik. Das reine Sein ist der Anfangspunkt dieses ‚kahlen' und inhaltslosen Substrates, das keine Bestimmtheit besitzt. Das absolute Unmittelbare *qua* absolute Indifferenz unterscheidet sich aber vom Sein *qua* dem vermeintlichen Unmittelbaren am Anfang dadurch, dass es das Resultat der Entwicklung der Seinslogik ist, die von der Qualität ausgeht zur Quantität übergeht und im Maß endet. Verglichen mit dem abstrakten Sein des Anfangs ist das absolute Unmittelbare nun ein Konkretes. Ist das absolute Unmittelbare aber wirklich unmittelbar oder hat es das gleiche Schicksal wie alle seine

---

112   GW 21: 372.
113   GW 21: 373.
114   GW 21: 373.

Vorgänger? Hegels Antwort ist „Nein". Seine Argumentationsstrategie fußt auf einer Analogie des Maßverhältnisses mit dem umgekehrten Verhältnis des Quantums.

Da die zu Zuständen herabgesetzten Maße durch ihr gegenseitiges quantitatives Verhältnis auf dem Substrat (der absoluten Indifferenz) beruhen, ist der Unterschied zwischen diesen Zuständen auch ein Maß. Dieses Maß ist angesichts des quantitativen Verhältnisses zwischen beiden Zuständen zuerst ein quantitatives Verhältnis. Indem das Substrat *qua* Kollektion aller Zustände als Obergrenze fungiert, ist dieses Maßverhältnis zuerst ein umgekehrtes, weil das Substrat *qua* Obergrenze das Maßverhältnis als Disjunktion bestimmt. Die Disjunktion macht den Kern des umgekehrten Verhältnisses aus. Dieses umgekehrte Verhältnis ist von dem, was im quantitativen Verhältnis auftritt, allerdings dadurch unterschieden, dass die beiden Seiten des umgekehrten Verhältnisses hier reale Materien vertreten, während jenes vorhergehende, umgekehrte Verhältnis nur formell (d.h. nur um der Zahl selbst willen oder rein mathematisch und ohne szientistische Bedeutung) bestimmt war. Da jedes Maß auch eine Qualität andeutet, sind die Momente jedes Maßes auch Qualitäten. So fungieren die zentrifugale und zentripetale Kraft in der physikalischen Gleichung nicht nur als reine Quantitäten, sondern auch als zwei qualitativ reelle Kräfte.

Durch das umgekehrte Verhältnis werden die beiden szientistischen Materien (Qualitäten) voneinander in einer Einheit (z.B. in der Kraft überhaupt) aufgehoben. Nimmt die eine zu, wird die andere vor dem Hintergrund der Disjunktion und des umgekehrten Verhältnisses abnehmen. Jede Qualität kann m.a.W. mithilfe der Disjunktion die andere Qualität bestimmen und auf diese Weise selbst eine Einheit mit ihrer gegenüberstehenden Qualität bilden. Wenn z.B. die Summe der gesamten Kraft 12 und die Zentripetalkraft 3 ist, wird die Zentrifugalkraft als Gegenkraft nach dem umgekehrten Verhältnis 4 sein. Jede Qualität konstituiert daher ihrerseits allein ein umgekehrtes Verhältnis und somit eine Einheit ihrer und ihrer Gegenqualität: „$A/-A \Rightarrow A(-A)/-A(A)$". Da jede Qualität auf solche Weise nicht nur in ihrer positiven Seite, sondern auch durch jenes umgekehrte Verhältnis in ihrer negativen Seite (ihrer Gegenqualität) besteht, reicht eine Qualität mit ihrer positiven und negativen Seite im Prinzip schon aus, um beide Qualitäten zu beschreiben.

Aus diesem Grund scheint das Setzen einer anderen Qualität redundant zu sein. Die zweite Qualität ist eigentlich nur eine umgekehrte, quantitative Variable der ersten Qualität. Angesichts der Quantität sind beide Qualitäten *qua* szientistische Materien indifferent. Anders gesagt wird die Differenz zweier Qualitäten, die vonseiten der Naturwissenschaft als reale Entitäten oder Materien postuliert werden, auf eine quantitative Indifferenz innerhalb einer Qualität zurückgeführt. So kehrt jener qualitative Unterschied zwischen zwei Qualitäten wieder zur quantitativen Indifferenz zurück. Der Unterschied zwischen den beiden Qualitäten beruht, wie das Maßverhältnis überhaupt, nur auf dem neutralen Quantum.

> Sind beyde Qualitäten selbstständig, – etwa genommen wie von einander unabhängig, sinnliche Materien, so fällt die ganze Bestimmtheit der Indifferenz auseinander; ihre Einheit und Totalität wären leere Nahmen. Sie sind aber vielmehr zugleich so bestimmt, daß sie in Einer Einheit befaßt, daß sie untrennbar sind, jede nur Sinn und Realität in dieser einen qualitativen Beziehung auf die andere hat. Darum nun aber, *weil ihre Quantität schlechthin von dieser qualitativen Natur ist, reicht jede nur so weit, als die andere*.[115]

Welcher Teil in einer solchen quantitativen Indifferenz zu einer Qualität gehört und welcher nicht, hängt von einer äußerlichen Perspektive ab. Aus diesem Grund wird die Differenz der absoluten Indifferenz nicht immanent durch sie selbst gegeben, sondern von außen aufgenommen. Angesichts dieser Äußerlichkeit nimmt Hegel die absolute Indifferenz aus der historischen Perspektive auch als „die Grundbestimmung der *spinozistischen Substanz*",[116] die später in der Wesenslogik unter der Kategorie „Substantialität" noch einmal behandelt wird. Man kann dies als eine vorweggenommene Aufhebung des rationalistischen Realismus ansehen. Hier aber spielt die absolute Indifferenz nur im Kontext der Sinnlichkeit, d.h. eines sinnlich Gegebenen, wenngleich das sinnliche Gegebene *qua* Unmittelbares im Kontext des Maßes eine szientistische Konnotation besitzt.

Die Auslegung der Indifferenz fängt bei der quantitativen Indifferenz an und führt zum qualitativen Unterschied. Wenn in der Folge an diesem qualitativen Unterschied festgehalten wird, kehrt der qualitative Unterschied wieder zu jener quantitativen Indifferenz zurück. Auf diese Weise tritt „der allseitige Widerspruch"[117] ein.

Der allseitige Widerspruch wird in der Tat von vornherein durch die Natur des Maßes als der Einheit der Qualität und der Quantität für HL bestimmt. Allerdings lässt sich diese Wahrheit erst durch die eingehende Entwicklung der OL explizieren. Durch diesen allseitigen Widerspruch entpuppt sich das Sein (das gleichgültige Substrat) als reine Vermittlung mit sich oder Bezogenheit mit seinem anderen.

---

115 GW 21: 376.
116 GW 21: 380.
117 GW 21: 377.

> Was die Indifferenz in der Tat ist, ist sie einfache und unendliche negative Beziehung auf sich, die Unverträglichkeit ihrer mit ihr selbst, Abstoßen ihrer von sich selbst. Das Bestimmen und Bstimmtwerden ist nicht ein Uebergehen, noch äusserliche Veränderung, noch ein *Hervortreten* der Bestimmungen an ihr, sondern ihr eigenes Beziehen auf sich, das die Negativität ihrer selbst, ihres Ansichseyns, ist.[118]

Der allseitige Widerspruch *qua* selbstbezügliche Negativität erweist sich nicht mehr als eine vorausgesetzte Unmittelbarkeit (der Anfang als solcher *qua* der anfängliche, theoretische Input), sondern als eine Vermittlung, die mit dem Anderssein zusammengeht. Die absolute Unmittelbarkeit *qua* Ideal des direkten Realismus wird so aufgehoben. Das anfängliche, aufgenommene Gegebene ist nur das Resultat der Negation (Abstraktion *qua* Entschluss, rein denken zu wollen) und somit ein Vermitteltes. Diese Vermittlung als aufgehobenes Sein ist das Wesen. Die ganze sinnliche Realität ist nicht die wahre Realität, weil die wahre Realität das Wesen ist, das sich ‚hinter' dem sinnlichen Gegebenen verbirgt. So ist die Realität nicht direkt, sondern indirekt erfassbar. Die metaphysische Position dafür ist der sog. indirekte Realismus oder bezüglich des Wesens der Essentialismus.

> Damit ist das Seyn überhaupt und das Seyn oder die Unmittelbarkeit der unterschiedenen Bestimmtheiten ebensosehr als das *Ansichseyn* verschwunden, und die Einheit ist Seyn, *unmittelbare vorausgesetzte Totalität*, so daß sie diese *einfache Beziehung auf sich nur ist*, *vermittelt* durch das *Aufheben dieser Voraussetzung*, und diß Vorausgesetztseyn und unmittelbare Seyn selbst nur ein Moment ihres Abstossens ist, die ursprüngliche Selbstständigkeit und Identität mit sich nur ist, als das *resultierende, unendliche Zusammengehen mit sich*; – so ist das Seyn zum Wesen bestimmt, das Seyn, als durch Aufheben des Seyns einfaches Seyn mit sich.[119]

$L_{\text{Das Wesen}}$ (das gesetzte Sein) = das negierte Sein

Der spekulativen Methode folgend lässt sich der Übergang von der absoluten Indifferenz zum Wesen wie folgt zusammenfassen. Die absolute Indifferenz als Konsequenz aus dem Gedanken des Maßes wird zuerst vom verständigen Moment noch für ein quantitatives Verhältnis genommen. Da die absolute Indifferenz alle möglichen Maße umfasst und begrenzt – wie das Ganze seine Teile –, ist sie selber kein Maß mehr und wird *eo ipso* als umgekehrtes Verhältnis zum Maß gedacht. Das dialektische Moment greift diese Auffassung der absoluten Indifferenz in ihrer Einseitigkeit an, indem es anhand der ‚Lehre' des

---
118   GW 21: 382.
119   GW 21: 383.

Maßlosen den Unterschied der Maße anzweifelt, auf dem das umgekehrte Verhältnis beruht. Für das dialektische Moment lässt sich der qualitative Unterschied immer auf eine gleichgültige Quantität reduzieren. Hält das verständige Moment an der Quantität fest, erinnert es das dialektische Moment wiederum daran, dass das Quantum in seinem Verhältnis zu anderen Quanten zu seiner äußerlichen Qualität kommt. In dieser Oszillation zwischen Quantität und Qualität aus der Perspektive des Maßes weist das spekulative Moment den Prozess der Oszillation selbst als das unbestimmte Sein auf. Durch die negative Bewegung zwischen Qualität und Quantität lässt sich das unbestimmte Sein als reine Vermittlung bzw. Wesen auffassen.

KAPITEL 2

Lehre vom Wesen

2.1 Das Wesen als Reflexion in ihm selbst

2.1.1 *Der Schein*

In der Lehre vom Wesen wird die Kritik an indirektem Realismus bzw. Essentialismus durchgeführt. Unter dem Essentialismus versteht man üblicherweise einen metaphysischen Standpunkt, dass das direkt Gegebene keine wahre Realität ist, sondern ein durch unsere Sinne und Bewusstsein vermitteltes Replikat der Realität. Die wahre Realität *qua* Verborgenes (Wesen) besteht daher nur ‚hinter' dem direkt Gegebenen. Analog zum Begriffsgehalt des direkten Realismus, der von Hegel als Unmittelbarkeit oder Sein bestimmt wurde, fasst Hegel den Begriffsgehalt des Essentialismus als Vermittlung oder Wesen zusammen. Für OL gilt statt der Unmittelbarkeit die Vermittlung als Realität. OL geht zuerst davon aus, dass die Vermittlung absolut unabhängig von der Unmittelbarkeit ist.

> Das Wesen ist das *aufgehobene Sein*. Es ist einfache Gleichheit mit sich selbst, aber insofern es *die Negation* der Sphäre des Seins überhaupt ist. So hat das Wesen die Unmittelbarkeit sich gegenüber, als eine solche, aus der es geworden ist, und die sich in diesem Aufheben aufbewahrt und erhalten hat.[1]

Die logische Bestimmung des Wesens tritt nur in Bezug auf die Negation des Seins auf. Weil das Wesen bezüglich der Negation des Seins auftritt, scheint es wie alle Bestimmungen der Seinslehre nur ein Resultat der ersten oder unmittelbaren Negation (die Negationsform in der Seinslehre) zu sein. In diesem Sinne erfüllt das Wesen und das negierte Sein auch das Desiderat der logischen Struktur des Daseins, nämlich der Einheit von Realität und Negation. Das Wesen (*qua* Realität) ist zuerst ein Wesentliches und das Sein (*qua* Negation) ein Unwesentliches.

Da das Wesen und das aufgehobene Sein beide in einer negativen Beziehung stehen, ist jedes eine Einheit der beiden. Jedes bringt sein Anderes in seiner logischen Struktur mit sich. Das Wesen kann sich nur in Beziehung zum aufgehobenen Sein erhalten, weil das aufgehobene Sein auf das Wesen hinweist. Ohne aufgehobenes Sein entsteht das Wesen nicht. Umgekehrt ist das

---

[1] GW 11: 245.

aufgehobene Sein auch nur in Beziehung zum Wesen ein Aufgehobenes. Beide können von ihrem negativen Korrelat nicht abstrahieren. Sein und Wesen erfüllen jeweils wieder die logische Struktur des Daseins. Beide sind so Dasein. Der Unterschied zwischen dem Wesentlichen und dem Unwesentlichen wird somit auch ausgeglichen. Beide sind gleich und erfüllen insofern wieder die logische Struktur des Etwas. Welches wesentlich ist und welches unwesentlich, ist nun völlig gleichgültig, wie im Fall des Etwas und Anderen. Je nach Rücksicht kann jedes sowohl das Wesentliche als auch das Unwesentliche sein.[2]

Hätte OL sich so entwickelt, fiele es allerdings wieder ins Dasein zurück und müsste noch einmal denselben Prozess der Seinslehre durchmachen. Dies widerspricht aber dem metaphysischen Anspruch der OL, eine absolute Vermittlung zu sein. Der Grund der Wiederholung gemäß dem Entwicklungsprozess von OL in der Seinslehre liegt in der wiederholten Negationsform, also der unmittelbaren Negation der Seinslehre. Bezüglich dieser Negationsform sollte ein Anderes, z.B. das Unwesentliche entstehen, wenn Etwas, z.B. das Wesentliche, negiert wird, also ¬(A)→¬A. Das Wesen kommt aber aus der totalen Negation aller Bestimmungen der Seinslehre heraus. OL muß daher nun eine neue Art von Negation haben.

Die neue Art der Negation soll garantieren, dass sie sowohl die Negation des Etwas als auch die Negation der Negation des Etwas (die Negation des Anderen), also Hegel zufolge „die absolute Negativität des Seins"[3] ist. Erst durch diese neue Art der Negation kann der wiederholte Weg der Seinslehre vermieden werden. Da die unmittelbare Negation *per se* negiert werden soll, muss jene Führung zum negativen Korrelat zuerst angehalten und dann zurückgebogen werden. So ist die lineare Negation (¬(A) → ¬A, ¬ (¬A) →A) der Seinslehre jetzt zur zirkulären Negation (¬A ↔ A) geworden. Anlehnend an das Licht, das im Spiegel reflektiert wird, nennt Hegel diese neue Art der Negation „Reflexion"[4], also eine Widerspiegelung. Beide *Relata* einer Negation werden demnach nicht jeweils isoliert oder zweistellig wie Wesentliches *und* Unwesentliches, sondern zusammen durch einen singulären Ausdruck betrachtet. Bezüglich dieser Überlegung soll das Sein kein Unwesentliches, sondern „ein Unwesen", „Schein"[5] heißen.

Warum kann der Ausdruck „Schein" die zirkuläre Negation sinnvoll ausdrücken? Erstens weist der Schein in seinem Selbstbezug auf seine Nichtigkeit hin. Dies ist die erste oder unmittelbare Negation. Durch diesen Selbstbezug

---

[2] GW 11: 245.
[3] GW 11: 245.
[4] GW 11: 249.
[5] GW 11: 246.

oder die Negation des Scheins wird zweitens das negative Korrelat des Scheins, nämlich das Wesen angedeutet. Dies ist die Transformation vom Selbstbezug in Fremdbezug. Bis zum Hinweis auf Fremdbezug wurde nur der Prozess der Seinslehre (Etwas-Anderes) wiederholt. Der Schwerpunkt liegt auf dem dritten Schritt, dass sich kein Begriffsgehalt des Wesens ohne den Hinweis auf den Schein ergibt und dass das Wesen in diesem Sinne eben auch vom Schein abhängig ist. Ohne Schein kann das Wesen nicht als das Wesen gedacht werden. Der Schein als die Vorspiegelung des Wesens bietet den Hinweis auf das Wesen. Vor diesem Hintergrund wird das Wesen erneut negiert und der Schein dadurch wieder aufgewiesen. Genauso wie das Licht im Spiegel sich zurückbiegt und dadurch zu sich zurückkehrt, wird der Fremdbezug des Scheins auf das Wesen auch zu sich *qua* Selbstbezug zurückgebogen. Tatsächlich wird der Selbstbezug des Scheins erst durch seinen Fremdbezug auf das Wesen vollständig aufgebaut. Der Schein ergibt sich in Unterschied zur Seinslehre daher als eine doppelte, jedoch zirkuläre Negativität, deren Unmittelbarkeit nicht völlig durch ein Anderes, sondern z.T. durch sich selbst aufgebaut wird.

Es ist zu antizipieren, dass in der Begriffslehre die Unmittelbarkeit allein durch sich aufgebaut wird. Nun ist OL sich dessen bewusst, dass die Unmittelbarkeit des Anfangs der Logik (das reine Sein) eigentlich der Schein oder das Resultat ihrer eigenen zirkulären Negation ist, das Hegel nun „reflektierte Unmittelbarkeit"[6] nennt. Da der Schein eine zirkuläre Negation ist, ist er nicht vom Wesen unterschieden. Beide sind dasselbe. Fängt es mit dem Wesen an, enthält es die gleiche zirkuläre Negativität (Wesen → Schein → Wesen) *qua* Konklusion. Diese zirkuläre Negativität, die identisch mit der Unmittelbarkeit ist, ist eben das Wesen.

> Diese Negativität, die identisch mit der Unmittelbarkeit, und so die Unmittelbarkeit, die identisch mit der Negativität ist, ist das *Wesen*. Der Schein ist also das Wesen selbst, aber das Wesen in einer Bestimmtheit, aber so daß sie nur sein Moment ist, und das *Wesen* ist das Scheinen seiner in sich selbst.[7]

Das Wesen produziert selbst also den Schein (als sein Scheinen in sich). Die logische Struktur der Bestimmtheit ist die unmittelbare Negation, die HL im Dasein schon gesehen hat. Sofern das Sein durch die maximale Abstraktion *qua* unmittelbare Negation des Denkens erzeugt wird, ist das Sein eben eine Bestimmtheit. Indem das Sein *qua* Bestimmtheit zum Ende der Seinslehre als Schein entlarvt wird, wird sein Zustand *qua* Bestimmtheit negiert (zweite Negation). Angesichts dieser zweiten Negation kehrt das Denken somit zu

---

6 GW 11: 246.
7 GW 11: 248f.

sich zurück. Das Sein ist nämlich ein Resultat der Selbstnegation des Denkens. Das Denken *qua* Rückkehr aus seiner Bestimmtheit ist Hegel zufolge eben die elementare Denkfigur der Reflexion.

> Das Wesen ist Reflexion; die Bewegung des Werdens und Uebergehens, das in sich selbst bleibt; worin das unterschiedene schlechthin nur als das an sich negative, als Schein bestimmt ist. – In dem Werden des Seyns liegt der Bestimmtheit das Seyn zu Grunde, und sie ist Beziehung auf *Anderes*. Die reflectirende Bewegung hingegen ist das Andre als die *Negation an sich*, die nur als sich auf sich beziehende Negation ein Seyn hat. Oder indem diese Beziehung auf sich eben diß Negiren der Negation ist, so ist *die Negation als Negation* vorhanden, als ein solches, das sein Seyn in seinem Negirtseyn hat, als Schein. Das Andere ist hier also nicht das *Seyn mit der Negation* oder Grenze. Sondern die *Negation mit der Negation*. Das *Erste* aber gegen diß Andere, das Unmittelbare oder Seyn, ist nur diese Gleichheit selbst der Negation mit sich, die negirte Negation. Die absolute Negativität. Diese Gleichheit mit sich oder *Unmittelbarkeit* ist daher nicht ein *erstes*, von dem angefangen wird, und das in seine Negation überginge; noch ist es ein seyendes Substrat, das sich durch die Reflexion hindurch bewegte; sondern die Unmittelbarkeit ist nur diese Bewegung selbst.[8]

Das Resultat der unmittelbaren Negation der Seinslehre behält daher noch eine Realität, die in der Wesenslehre aber abgeschafft wird. Das Abschaffen *qua* Negation fällt deshalb mit der unmittelbaren Negation zusammen. Diese sukzessive Negationsbewegung konstituiert die Selbstbezüglichkeit der Negation. In diesem Fall wird die Realität des Seins auch verändert. Sie ist eigentlich ein Nebenprodukt der selbstbezüglichen Negativität. Was Reales ist, gehört eigentlich zur Reflexion (Vermittlung). So erhält der Essentialismus den neuen Kandidaten der absoluten Vermittlung, die vom Nebenprodukt Sein unabhängig ist.

$L_{Reflexion}$ (das gesetzte Wesen) = Rückkehr aus einem Gesetztsein

Die setzende Reflexion

Das Sein *qua* Nebenprodukt der selbstbezüglichen Negativität wird jetzt von OL als „das Gesetztsein"[9] angesehen. Das Sein ist gesetzt durch die Reflexion. Sofern es kein Selbstständiges, sondern Gesetztes ist, besitzt es keine Realität. Anders gesagt: Es ist bezüglich seiner Unselbstständigkeit kein *Relatum* der Relation, sondern die Relation ohne *Relata* („reine Beziehung, ohne Bezogene"[10]). Der Prozess vom Sein zum Wesen ist eben die Rückkehr *qua*

---

8 GW 11: 249f.
9 GW 11: 251.
10 GW 11: 292.

Reflexion zu sich. Angesichts dieser Gesetztheit des Seins ist die Reflexion zuerst die setzende Reflexion. Das Gesetztsein fungiert als ein Wendepunkt oder eine Erinnerung des Denkens, zu sich zurückzukehren.

Indem die Funktion des Gesetztseins (Unmittelbarkeit) die Rückkehr der Reflexion ist, setzt die Reflexion ihre Rückkehr vor dem Setzen des Unmittelbaren. M.a.W.: Angesichts der Einmaligkeit des Setzens der Reflexion sind beide Setzen tatsächlich *ein* Setzen. Hegel nennt daher zu Recht das Setzen zugleich „Voraussetzen"[11]. Die Reflexion ist auf solche Weise eigentlich ein Kreislauf (Zirkulation). Um in sich zu reflektieren, muss sie sich negieren und dadurch eine Unmittelbarkeit setzen. Durch das Setzen der Unmittelbarkeit, die *per se* ein Negatives ist, kann sie *qua* zirkuläre Negation oder Reflexion zurückkehren. Jene nichtige Unmittelbarkeit fungiert als Voraussetzung der Rückkehr. Das Setzen ist zugleich auch Voraussetzen, und das Voraussetzen ist auch das Setzen. Die Selbstbezüglichkeit der Negation fordert gerade außer sich zu kommen oder sich zu negieren, aber durch dieses Außer-sich-Kommen kehrt die Negation zu sich zurück.

Wird die Selbstnegation (Setzen des Anderen) der Reflexion aber ernst genommen, wie die unmittelbare Negationsform der Seinslehre impliziert, unterscheidet sich das Resultat der Selbstnegation der Reflexion *qua* Gesetztsein (Unmittelbarkeit) noch von der Reflexion überhaupt (Vermittlung). Denn das Gesetztsein gemäß dem Sinn der Negation soll eben das Gegenüber oder Fremde der Reflexion sein. In diesem Sinne erscheint die Reflexion auch als *die äußere Reflexion*, die vom Gesetztsein als vom Gegenüber oder Fremden der Reflexion zurückzukehren anfängt. Die setzende Reflexion ist daher auch Entfremdung oder Vergegenständlichung. Bezüglich der negativen Beziehung des Fremdes zur Reflexion tritt die Reflexion und ihr Fremdes wieder in die logische Struktur der Bestimmtheit. Durch die Negation wird das Fremde bestimmt.

Die äußere Reflexion

Die Reflexion enthält nun zwei Seiten: (1) die setzende Reflexion und (2) die äußere Reflexion. Während in der setzenden Reflexion die Unmittelbarkeit nur ein Gesetztes ist, spielt die gleiche Unmittelbarkeit in der äußeren Reflexion aber die Rolle des Fremden. Angesichts der Fremdheit der Unmittelbarkeit findet die äußere Reflexion das Unmittelbare einfach vor und sieht die Reflexion als äußerlichen Zusatz zum Unmittelbaren an. Dies entspricht dem propositionalen Bewusstsein, demgemäß das Subjekt der Proposition zur

---

11   GW 11: 251.

Referenz und das Prädikat der Proposition zur Prädikation des Begriffs des Referenten dient.

Werden alle Bestimmungen allerdings durch die äußere Reflexion am Unmittelbaren nur äußerlich beigefügt, ist die Unmittelbarkeit selbst als eine Bestimmung problematisch geworden. Denn einerseits erhält die äußere Reflexion durch die Selbstnegation (Setzen des Unmittelbaren) ihre Äußerlichkeit, andererseits ist die Unmittelbarkeit eben durch dieselbe Reflexion vorausgesetzt. Beide Seiten werden durch dieselbe Reflexion erzeugt. In diesem Sinne enthält die äußere Reflexion eben die beiden Seiten. Das Voraussetzen der Unmittelbarkeit ist eben das Aufheben des Setzens der Unmittelbarkeit, ansonsten könnte die Unmittelbarkeit als ein Gesetztes nicht unmittelbar sein, sondern müsste vermittelt sein.

> Aber das Thun der äusseren Reflexion näher betrachtet, so ist sie *zweytens* Setzen des Unmittelbaren, das insofern das Negative oder Bestimmte wird; aber sie ist unmittelbar auch das Aufheben dieses ihres Setzens; denn sie setzt das Unmittelbare *voraus*; sie ist im Negiren das Negiren dieses ihres Negirens. Sie ist aber unmittelbar damit eben so *Setzen*, Aufheben des ihr negativen Unmittelbaren, und dieses, von dem sie als von einem Fremden anzufangen schien, ist erst in diesem ihrem Anfangen. Das Unmittelbare ist auf diese Weise nicht nur *an sich*, das hiesse für uns oder in der äusseren Reflexion, *dasselbe* was die Reflexion ist, sondern es ist *gesetzt*, daß es dasselbe ist. Es ist nemlich durch die Reflexion als ihr Negatives oder als ihr Anderes bestimmt, aber sie ist es selbst, welche dieses Bestimmen negirt.[12]

Angesichts des Voraussetzens *qua* Aufhebens des Setzens erhält die Reflexion ihre pseudo-Äußerlichkeit. Oder die Unmittelbarkeit steht eigentlich nicht der äußeren Reflexion gegenüber, sondern ist die Selbstnegation der Reflexion. Statt der Äußerlichkeit wird die äußere Reflexion als die „immanente Reflexion der Unmittelbarkeit selbst"[13] in OL gesetzt. Vor diesem Hintergrund ist die Reflexion eine bestimmende Reflexion, die sich selbst als negativ oder bestimmende Reflexion bestimmt. „Bestimmen" ist in diesem Kontext im Sinn von „Negation der Seinslehre" zu verstehen.

Bestimmende Reflexion

Die bestimmende Reflexion ist die Integration der *setzenden* und der *äußeren* Reflexion. Analog zu Dasein besteht die Bestimmtheit nur in Bezug auf ein Anderes. Insofern kann die setzende Reflexion streng genommen nicht als die

---

12 GW 11: 253.
13 GW 11: 254.

bestimmende Reflexion bezeichnet werden, weil sich ihr negatives Korrelat *qua* Gesetztsein als Fremdes nicht qualifizieren lässt. Erst durch die äußere Reflexion wird die Verwandtschaft des Gesetztseins und der setzenden Reflexion abgebrochen. Mit der neu vorhandenen Fremdheit *qua* Unmittelbarkeit erhält die äußere Reflexion erstmals den Charakter der Äußerlichkeit und bestimmt das Unmittelbare zum Fremden. Da die äußere Reflexion von diesem Fremden zu sich zurückkehrt, macht sie mit dem Fremdbezug eine Bestimmtheit aus. Jedoch verliert die äußere Reflexion ihre Äußerlichkeit eben durch dieses Bestimmen der Unmittelbarkeit. So werden beide Arten der Reflexion engeführt.

Der Gegensatz zwischen der setzenden und äußeren Reflexion reflektiert sich tatsächlich in der Unmittelbarkeit oder dem Gesetztsein. Das Gesetztsein ist einerseits das Produkt der Selbstnegation der Reflexion und mithin ein Fremdes der Reflexion. Bezüglich dieser Bestimmtheit wird das Fremde sich im Verlauf der logischen Entwicklung anderseits aber diesen Status revidieren. Diese zwei Seiten konstituieren die zwei Momente der bestimmenden Reflexion (zirkuläre Negation). Das Gesetztsein als die Negation der Reflexion spielt zuerst die Rolle des Fremden und liefert das erste Moment (Fremdbezug) der bestimmenden Reflexion. Komplementär dazu befriedigt es als das Negative noch das zweite Moment (Selbstbezug) der Reflexion. Der Fremd- und Selbstbezug konstituieren die vollständige Selbstidentität der Negation.

Diese Selbstidentität ist unterschieden von derjenigen der Seinslehre, indem das Andere oder der Fremdbezug der Reflexion nicht beim Fremden stehenbleibt, sondern zurückgebogen wird. „Insofern ist die Reflexion in sich bleibendes Bestimmen",[14] also Zurückbeugen. Solche Bestimmungen, die von den Bestimmungen der Seinslehre unterschieden sind, sind somit die *Reflexionsbestimmungen*, die „sowohl reflektierte Beziehung in sich selbst, als auch Gesetztsein" sind.[15] Bezüglich des notwendigen Fremdbezugs wird der essentialistische Standpunkt von einer vermeintlichen Vermittlung, die von Unmittelbarkeit absolut unabhängig ist, zur bestimmten Vermittlung korrigiert, welche Unmittelbarkeit zwar erzeugt, aber zum Beweis ihrer Unabhängigkeit davon doch negiert.

$L_{\text{bestimmende Reflexion}}$ (die gesetzte Reflexion) = sich *qua* negierte Unmittelbarkeit voraussetzende Rückkehr

---

14   GW 11: 257.
15   GW 11: 257.

Der spekulativen Methode folgend lässt sich der Übergang von Schein bzw. Reflexion zu Reflexionsbestimmungen wie folgt zusammenfassen. Das verständige Moment hält zunächst bloß am Wesen fest und unterscheidet das aufgehobene Sein als Unwesentliches vom Wesen. Die einseitige Unterscheidung wird vom dialektischen Moment zurückgewiesen, weil sie Gefahr läuft, in den Begriffsgehalt des Daseins zurückzufallen. Ganz allgemein lässt sich anmerken, dass sich das Wesen ohne den Verweis auf das aufgehobene Sein oder den Schein nicht denken lässt. Wird dieser Gedanke weitergesponnen, dann lässt sich konstatieren, dass der Schein vom Wesen nicht zu unterscheiden ist bzw. dass der Unterschied selbst ein scheinbarer ist. Mit der Ununterscheidbarkeit bzw. dem doppeldeutigen Begriffsgehalt des Scheins und Wesens gerät das verständige Moment erneut in Widerspruch, den das spekulative Moment auflösen kann, indem es den zirkulären Prozess vom Schein zum Wesen (und umgekehrt) als Reflexion begreift. Das verständige Moment nimmt diesen Gedanken auf und nimmt ihn als Grundlage weitere logischer Begriffe.

Indem der Schein zugleich als Produkt des Wesens bzw. Reflexion angesehen wird, hält das verständige Moment die Reflexion erstens für eine setzende Reflexion, die den Schein setzt. Die Gleichheit der Reflexion und des Scheins *qua* Gleichheit des Gesetztseins wird vom dialektischen Moment angezweifelt, insofern das Gesetztsein für das negative Korrelat der Reflexion gehalten wird. Sofern das verständige Moment die Reflexion vom Gesetztsein unterscheidet, wird die setzende Reflexion zur äußeren Reflexion, die von einem ‚Fremden' zu sich zurückkehrt. Diese Unterscheidung wird in ihrer Einseitigkeit erneut vom dialektischen Moment zurückgewiesen, insofern gezeigt wird, dass das Gesetztsein hinsichtlich seiner Aufhebung als Rückkehr zur Reflexion nicht der Reflexion gegenübersteht. Oszillierend zwischen der setzenden und äußeren Reflexion gerät das verständige Moment an seine Grenzen. Das spekulative Moment begreift hingegen beide Arten der Reflexion als einen Prozess, in dem die Reflexion sich durch ein von ihr selbst gesetztes Fremdes auf sich bezieht.

2.1.2 *Die Wesenheiten oder die Reflexions-Bestimmungen*

Die Reflexionsbestimmung ist das Selbstbestimmen der Reflexion und setzt das Fremde als ihr Gleiches. Resultiert aus dem Verschwinden des Fremden ist also die erste Reflexionsbestimmung die *Identität*. Die Identität vertritt hier ein altes logisch-metaphysisches Gesetz: *Alles ist sich selbst gleich.*

> Das Wesen ist die einfache Unmittelbarkeit als aufgehobene Unmittelbarkeit. Seine Negativität ist sein Seyn; es ist sich selbst gleich in seiner absoluten Negativität, durch die das Anderssein und die Beziehung auf Anderes schlechthin an

2.1 DAS WESEN ALS REFLEXION IN IHM SELBST

sich selbst in die reine Sichselbstgleichheit verschwunden ist. Das Wesen ist also einfache *Identität* mit sich.[16]

Indem die Identität ihren Selbstbezug durch ihren Fremdbezug aufbaut, der ein von ihr selbst hergestellter, heterogener Faktor ist, enthält die Identität noch ihr Fremdes. Sie ist insofern eine konkrete Identität und von der abstrakten Identität (A=A) unterschieden, weil das Letztere keinen von ihm unterschiedenen Faktor enthält, obwohl auch in Gleichung „A = A" die Unterschiedlichkeit im Sinn der beiden Extreme der Gleichung vorausgesetzt wird.

Angesichts der äußeren Reflexion ist die Identität in OL tatsächlich mit dem Unterschied *qua* ihrem Fremden behaftet. Weil aber der Unterschied in seiner Unterscheidung (Fremdbezug) von der Identität mit sich identisch ist, wird ihm zugleich die Identität zugeschrieben. Dies wird offenkundig, wenn man folgenden Satz genau liest: *Der Unterschied unterscheidet sich von der Identität.* Der Unterschied als Bezogenes ist schon ein Unterschiedenes oder Negatives der Identität. Hält man an diesem Unterschied zwischen Unterschied und Identität fest, bleiben sowohl der Unterschied als auch der Fremdbezug beider erhalten. Allerdings erhält der *Unterschied qua Relatum* seine Selbstbezüglichkeit im *Unterscheiden qua* relationaler Operation. So gedacht, drückt der Unterschied nicht nur ein *Relatum*, sondern auch eine Relation aus.

Sobald das Unterschiedene der Identität, die in diesem Sinne auch ein Unterschiedenes ist, im Unterscheiden nicht nur als *Relatum*, sondern auch als Relation auf sich angewandt wird, ist der Unterschied vollständig beschrieben und in diesem Sinne mit sich identisch. Indem der Unterschied sich in seiner unterscheidenden Beziehung auf die Identität auch als Selbstbezüglichkeit und Identität erweist, artikuliert sich in beiden eine vollständig zirkuläre Negation.

Die zirkuläre oder absolute Negativität ist eine sich von sich selbst unterscheidende Tätigkeit, die Hegel den „*absolute*[*n*] *Unterschied*"[17] nennt. Das Selbstunterscheiden ist die Selbstbezüglichkeit der Negation. Bezüglich des Selbstbezugs ist die Identität näher betrachtet die Identität der Nichidentität, also des Unterschiedes. Identität und Unterschied implizieren sich daher wechselseitig und konstituieren jeweils sowohl für sich eine Totalität als auch in gemeinsamer Abhängigkeit, worin beide als Konstituenten der Totalität erscheinen. Egal welche Perspektive eingenommen wird, die Selbstanwendung macht den Kern dieser Reflexionsbestimmungen aus.

---

16   GW 11: 260.
17   GW 11: 262.

> Der Unterschied ist das Ganze und sein eigenes *Moment*; wie die Identität eben so sehr ihr Ganzes und ihr Moment ist. – Diß ist als die wesentliche Natur der Reflexion und als *bestimmter Urgrund aller Tätigkeit und Selbstbewegung* zu betrachten.[18]

Da der Unterschied durch seine Reflexionsbewegung die Einheit seiner und seines negativen Korrelates ist, tritt er wieder in die Struktur der Bestimmtheit (des Daseins) ein und wird insofern von Hegel auch als absoluter oder „*bestimmter* Unterschied"[19] bezeichnet. Indem er sowohl Unterschied als auch Identität ist, ist er Hegel zufolge auch *verschieden*. OL korrigiert bezüglich der Doppeldeutigkeit der Identität und des Unterschiedes ihr Verständnis der bestimmten Vermittlung *qua* Identität zur Verschiedenheit. Analog zum Identitätsgesetz artikuliert sich im Gedanken der Verschiedenheit ein logisch-metaphysisches Gesetz: „*Alle Dinge sind verschiedenen*"[20].

Verschiedenheit bedeutet, dass beide sowohl identisch als auch unterschieden sind. Sie sind unterschieden, sofern jedes sich nur abstrakt, d.h. ohne den Fremdbezug zu reflektieren, auf sich bezieht und daher mit sich abstrakt identisch bleibt. Identität ist in diesem Sinn nur Identität und der Unterschied nur Unterschied. Jedoch ist dieser Unterschied zwischen beiden nun ein irrelevanter, weil ein solcher Unterschied ein vermeintlicher ist. Diesen irrelevanten oder gleichgültigen Unterschied zwischen Identität und Unterschied nennt Hegel im folgenden Zitat ein „äußerlich[er] Unterschied".

> Die Momente des Unterschiedes sind die Identität und der Unterschied selbst. Verschiedene sind sie als in sich selbst reflectirte, *sich auf sich beziehende*; so sind sie *in der Bestimmung der Identität*, Beziehungen nur auf sich; die Identität ist nicht bezogen auf den Unterschied, noch ist der Unterschied bezogen auf die Identität; indem so jedes dieser Momente nur auf sich bezogen ist, sind sie *nicht bestimmt* gegen einander. – Weil sie nun auf diese Weise nicht an ihnen selbst unterschiedene sind, so ist der *Unterschied* ihnen *äusserlich*.[21]

Der irrelevante Unterschied führt beide zu einer solchen Identität zurück, dass beide voneinander ununterscheidbar sind. Beide Momente (vermeintlicher Unterschied und Ununterscheidbarkeit) stehen zugleich in Verschiedenheit zueinander, und das letzte (die identische Seite oder die Gleichgültigkeit der beiden) ist eben der Grund für das, was Christian Iber

---

18   GW 11: 266.
19   GW 11: 266.
20   GW 11: 270.
21   Vgl. GW 11: 267.

„Reflexionsunabhängigkeit der Andersheit"²² nennt. Bezüglich des äußerlichen Unterschiedes verliert OL die Bestimmtheit der Vermittlung. Die Vermittlung scheint nicht mehr bestimmt zu sein.

Angesichts des äußerlichen Unterschiedes fällt der Unterschied zwischen Identität und Unterschied tatsächlich in eine äußerliche Perspektive oder Vergleichung (einem Dritten als dem Vergleichenden). Nur in dieser äußerlichen Vergleichung können beide bestimmt und zwar äußerlich bestimmt werden, weil die dritte Perspektive *per se* relativ ist. Daher wird die bestimmende Reflexion wegen dieser Äußerlichkeit nun für HL auch in zwei Teile aufgespalten: die „*Reflexion an sich*" oder die Gleichgültigkeit der beiden und „*die äußere Reflexion*" oder die äußerliche Bestimmung der beiden durch ein Drittes.²³ Die Reflexion an sich und die äußere Reflexion sind Pendants der Wesenslehre für das Ansichsein und das Sein-für-Anderes der Seinslehre. Während das Erstere die Reflexion auf die Identität weist, tendiert das Letztere zum Unterschied. Fallen die beide Momente (Identität und Unterschied) des bestimmten Unterschiedes in Reflexion an sich (Identität), machen sie die Verschiedenheit *qua* Gleichgültigkeit aus. Fallen beide aber in die äußere Reflexion (Unterschied), sind sie jeweils „*Gleichheit*" und „*Ungleichheit*",²⁴ weil sie in äußerer Reflexion nicht mehr berechtigterweise als Identität und Unterschied bezeichnet werden können. Die Feststellung ihrer Gleichheit und Ungleichheit wird nicht durch die Verschiedenheit (Identität und Unterschied) selbst, sondern durch eine äußere Perspektive (Vergleichen), ein Drittes, bestimmt.

Da die äußerliche Vergleichung aber aus verschiedenen Perspektiven, die Hegel „*Insoferns, Seiten und Rücksichten*"²⁵ nennt, durchgeführt werden kann, ist die äußere Reflexion *per se* auch äußerlich. Die Gleichheit der beiden aus einer Perspektive wäre Ungleichheit der beiden aus einer anderen Perspektive. Bezüglich dieser Perspektivität wird der Unterschied zwischen Gleichheit und Ungleichheit – analog zum anfänglichen und vermeintlichen Unterschied zwischen Identität und Unterschied – wieder ein „relativ" oder „gleichgültig". Die Vergleichung wird m.a.W. wegen dieser Perspektivität zerstört. Das Resultat der Vergleichung ist sinnlos. Im Rückblick auf den ganzen Prozess zeigt sich, dass die ursprüngliche Reflexion in diesem Prozess konstant äußerlich wird. Sie ist insgesamt zu einer dreifachen äußerlichen Reflexion geworden: zuerst a) zu einer perspektivischen Gleichgültigkeit der Identität und des Unterschieds

---

22   Iber (1990): 337.
23   GW 11: 268.
24   GW 11: 268.
25   GW 11: 269.

gegen die äußere Reflexion; dann b) zu einer perspektivischen Gleichgültigkeit der Gleichheit und Ungleichheit und schließlich c) zu einer selbstbezüglichen und perspektivischen Gleichgültigkeit der Gleichheit und Ungleichheit. Diese konstant sich entäußernde Reflexion nennt Hegel die „sich entfremdete Reflexion".[26]

Indem die Gleichgültigkeit wieder erreicht wird, kehrt OL zum Anfang der Verschiedenheit zurück. Mit ihm wird in dieser Phase der logischen Entwicklung die Regel der Selbstentfremdung im Prozess der konstanten Entäußerung gesetzt, was zur Konsequenz hat, dass die Reflexion als Selbstentfremdung „*die negative Einheit*"[27] (zirkuläre Negation) wird; und die sukzessive Entfremdung ist nicht äußerlich, sondern gehört essentiell zur zirkulären Negativität der Reflexion.

> Das Verschiedene ist der bloß gesetzte Unterschied, also der Unterschied, der keiner ist, also die Negation seiner an ihm selbst.... Die Verschiedenheit, deren *gleichgültige* Seiten ebenso sehr schlechthin nur *Momente* als Einer negativen Einheit sind, ist der *Gegensatz*.[28]

Der *Gegensatz* unterscheidet sich von der Verschiedenheit dadurch, dass in ihm beide Momente sich unter der Herrschaft der Äußerlichkeit nicht gleichgültig gegeneinander verhalten, sondern durch ihre geteilte Einheit notwendig entgegengesetzt sind. Die Reflexionsbestimmung, der Gegensatz, vertritt das logisch-metaphysische Gesetz *qua* Satz des ausgeschlossenen Dritten: *Etwas ist entweder A oder nicht A; es gibt kein Drittes*. Bezüglich dieser Entdeckung wird der vorhergehende Prozess erneut in OL reflektiert. Die äußerliche Vergleichung ist der Standard für Gleichheit und Ungleichheit, der wegen Perspektivität selbst äußerlich ist. Fängt man nun mit der Gleichheit an, ist das Vergleichende *qua* ein Drittes außer den zwei Gleichen und somit ein mit ihnen Ungleiches. So geht die Gleichheit in Ungleichheit über. Fängt man hingegen mit der Ungleichheit an, ist das Vergleichende *qua* Ungleiches mit der Ungleichheit gleich. Die Ungleichheit geht auf diese Weise wieder in Gleichheit über.

> Ihre Reflexion in sich besteht darin, daß jedes an ihm selbst die Einheit der Gleichheit und Ungleichheit ist. Die Gleichheit ist nur in der Reflexion, welche nach der Ungleichheit vermittelt; ebenso die Ungleichheit ist nur in derselben reflektierenden Beziehung, in welcher die Gleichheit ist.[29]

---

26   GW 11: 269.
27   GW 11: 269.
28   GW 11: 270.
29   GW 11: 272.

2.1 DAS WESEN ALS REFLEXION IN IHM SELBST

Durch den äußerlichen Vergleich bringen sowohl Gleichheit als auch Ungleichheit den Fremdbezug mit sich und ergeben insofern eine Totalität. Wir *qua* Theoretiker, die diesen Gedankenprozess begleiten, denken an dieser Stelle wieder eine zirkuläre Negation *qua* Reflexion. Der äußerliche Vergleich ist eben die geteilte Beziehung („reflektierende Beziehung") der Gleichheit und Ungleichheit. In diesem Sinne ist er gar nicht äußerlich, sondern die eigene Bewegung der zirkulären Negativität. Die Selbstgleichheit und Selbstungleichheit konstituieren insofern die beiden Momente *einer* zirkulären Negation („Eine[r] Vermittlung"[30]), die von Hegel „Gegensatz" genannt wird. Das eine Moment, nämlich die Selbstgleichheit nennt Hegel „das Positive" und das andere Moment, Selbstungleichheit, „das Negative".

Wegen dieser Zirkularität kann keines der beiden als ein selbstständiger Ursachverhalt bestehen, wenn es von seinem Fremden getrennt wird. Dies ist auch ein Charakter des Gegensatzes. Das Positive und das Negative als Momente des Gegensatzes bestehen zusammen. Angesichts des Vergleichenden ist die Gleichheit (das Positive oder Selbstgleichheit) jedoch ungleich mit sich (das Negative oder Selbstungleichheit). Die Ungleichheit (das Negative) ist wegen desselben ungleichen Vergleichenden aber gleich mit sich (das Positive). Das Positive wird in diesem Prozess mit dem Negativen konstant ausgewechselt. Im Wechsel garantiert das Negative als das Nichtsein des Positiven tatsächlich den Bestand des Positiven; oder, um es anders auszudrücken, als ein Moment nimmt es an der Konstruktion des Positiven teil und umgekehrt.

> Jedes ist so überhaupt *erstens insofern das andere ist*; es ist durch das Andere, durch sein eigenes Nichtseyn, das was es ist; es ist nur *Gesetztsein*; *zweytens* es ist *insofern das andre nicht ist*; es ist durch das Nichtseyn des andern das was es ist; es ist *Reflexion in sich*. – Dieses beydes ist aber die *eine Vermittlung* des Gegensatzes überhaupt, in der sie überhaupt nur *Gesetzte* sind.[31]

Da das Positive und Negative in einer zirkulären Negation bestehen, werden sie sprichwörtlich „*entgegengesetzt*". Bezüglich ihrer negativen Einheit scheint der Unterschied des Positiven und Negativen zuerst in OL jedoch wieder äußerlich zu sein. Die Reflexion benötigt nur ein Gesetztsein *qua* Fremdbezug – ganz gleich, ob zum Positiven oder Negativen. Um diese Gleichgültigkeit der äußerlichen Bezugnahme sprachlich zu betonen, wird dieser Wechsel von Hegel mit der ‚Verwechslung' („verwechselt"[32]) gleichgesetzt. Die Reflexion als

---

30 GW 11: 273.
31 GW 11: 274.
32 GW 11: 274.

die zirkuläre Negation der beiden verhält sich somit gleichgültig gegen den Wechsel zwischen Positivem und Negativem.

Indem die Gleichgültigkeit jener Reflexion (der negativen Einheit) gegen die Differenzierung zwischen Positivem und Negativem wieder zur Selbstgleichheit, die eben das Positive ist, zurückgeführt wird, fängt der Wechsel zwischen beidem wieder an. Da in OL zuvor die äußerliche Vergleichung als eigene Reflexion gesetzt war, benötigt der Wechsel nun kein äußerliches Drittes mehr. Der Wechsel ist m.a.W. die Reflexion selbst. Die Reflexion als die negative Einheit der beiden wird durch diese konstante Selbstanwendung (Selbstbezüglichkeit) erwiesen, indem sie sich gegen das Positive und Negative nicht gleichgültig verhält, sondern beide selbst ist. In ihrer Selbstanwendung schließen beide angesichts ihres Denkinhaltes in ihrer Grundstellung (z.B. Selbstgleichheit) immer ihr Fremdes von sich aus, kehren auf diese Weise aber wieder zu sich zurück. Dieser Prozess des konstanten Ausschlusses nennt Hegel „*Widerspruch*"[33]. Der Widerspruch entspricht offenkundig dem logisch-metaphysischen Gesetz: *Es gibt nicht etwas, das zugleich A und nicht A ist.*

Durch den Widerspruch wird die bestimmende Reflexion weiter als „ausschliessende"[34] bestimmt. Das Positive als Selbstgleichheit ist selbst ein Widerspruch oder ausschließende Reflexion.

> So ist es der Widerspruch, daß es als das Setzen der Identität mit sich durch *Ausschliessen* des Negativen sich selbst zum *Negativen* von einem macht, also zu dem Andern, das es von sich ausschließt. Dieses ist als ausgeschlossenes frey von dem ausschliessenden gesetzt; hiermit als in sich reflectiert und selbst ausschliessend. So ist die ausschliessende Reflexion Setzen des Positiven, als ausschliessend das Andre, so daß diß Setzen unmittelbar das Setzen seines Andern, es ausschliessenden, ist.[35]

Durch diesen Ausschluss wird das Negative als das Fremde des Positiven mitgesetzt, womit das Positive ausgeschlossen wird. Auf ähnliche Weise ist das Negative auch ein Widerspruch, und zwar ein gesetzter. Bezüglich seines Denkinhaltes *qua* Selbstungleichheit schließt das Negative die Selbstgleichheit von sich aus, weil Selbstgleichheit mit Selbstungleichheit inkompatibel ist. Während das Negative sich so verhält, schließt es sich von sich aus, weil die Selbstgleichheit im Vergleich zu ihm ebenso sehr ein Ungleiches ist. Da jedes in seiner Aufführung des Anspruchs seines Denkinhaltes oder in seiner

---

33 GW 11: 279.
34 GW 11: 279.
35 GW 11: 280.

2.1 DAS WESEN ALS REFLEXION IN IHM SELBST

Selbstbezüglichkeit sich von sich ausschließt (sein Fremdes auch setzt), scheint es *prima facie* selbstzerstörerisch und daher *die „Null"* zu sein.[36]

Allerdings ist das Setzen des Fremden nur eine Vorbereitung auf die Negation dieses Fremden, um wieder zurückzukehren. In diesem Sinne geht jedes nicht in seinem ersten Selbstbezug (dem Setzen des Anderen), sondern in seinem zweiten Selbstbezug (dem Negieren des Anderen) im Sinne der Rückführung auf wahrhafte, selbstbezügliche Einheit „zu Grunde". Diese Einheit ist die sowohl ausschließende als auch setzende Reflexion (zirkuläre Negation), die Hegel „das *einfache Wesen*"[37] nennt. Diese selbstbezügliche, zirkuläre Negativität als eine einfache Einheit ist der wahrhafte Grund. So erreicht OL eine neue Vermittlung, nämlich die gründliche Vermittlung oder, wie Hegel es formuliert, die „reale Vermittlung"[38]. Sie ist real, weil die vermeintlichen und bestimmten Reflexionen nur Relationen ohne *Relata* sind. Die bestimmte Reflexion enthält zwar ein Gesetztsein, das *per se* auch eine Beziehung ist wie der Unterschied. Der Grund *qua* Resultat der Selbstanwendung der Reflexion ist negierte Vermittlung und enthält daher eine wahrhafte Unmittelbarkeit als sein Gesetztsein.

> Der Grund ist das Wesen als die positive Identität mit sich; aber die sich zugleich als die Negativität auf sich bezieht, sich also bestimmt und zum ausgeschlossenen Gesetztsein macht; diß Gesetztsein aber ist das ganze selbstständige Wesen, und das Wesen ist Grund, als in dieser seiner Negation identisch mit sich selbst und positiv.[39]

L$_{\text{Der Grund}}$ (die gesetzte bestimmte Reflexion) =
die negierte Vermittlung (daher Unmittelbarkeit enthaltende Vermittlung)

Unter Berücksichtigung der spekulativen Methode ist der Übergang von Reflexionsbestimmungen zum Grund wie folgt zusammenzufassen. Das verständige Moment begreift die erste Reflexionsbestimmung als Identität, weil die Reflexion das von ihr gesetzte Fremde als ihr gleich setzt. Die Identität der Reflexion und ihres Gesetzten wird vom dialektischen Moment angezweifelt, weil die Identität *qua* eine Reflexionsbeziehung zwischen beiden Extremen die Dualität voraussetzt. Anders gesagt: Ohne Unterschied kann von einer Identität keine Rede sein. Rückt das verständige Moment nun von seiner vormaligen Position Identität = Unterschiedslosigkeit ab und behauptet nun das Gegenteil, nämlich den Unterschied, wird er jedoch vom dialektischen

---

36 GW 11: 280.
37 GW 11: 282.
38 GW 11: 292.
39 GW 11: 282.

Moment weiterhin angezweifelt, indem es zeigt, dass der Unterschied als *Relatum* in seinem Unterschied von der Identität den gleichen Begriffsgehalt mit dem Unterschied als Relation teilt.

Mit einer Perspektivenunterscheidung versucht das verständige Moment die Verschiedenheit von Identität und Unterschied beizubehalten, sodass unter der einen Perspektive beide gleich und unter einer anderen Perspektive beide ungleich sind. Das dialektische Moment zeigt hingegen, dass sich dieser Vermittlungsversuch selbstzerstörerisch auswirkt, weil zwei Dinge je nach Perspektiven sowohl für gleich als auch für ungleich gehalten werden müssen. Anders gesagt: Gleichheit und Ungleichheit sind nicht perspektivisch gebunden, sondern zeugen von einer disjunktiven Einheit. Auf diese Weise korrigiert das verständige Moment seinen Standpunkt: Nicht mehr ist von einer Verschiedenheit der Momente die Rede, sondern von dem Gegensatz, in dem die Selbstgleichheit als das Positive und die Selbstungleichheit als das Negative bezeichnet werden kann. Der ‚harte' Gegensatz wird jedoch durch das dialektische Moment infrage gestellt. Analog zum Gedanken vom Unterschied zwischen Identität und Unterschied, zeigt sich im Gedanken der Ungleichheit und Gleichheit, dass die Ungleichheit in ihrer Ungleichheit zu Gleichheit sich gleicht und die Gleichheit in ihrer Gleichheit zu sich ungleich ist. Diese Paradoxie lässt sich in ihrem widersprüchlichen Charakter nicht durch Rückgriff auf Perspektivität lösen, sondern nur durch das Einbeziehen des spekulativen Moments.

Das spekulative Moment begreift die Zirkulation zwischen Gleichheit und Ungleichheit als einen reflektierenden Prozess, dem eine Disjunktion zugrunde liegt. Das verständige Moment nimmt diesen Prozess als wahrhaften Grund für Reflexionsbestimmungen wie Identität, Unterschied, Gegensatz usw. an.

2.1.3 *Der Grund*

Der absolute Grund

Indem das Wesen sich als ausschließende Reflexion oder Grund bestimmt, wird die Reflexion zum Grund des Anfangs der *Wissenschaft der Logik*. Das reine Sein (die abstrakte Selbstidentität) ist eigentlich das Gesetztsein der Reflexion (zirkuläre Negativität). Die Reflexion erscheint am Anfang der Logik als ein Entschluss, eine radikale Abstraktion, die als ausschließende Reflexion eben eine Negativität ist. Indem diese Negativität als das Negative (Selbstungleichheit) durchgeführt wird, setzt sie zugleich ihr Fremdes, das Positive (das reine Sein). Bezüglich der radikalen Abstraktion bzw. des Negativen ist das reine Sein das Negative des Negativen, somit das doppelt Negative. Das Negative bleibt so mit sich identisch und kehrt zu sich als zu jener ausschließenden Reflexion zurück.

2.1 DAS WESEN ALS REFLEXION IN IHM SELBST

Die ganze Seinslehre hat diese Rückkehr zur ausschließenden Reflexion gezeigt. Der Gedanke des Grundes birgt auch ein logisch-metaphysisches Gesetz in sich: *Alles hat seinen zureichenden Grund*.

Da der Grund als eine durch die zirkuläre Negation wiederhergestellte und selbstidentische Einheit die Struktur des Seins (Selbstidentität) erfüllt, ist er auch das Sein und zwar das „wiederhergestellte *Sein*",[40] das im Unterschied zur Reflexion (reine Beziehung ohne Bezogenes) ein durch die Aufhebung der Beziehung wiederhergestelltes Bezogenes oder vermitteltes Unmittelbares ist. Dies Unmittelbare entspricht der normalen Vorstellung für den Grund. Bezüglich dieser Vorstellung wird ein Unmittelbares nicht als ein sich allein auf sich Stützendes, sondern als ein durch seinen verborgenen Grund Produziertes verstanden. Anders gesagt: Die Realität wird durch die logische Struktur der Beziehung des Grundes bestimmt. Sein Grund ist „das wahrhafte Unmittelbare"[41] im Vergleich zum gesetzten Unmittelbaren. Unter diesem neuen begrifflichen Rahmen wird das Gesetzte als das „Begründete" bezeichnet.[42] Diese Beziehung des Grundes entspricht der Reflexionsbestimmung der Verschiedenheit.

Das Begründete *qua* Gesetztsein des Grundes hat eine Bestimmtheit hinsichtlich seiner entgegengesetzten Bestimmtheit. Die Ungleichheit wird z.B. durch den Ausschluss der Gleichheit gesetzt und die Gleichheit umgekehrt durch den der Ungleichheit. Wegen ihrer Relativität sind beide gesetzten Bestimmungen, deren Einheit *qua* zirkuläre Negativität (Grund) sich aber gegen die beiden Bestimmungen gleichgültig verhält.

> Diese Vermittlung des Grundes ist daher die Einheit der reinen und der bestimmenden Reflexion; ihre Bestimmungen oder das Gesetzte hat Bestehen, und umgekehrt das Bestehen derselben ist ein gesetztes. Weil diß ihr Bestehen selbst ein Gesetztes ist oder Bestimmtheit hat, so sind sie somit von ihrer einfachen Identität unterschieden, und machen die *Form* aus *gegen* das Wesen.[43]

Setzt man das Wesen der Form gegenüber, fällt das Wesen angesichts seiner Selbstbezüglichkeit jedoch wieder in die Form zurück, weil das Wesen als das Entgegengesetzte der Form selbst ein Gesetztes (*qua* das Negative der Form) und somit auch eine Form ist. Geht das Wesen als Grund in die Beziehung des Grundes (Form) des Begründeten und Grundes ein, wird es zum Bezogenen (Grund) dieser Beziehung gesetzt und dadurch zu einem Gesetzten (Negativen), das wieder zur Form gehört. Die Identität *qua* eine

---

40   GW 11: 292.
41   GW 11: 292.
42   GW 11: 294.
43   GW 11: 295.

der Reflexionsbestimmungen ist ein Beispiel. Während sie *qua* Reflexionsbestimmung selbst eine Form ist, gehört sie auch dem Grund, der der Form aber gegenüberstehen sollte. In einem solchen Stadium kann der Unterschied zwischen Form *qua* Begründetem und Wesen *qua* Grund nicht mehr festgehalten werden. Solange das Wesen von seinem Schein angesichts seiner *Form* unterschieden werden soll, kann es selbst keine Form sein. Diese formlose Grundlage oder das unbestimmte Wesen nennt Hegel anlässlich der philosophischen Tradition „*Materie*"[44].

> Das Wesen wird zur Materie, indem seine Reflexion sich bestimmt, zu demselben als zu dem formlosen Unbestimmten sich zu verhalten. Die Materie ist also die einfache unterschiedslose Identität, welche das Wesen ist, mit der Bestimmung das Andere der Form zu seyn.[45]

Die Materie verhält sich so wegen ihrer Unterschiedslosigkeit gleichgültig gegen die Form. Allerdings setzen beide sich wegen ihrer zirkulären und auf Ausschluss beruhenden Struktur auch gegenseitig voraus. Die Form *qua* Unterschied schließt das Unterschiedslose (Materie) von sich aus und setzt die Materie. Angesichts des negativen Charakters der Materie gehört diese aber auch zur Form. Anders gesagt: Die Materie ist in ihrer Selbstbezüglichkeit *qua* Unterschiedslosigkeit als solche auch eine Art der Form. Die Form bleibt auf diese Weise mit sich identisch und enthält ihr Fremdes, die Materie. Sobald die Form mit ihrem Fremden identifiziert wird, verliert sie ihren Unterschied zu ihrem Fremden und wird wieder zum Unterschiedslosen oder zur Materie. Die Materie als das Gesetzte der Form ist Produkt der Selbstanwendung der Form. Erst durch die Rückkehr oder Negation der Materie erhält die Form ihr Bestehen. „Die *Materie muß daher formirt* werden, und die *Form* muß sich *materialisiren*, sich an der Materie die Identität mit sich oder das Bestehen geben."[46]

Diese gegenseitige Vermittlung zwischen Materie und Form nennt Hegel „*das Aufheben des Scheines* ihrer *Gleichgültigkeit* und Unterschiedenheit".[47] Beide bestehen in einer und derselben zirkulären Negativität. Diese neue zirkuläre Negation nennt Hegel den „*absolute[n] Grund*".[48] Dieser absolute Grund *qua* „formirte Materie" oder „die Bestehen habende Form" ist der *Inhalt*.

---

44 GW 11: 297.
45 GW 11: 297.
46 GW 11: 298.
47 GW 11: 298.
48 GW 11: 299.

Da der Inhalt wieder eine zirkuläre, selbstbezügliche Identität ist, gehört er einerseits *qua* Identität wieder zur Reflexionsbestimmung und somit zur Form überhaupt. Anderseits ist die Form nur ein Moment des Inhaltes, weil der Inhalt die Identität der Form und Materie ist. In diesem Fall hat der Inhalt dann zweifache Form, einmal *qua* Element, einmal *qua* Totalität. Da der Inhalt die Identität der Form (Identität des Negativen) und Materie (Identität des Positiven) ist, erfüllt er die Struktur des Grundes und ist der Grund (Identität des Positiven und Negativen) beider Bestimmungen. Seine Form ist daher „Grundbeziehung als solche",[49] nämlich die Beziehung des Begründeten und Grundes. Der Inhalt hat daher den Grund zu seiner Form und der Grund hat umgekehrt einen Inhalt (Identität des Begründeten und Grundes). Der Inhalt setzt m.a.W. sich sowohl als Form, die ihm gegenübersteht, als auch als negative Einheit, die sich und Form vollständig enthält. So erfüllt er durch die negative Einheit der Form und des Inhaltes auch die Struktur der Bestimmtheit und ist insofern auch *der bestimmte Grund*.

Mit Blick auf die spekulative Methode lässt sich der Übergang vom absoluten Grund zum bestimmten Grund wie folgt zusammenfassen. Das verständige Moment hält zuerst am Grund fest. Das Begründete lässt sich als das Identische des Grundes erkennen. Das dialektische Moment weist aber das verständige Moment darauf hin, dass es *außer* dem Wesen *qua* Grund noch Identität, Unterschied, Gegensatz usw. als das Begründete gibt. Das verständige Moment hält aber vorerst an seiner Prämisse fest, dass solches Begründete Formen sind und vom Wesen unterschieden werden sollten. Die Unterscheidung zwischen Form und Wesen wird jedoch vom dialektischen Moment dadurch infrage gestellt, dass das Wesen in seinem Unterschied zur Form sogar selbst zur Form wird. Dies führt zur Konklusion, dass alles zur Form gehört und alle Unterscheidung hinfällig wird. Das verständige Moment kann aber die Form der Identität nicht annehmen, weil zur Identität ein Unterschied gehört, der aber weggefallen ist, nachdem alles Form geworden ist.

In diesem Dilemma nimmt das spekulative Moment die Selbstbezüglichkeit als den Inhalt des Wesens oder Grundes an, in dem die Identität durch Aufheben des Unterschieds wieder zu sich zurückkehrt. Der Inhalt setzt sich im Prozess zuerst als ein Moment herab, das der Form gegenübersteht. Da sowohl Form als auch ihr negatives Korrelat, der Inhalt, Form sind, werden beide entgegengesetzten Bestimmungen in der Form vereinigt, die als Identität *per definitionem* Inhalt ist. Wegen der gegensätzlichen Struktur ist der Inhalt auch bestimmt. Das verständige Moment übernimmt den bestimmten Inhalt und hält an ihm als bestimmtem Grund fest.

---

49 GW 11: 301.

Der bestimmte Grund

Da der bestimmte Inhalt Beziehung des Grundes zu seiner Form hat, stimmt er *qua* Inhalt mit seiner Form überein. Als Inhalt ist er der Grund oder die materielle Identität der Form und des Inhaltes, als Form ist er das Begründete oder die formale Identität der Form und des Inhaltes. Beide haben aber als Identität denselben Inhalt

> Um dieser Identität des Grundes und Begründeten willen, sowohl dem Inhalte als der Form nach, ist der Grund *zureichend* (das Zureichende auf diß Verhältniß eingeschränkt); es *ist nichts im Grunde, was* nicht *im Begründeten ist, so wie nichts im Begründeten, was nicht im Grunde ist* Wenn nach einem Grunde gefragt wird, will man dieselbe Bestimmung, die der *Inhalt* ist, *doppelt* sehen, das einemal in der Form des Gesetzten, das anderemal in der des in sich reflectirten Daseyns, der Wesentlichkeit.[50]

Sofern beide nur formell und nicht inhaltlich voneinander unterschieden werden, ist der bestimmte Grund lediglich „der *formelle Grund*".[51] Mit dem formellen Grund kritisiert Hegel unter anderem die naturwissenschaftliche Erklärung der Realität, die nur eine Wiederholung des relevanten Phänomens ist. (So beschreibt die Newtonsche anziehende Kraft in diesem Sinne nur die Tatsache, dass sich die Erde um die Sonne bewegt.[52]) Als Wiederholung des zu erklärenden Phänomens ist die naturwissenschaftliche Erklärung fernerhin eine leere und widerspricht sich selbst, indem sie zwar dem Grund des Phänomens einen Vorrang gibt, der Grund aber im praktischen Verfahren erst vom Phänomen abgleitet wird. Statt von Gründen auf die wahrgenommenen Erscheinungen zu schließen, müssen alle Gründe umgekehrt von der Wahrnehmung abhängen.[53]

Auch in der formellen Beziehung des Grundes soll die Form einerseits als die Unterscheidung zwischen dem Begründeten und dem Grund festgehalten werden. Anderseits sollen beide als Identität (Beziehung des Grundes) wegen ihres nur formellen Unterschiedes nicht unterschieden werden. Werden beide Gesichtspunkte festgehalten, tritt in OL wieder die Relation der Verschiedenheit auf, in der beide sowohl unterschieden als auch identisch sind. Unter die Verschiedenheit oder Äußerlichkeit fällt einerseits der Unterschied der beiden bezüglich der Form wieder in ein äußerliches Drittes; anderseits bleiben beide bezüglich des Inhalts noch identisch bzw. gleichgültig. Angesichts dieser

---

50 GW 11: 303.
51 GW 11: 304.
52 Vgl. GW 11: 304f.
53 Vgl. GW 11: 305f.

Verschiedenheit des Grundes korrigiert OL den formellen Grund zum *realen Grund*.

Was wird aus dieser Verschiedenheit resultieren? (1) Hinsichtlich der Äußerlichkeit der Form ist der Inhalt als die Beziehung des Grundes je nach den verschiedenen, dritten Perspektiven erstens statt einer essentiellen Identität des Grundes und Begründeten nur eine äußerliche, willkürliche Verknüpfung des Grundes und Begründeten.[54] Wegen der Willkürlichkeit der Verknüpfung ist der verknüpfte Grund zweitens auch perspektivisch je nach den verschiedenen Sachverhalten des *Etwas* (mehrere mögliche Gründe). Verglichen mit dem einzig essentiellen Grund ist das Begründete als *Eins* nur eine Verknüpfung von mannigfaltigen Sachverhalten. (2) Bezüglich der Äußerlichkeit des Inhalts verhält sich die Beziehung des Grundes als die implizite Identität des Grundes und Begründeten jedoch gleichgültig gegen jene äußerliche Unterscheidung zwischen Grund und Begründeten, die durch willkürliche Verknüpfung aufgewiesen wird.

Beim Bau eines Hauses z.B. wird der Grund für das Haus vielfältig angenommen: der Zweck, der Umriss, das Fundament usw. In Anbetracht einiger dieser Gründe könnte z.B. das Fundament als der essentielle Grund beansprucht werden. Die anderen Sachverhalte des Hauses (Zweck, Umriss, Bauplan, Ausstattung usw.) könnten allerdings perspektivisch gleichberechtigt als Grund für das Haus erklärt werden. In diesem Fall geht der reale Grund *qua* Grund verloren, weil es außer dem beanspruchten essentiellen Grund noch mehrere willkürliche Gründe gibt.

> Der reale Grund ist daher *Beziehung auf Anderes*, einerseits des Inhalts auf andern Inhalt, andererseits der Grundbeziehung selbst (der Form) auf anderes, nemlich auf ein *Unmittelbares*, nicht durch sie Gesetztes.[55]

Wird diese Äußerlichkeit als Abhängigkeit des Grundes von einer dritten Perspektive oder willkürlichen Verknüpfung angenommen, braucht diese dritte oder äußerliche Perspektive allerdings selbst noch einen neuen Grund, um sich zu begründen, weil sich die Frage stellt, warum gerade dieser und nicht ein anderer Grund gewählt wurde. Die dritte Perspektive wird in diesem Prozess selbst zum Begründeten oder Gesetztsein. Damit tritt der zweite, reale Grund auf. Angesichts dieses perspektivischen Regresses ist die dritte Perspektive selbst nun „ein *Eins* oder *Etwas*", ein Mannigfaltiges. Der neue

---

54 „ein Eins oder Etwas" (GW 11: 308).
55 GW 11: 309.

perspektivische Grund hat somit die gleiche Beziehung des Grundes mit dem ersten realen Grund.

> Dieser bestimmt sich hiedurch so, daß er *erstlich* das mit dem realen Grunde als seinem Begründeten *identische* ist, beyde Seiten haben nach dieser Bestimmung einen und denselben Inhalt; die zwey Inhaltsbestimmungen und deren Verknüpfung im Etwas befinden sich gleichfalls im neuen Grunde. Aber *zweytens* der neue Grund, in welchen sich jene nur gesetzte äusserliche Verknüpfung aufgehoben hat, ist als ihre Reflexion in sich „die *absolute Beziehung* der zwey Inhaltsbestimmungen.⁵⁶

Da die zweite, reale Beziehung des Grundes die erste kopiert, sind die Inhaltsbestimmungen beider identisch. Bezüglich dieser Identität der Inhaltsbestimmungen erfüllen beide jedoch nicht mehr die logische Struktur des realen Grundes, sondern wieder die des formellen Grundes. Die Perspektivität qua Äußerlichkeit der Beziehung des Grundes wird somit abgeschafft und mit der Eigentümlichkeit der Beziehung des Grundes identifiziert. So kehrt OL wieder zum formellen Grund zurück, der eine Identität zwischen Grund und Begründetem für wahr hält. Da die zweite, reale Beziehung des Grundes wieder in den formellen Grund übergeht, erhalten wir oder HL jetzt eine neue, zirkuläre Selbstidentität der Beziehung des Grundes. Weil die neue Beziehung des Grundes einerseits die identische Bedingung des formellen Grundes zwischen Grund und Begründeten (gemäß der Inhaltsbestimmung) erfüllt und anderseits auch die Bedingung des realen Grundes als verschiedenen oder äußerlichen Inhalt (gemäß der Formbestimmung) erfüllt, ist sie nach Hegels Benennung „der vollständige Grund"⁵⁷.

Die vollständige Beziehung des Grundes ist die Totalität des formellen und realen Grundes. Wird die Beziehung des Grundes als formelle angenommen, so setzt sie die Inhaltsbestimmung (Identität) voraus, weil das Setzen der Reflexion (zirkuläre Negativität) zugleich Voraussetzen ist. Der formelle Grund wird dann in den realen Grund transformiert. Wird die Beziehung des Grundes jetzt als reale angenommen, setzt sie die Formbestimmung (Unterschied) voraus und wird wieder in den formellen Grund überführt. Die Beziehung des Grundes erweist sich durch diesen Prozess als die „*voraussetzende* Reflexion".⁵⁸ Den sich von sich selbst abstoßende Prozess nennt Hegel die sich „*bedingende Vermittlung*"⁵⁹, die sich selbst die Bedingung gibt. Das Unmittelbare wird nun

---

56   GW 11: 312.
57   GW 11: 312.
58   GW 11: 314.
59   GW 11: 314.

als Bedingung des Grundes angesehen. Für den Essentialismus bedeutet dies, dass jedes Ding seine Realität *qua* Grund nur durch seine Bedingungen erhält.

In Anlehnung an die spekulative Methode ist der Übergang vom bestimmten Grund zur Bedingung wie folgt zusammenzufassen. Das verständige Moment hält zuerst am Inhalt *qua* Identität fest, indem es den Gegensatz von Form und Inhalt für die Manifestation des Inhaltes *qua* Identität von Form und Inhalt hält. Das dialektische Moment zweifelt diese Identität an, indem es nach dem Gegensatz der Form und des Inhaltes fragt. Das verständige Moment verteidigt die Identität, indem es den Gegensatz für formell hält. Allerdings erinnert das dialektische Moment – analog zu den Reflexionsbestimmungen – das verständige Moment daran, dass die Identität den Unterschied voraussetzt. Analog zum Gedanken der Verschiedenheit in der Reflexion korrigiert das verständige Moment den formellen Grund zum realen Grund, bei dem eine Beziehung des Grundes auf einer dritten Perspektive fußt.

Im dialektischen Moment zeigt sich, dass genauso wie in der Denkbestimmung „Verschiedenheit" die Perspektivität selbstzerstörend ist. Mit dem Wegfall der Verschiedenheit von Begründetem und Grund soll der Unterschied zwischen beiden wieder formell werden. Weil mit dem verständigen Moment ein Dilemma zwischen den formellen und realen Gründen entsteht, ‚hilft' das spekulative Moment ihm durch den Verweis auf den zirkulären Prozess, der beim formellen Grund beginnt, zum realen Grund fortschreitet und zum formellen Grund wieder zurückkehrt. Weil der Prozess sowohl den formellen als auch den realen Grund enthält, kann er als „vollständiger Grund" bezeichnet werden. Aufgrund der sich negativ voraussetzenden Zirkulation nimmt das verständige Moment den Prozess als die sich *bedingende* Reflexion an.

Die Bedingung

Der Grund als sich bedingende Vermittlung setzt zuerst ein unmittelbares Dasein oder Etwas als sein Begründetes voraus, von dem er herrührt. In diesem Sinne ist dies Dasein die Bedingung des Grundes.[60] Bezüglich der Perspektivität der Bedingung (freie Verknüpfung) erscheint die Bedingung dem Unmittelbaren nicht eigentümlich, sondern hinzugefügt. Insofern ist die Bedingung dem Unmittelbaren äußerlich. Die Situation entspricht dem Fall des realen Grundes, in dem das Unmittelbare oder Etwas dem Inhalt äußerlich ist. Das Unmittelbare (potentieller Inhalt oder „*Material*"[61]) verhält sich somit gleichgültig gegen die Bedingung und Beziehung des Grundes (ohne Fremdbezug).

---

60 Vgl. GW 11: 315.
61 GW 11: 315.

In diesem Fall ist es auch „das *Unbedingte*",[62] weil es unnötig in einer Beziehung des Grundes steht. Das Unmittelbare hat in diesem Zusammenhang drei Bestimmungen: (1) Bedingung des Grundes; (2) das absolute Gleichgültige oder Äußerliche gegen irgendeine Beziehung des Grundes; (3) der potentiale Inhalt der Beziehung des Grundes.

Da das Unmittelbare sich gemäß (2) gegen irgendeine Beziehung des Grundes indifferent verhält, ist das Unmittelbare streng genommen auch keine wirkliche Bedingung für die Beziehung des Grundes, und daher auch ein Selbstständiges und Unbedingtes. Die Beziehung des Grundes *qua* Form muss hingegen ihr eigenes, aktiv formelles Unmittelbares zu ihrer Bedingung setzen, die als reine Form nicht mit dem indifferenten Unmittelbaren (nur als passiv potentialem Inhalt) identifiziert wird. Der potentiale Inhalt (die Bedingung) und die reine Form (der Grund) haben daher jeweils einen eigenen Inhalt. Beide verhalten sich gleichgültig gegeneinander.

> Jener ist Inhalt des Grundes und darum wesentlich formirt; dieser hingegen ist nur unmittelbares Material, dem die Beziehung auf den Grund zugleich eben so äusserlich ist, als es auch das Ansichseyn desselben ausmacht; es ist somit eine Vermischung von selbstständigem Inhalt, der keine Beziehung auf den Inhalt der Grundbestimmung hat, und von solchem, der in sie eingeht, und als ihr Material, Moment derselben werden soll.[63]

Das passive Unmittelbare muss bezüglich seiner Gleichgültigkeit gegen irgendeine Beziehung des Grundes alle Fremdbezüge negieren, wobei dieser Anspruch auf Gleichgültigkeit (Selbstidentität) gegen den Fremdbezug den Fremdbezug (Selbstunterschied) paradoxerweise voraussetzt. In demselben Sinne setzt die reine Form oder Beziehung des Grundes (Selbstunterschied) auch das Unmittelbare als das von der Beziehung des Grundes Unterschiedliche und somit ein absolutes Gleichgültiges (Identität) voraus. Der Fall entspricht dem Widerspruch, bei dem der Ausschluss des Negativen vom Positiven zugleich das Setzen des Negativen ist. Beide sind so nur *relativ-Unbedingte*.

> Somit ist jede der beyden Seiten der *Widerspruch* der gleichgültigen Unmittelbarkeit und der wesentlichen Vermittlung, beydes in Einer Beziehung;- oder der Widerspruch des selbstständigen Bestehens und der Bestimmung, nur Moment zu seyn.[64]

---

62   GW 11: 315.
63   GW 11: 316.
64   GW 11: 316.

Die gegenseitige Voraussetzung der Bedingung und des Grundes erweist sich so als der Umkreis *einer* Einheit. Das unmittelbare Dasein als die negierte Formbestimmung setzt die Form (Unterschied) voraus, um die Form qua Unmittelbarkeit zu erhalten. In seiner Unmittelbarkeit oder Nicht-Bezogenheit bringt jenes Dasein aber die Beziehung des Grundes als seine Gegenseite mit sich. Indem die Beziehung des Grundes durch dieses Unmittelbare gesetzt wird, fungiert die Unmittelbarkeit als die Bedingung des Grundes. Die Bedingung des Grundes muss aber ferner angesichts des Formunterschieds vom Grund unterschieden sein. Als die vom Grund unterschiedene Bedingung muss die Bedingung außer der Beziehung des Grundes sein, sodass die Bedingung ihre Äußerlichkeit und Unmittelbarkeit in der Negation der Beziehung des Grundes erhält.

> Die beyden Seiten des Ganzen, Bedingung und Grund, sind also Eine wesentliche Einheit; sowohl als Inhalt, wie als Form. Sie gehen durch sich selbst in einander über, oder indem sie Reflexionen sind, so setzen sie sich selbst als aufgehobene, beziehen sich auf diese ihre Negation und *setzen sich gegenseitig voraus*.[65]

Der Schein der Trennung zwischen Bedingung und Grund wird durch die gegenseitige Voraussetzung annulliert. Die Einheit der beiden ist „das *wahrhafte Unbedingte*; *die Sache an sich selbst*".[66] Das absolute Unbedingte ist sowohl die Bedingung als auch der Grund.

Für HL ist nun das absolute Unbedingte die negative Einheit der Vermittlung und Unmittelbarkeit. Durch ihre eigene Bewegung entpuppt die Unmittelbarkeit („*die Sphäre des Seyns selbst*"[67]) sich eigentlich als das Resultat der Vermittlung der Reflexion mit sich selbst. Das Sein als unmittelbare Mannigfaltigkeit ist das Resultat der Selbstnegation der Form. Als zirkuläre und daher auch selbstbezügliche Negativität hat die Reflexion immer diese zurückkehrende Struktur. Das Werden ist der Ausdruck dieser dynamischen Eigenschaft. Indem die Reflexion zirkuläre Negativität ist, besteht ihr Selbstbezug in einer Negation, mittels derer der reflexive Selbstbezug aufgehoben wird. Das ist die Begründung, warum der Selbstbezug der Reflexion immer zum Fremdbezug führt und warum der Reflexion eine Fremdheit oder Unmittelbarkeit integral ist. Eben diese zirkuläre Bewegung gibt der Unmittelbarkeit ihr Bestehen. Diese Unmittelbarkeit ist nichts anderes als die Erscheinung dieser zirkulären Negativität.

---

65   GW 11: 318.
66   GW 11: 318.
67   GW 11: 319.

In OL wird nun der Grund expliziert. Der Grund bleibt also nicht mehr im Verborgenen, sondern kommt in die *Existenz*. Weil die o.g. „Sache" sich als das mannigfaltige Unmittelbare bzw. der formlose Inhalt, der zugleich als Bedingung fungiert, gezeigt hat, kommt die Realität zur Existenz: „*Wenn alle Bedingungen einer Sache vorhanden sind*, so tritt sie in die Existenz."[68] So bestimmt der Essentialismus die Vermittlung jetzt nicht getrennt von der Unmittelbarkeit, sondern bestimmt sich zur existierenden Vermittlung weiter. Der Grund *qua* wahrhafte Realität steht nicht hinter dem Schein, sondern verkörpert sich in Dasein. Der Grund kommt m.a.W. in der Existenz zum Vorschein. Der Grund eines Dinges ist kein Verbogenes, sondern eben ein anderes Existierende, das *qua* Bedingung die Existenz jenes Dinges zum Vorschein bringt.

$L_{\text{Die Existenz}}$ (der gesetzte Grund) = In Existenz eintretende Vermittlung

Mit Rückgriff auf die spekulative Methode lässt sich der Übergang von Bedingung zur Existenz wie folgt zusammenfassen. Das verständige Moment hält zuerst am Selbstbezug der Bedingung fest. Das dialektische Moment stellt dann diesen Selbstbezug infrage, indem es auf die Äußerlichkeit des Unmittelbaren im Verhältnis zur Bedingung hinweist. Ein Unmittelbares könnte nicht zur Bedingung werden. Je nach Ereignis kann das Unmittelbare verschiedenen Bedingungen zugeordnet werden. In diesem Sinne der Äußerlichkeit verhält es sich gleichgültig gegen die Bedingung. Wegen dieser Gleichgültigkeit unterscheidet das verständige Moment das von der Bedingung unabhängige Unmittelbare, den selbstgenügsamen Inhalt, von der Bedingung, die *qua* rein formales Element auch selbstgenügsam ist. Bezüglich der Selbstgenügsamkeit der Bedingung und des Unmittelbaren sind beide „das Unbedingte".

Das Unbedingte wird vom dialektischen Moment angezweifelt, indem aufgewiesen wird, dass das Unmittelbare und die Bedingung auf eine gegenseitige Negation angewiesen sind. Während die Gleichgültigkeit des Unmittelbaren gegen die Bedingung das letztere voraussetzt, lässt sich umgekehrt die Bedingung ohne Annahme des Unmittelbaren strukturell nicht denken. Statt also unbedingt zu sein, sind beide relativ-bedingt. Angesichts der gegenseitigen Negation zwischen dem Unmittelbaren und der Bedingung integriert das spekulative Moment beide in einem Prozess, der selbst als das logische Ganze das absolute Unbedingte bzw. die Sache an sich selbst ist. Weil das Unmittelbare seine Bedingung der Existenz mit sich bringt, ist es ein Bedingtes. Das verständige Moment nimmt in Folge dieser Weiterbestimmung den Prozess als Ding an.

---

68   GW 11: 321.

Exkurs 2. Wurzel der onto-theologischen Lesart: Beziehung des Grundes

Kant hat vom Terminus „Ontotheologie" Gebrauch gemacht: Die durch diesen Terminus bezeichnete theoretische Position macht Anstalten, „durch bloße Begriffe, ohne Beihülfe der mindesten Erfahrung"[69], das Dasein des Urwesens bzw. Gottes zu erkennen. Aber nicht so sehr durch Kant, sondern v.a. durch Heidegger tritt diese theoretische Position populär in den Diskurs, weil er die ganze abendländische Metaphysik als „Onto-Theo-Logie"[70] liest. Heidegger legt die traditionelle Metaphysik als die Frage nach dem Seienden als solchem und dem Ganzen aus. Während die Frage nach dem Seienden als solchem zur Ontologie gehört, wird die Frage nach dem Ganzen als der Einheit des Seienden oder die Frage nach dem höchsten Seienden der Theologie zugewiesen. Die Metaphysik ist daher sowohl Ontologie als auch Theologie, also die Onto-Theologie. Für Heidegger ist Gott als die Einheit des Seienden „der hervorbringende Grund"[71]. Daher gibt es eine Beziehung des Grundes zwischen dem Seienden als solchem *qua* dem Begründeten und Gott *qua* Grund. Horstmanns relationsontologischer Monismus teilt diese Position, indem er die Vernunft als primären Grund aller manifestierten Entitäten betrachtet. An diese Stelle soll daher der Sinn der Beziehung des Grundes in Bezug auf die onto-theologische Lesart diskutiert werden.

Warum soll das Muster der Beziehung des Grundes auch auf Hegels Metaphysik bzw. Logik angewandt werden? Heidegger zufolge liegt der Grund hiervon vor allem in der ursprünglichen Bedeutung des Begriffs „Logik":

> Das Sein des Seienden entbirgt sich als der sich selbst ergründende und begründende Grund. Der Grund, die Ratio sind nach ihrer Wesensherkunft: der Λόγος im Sinne des versammelnden Vorliegenlassens: das Ἕν Πάντα. So ist denn für Hegel in Wahrheit »die Wissenschaft«, d. h. die Metaphysik, nicht deshalb »Logik«, weil die Wissenschaft das Denken zum Thema hat, sondern weil die Sache des Denkens das Sein bleibt, dieses jedoch seit der Frühe seiner Entbergung im Gepräge des Λόγος, des gründenden Grundes das Denken als Begründen in seinen Anspruch nimmt.[72]

Das Denken ist nach Heidegger das Ergründen und Begründen des Seienden als solches. Die Sache des Denkens sei zugleich das Sein. Oder anders gesagt: Denken und Sein fallen zusammen. Dies sei der Grund, warum Hegels Metaphysik „Logik" genannt werden müsse. An einer anderen Stelle erklärt

---

69 AA III: 420 (KrV B 660).
70 GA 11: 63.
71 GA 11: 63.
72 GA 11: 65.

Heidegger die Anwendung der Beziehung des Grundes in der Metaphysik noch deutlicher:

> Die Metaphysik denkt das Sein des Seienden sowohl in der ergründenden Einheit des Allgemeinsten, d. h. des überall Gleich-Gültigen, als auch in der begründenden Einheit der Allheit, d. h. des Höchsten über allem. So wird das Sein des Seienden als der gründende Grund vorausgedacht. Daher ist alle Metaphysik im Grunde vom Grund aus das Gründen, das vom Grund die Rechenschaft gibt, ihm Rede steht und ihn schließlich zur Rede stellt.[73]

Wie im Kapitel über den Grund gezeigt, wird der Grund *qua* Beziehung des Grundes, nämlich Beziehung zwischen dem Begründeten und dem Grund, verstanden. Der Grund als begrifflicher Nachfolger der Identität und des Unterschiedes erweist sich im Verlauf der logischen Entwicklung als die Totalität beider. Während der formelle Grund die Identität vertritt, spiegelt sich der Unterschied im realen Grund wider. Die Einheit der beiden Gründe ist der vollständige Grund. Die Beziehung des Grundes ist m.a.W. eine negative Selbstbeziehung, worin einerseits der Grund das Begründete erklären kann und insofern mit dem Begründeten identisch ist. Anderseits muss es als der Grund oder das Fremde des Begründeten auch vom Begründeten unterschieden werden. Unter diesem Begriffsrahmen scheint die Beziehung der Ergründung und Begründung zwischen dem Sein und dem Denken bei Heidegger auch Hegels logische Struktur des Grundes zu erklären.

Doch dieser Schein trügt. Erstens gehört der Grund bei Hegel eben nicht zum Sein, sondern zum Wesen, weil der Grund für Hegel eine reflexive Beziehung ist, die dem Begriffsrahmen des Wesens entspricht. Man kann nun dieser Kritik entgegenhalten, dass Heideggers Gebrauch des Begriffs „Sein" sehr allgemein und nicht nur auf Hegels Seinslehre eingeschränkt ist. Ein solches allgemeines Sein wird aber Hegel dennoch nicht gerecht, weil dieser den reichhaltigen Sinn des Seins sehr ausführlich und programmatisch untersucht. Wenn der Ausdruck „Sein" wegen seiner allerersten Dürftigkeit für den Anfang der Logik reserviert wird, müssen die Denkbestimmungen, die in der Wesenslogik gedacht werden und deshalb dem Inhalt nach reichlicher sind als das Sein, einen anderen Ausdruck tragen als das Sein, um unterschiedliche Bedeutungsnuancen zu berücksichtigen.

Wenn Heidegger das Denken als Grund und das Sein als Begründetes liest, ist diese Gleichsetzung ganz abstrakt und unpassend gewählt, da Hegel das Pendant des Grundes nicht wie Heidegger abstrakt mit dem Sein, sondern stringent mit dem Begründeten identifiziert. Wie Heidegger selbst zitiert,

---

73 GA 11: 66.

nennt Hegel die absolute Idee am Ende seiner Logik das Sein und zwar „erfülltes Sein"[74]. Wenn Heidegger sich nur auf das Sein fokussiert, so scheint es, als könnte er mit diesem einen Wort die ganze Hegelsche Logik resümieren. Ein solches Resümee hilft aber beim Verstehen der Metaphysik Hegels recht wenig.

Zweitens ist Heideggers Interpretation der Hegelschen Metaphysik problematisch, insofern er das Thema der spekulativen Logik nicht als Denken, sondern als Sein deklariert. Wie im letzten Exkurs betont, kümmert sich Hegel in der spekulativen Logik um das reine Denken. Sowohl in der Großen als auch in der Kleinen Logik gibt Hegel das Thema seiner Logik als das reine Denken augenfällig an.[75] Bei Hegel muss das Sein dem Denken zugesprochen werden und nicht umgekehrt. Für Hegel hängt das durch Denken begründete Sein vom Denken ab, weil das Sein als der abstrakte Selbstbezug selbst eine Denkbestimmung ist. Falls Heidegger aber unter dem Sein die Vorstellung des Seienden versteht, dann ist dagegen einzuwenden, dass ein solches Sein ohnehin nicht zu Hegels Logik gehört.

Drittens ist Heideggers Vorgehensweise problematisch, indem er einmal die ursprüngliche Bedeutung des Begriffs „Logik" für seine Begründung nutzt, ohne sich aber zu vergewissern, ob Hegel diesen Begriff in demselben Sinne wie er gebraucht; ferner reicht die Applikation seiner eigenen Theorie so weit, dass er die ganze abendländische Metaphysik als ein Kontinuum seiner Thesen ansieht. Für Heideggers Thesen im Hinblick auf Hegel fehlen eindeutige Textbelege. Außerdem scheint Heidegger Kants Umänderung der Denkart der Metaphysik, insbesondere mit Blick auf den Einfluss dieser Umänderung bei Hegel, eher wenig geschätzt zu haben, sodass trotz dieser Umänderung und Kants Kritik der Onto-theologie die Metaphysik mindestens bei Kant und Hegel noch als Onto-Theologien weitergeführt werden.

Wie Heidegger, so empfiehlt auch James Kreines eine metaphysische Interpretation für Hegel (den sog. begrifflichen Realismus), die auf dem Begriff des Grundes basiert. Sein Konzept für Hegels Metaphysik umkreist die explanative Bedeutung der Vernunft als den „explanativen Grund"[76], der die Art und Weise der Dinge erkläre. Er nennt diese Gestalt der Metaphysik „die Metaphysik der Vernunft"[77]. Ziel der traditionellen Metaphysik sei die Suche nach einem solchen endgültigen, kompletten, explanativen Grund, der die Dinge erklären könne. Ein solcher ontologischer Grund werde aber vom epistemischen Grund

---

74 GW 12: 252.
75 Vgl. GW 21: 8; GW 20: 61 (Enz3 1830 §19).
76 Kreines (2015): 23.
77 Kreines (2015): 3.

dadurch unterschieden, dass es beim letzteren um den epistemischen Prozess wie Rechtfertigung, Schluss, Grundgebende Praxis gehe.[78] Kreines führt diesen metaphysischen Grund sogar auf Kant zurück, indem er auf Kants „Grundsatz der Vernunft"[79] rekurriert, insbesondere auf den logischen Gebrauch der Vernunft, nämlich durch sog. „Prosyllogismus"[80] nach dem Unbedingten zu fragen. Kreines nennt das Unbedingte „kompletten Erklärer"[81]. Allerdings habe Kant die auf diesem Grundsatz der Vernunft basierende, traditionelle Metaphysik kritisiert, indem er bei ihren Repräsentanten eine Widersprüchlichkeit konstatierte. Hegel versuche daher, mit Rücksicht auf Kants Kritik an der vormaligen Metaphysik eine neue Metaphysik der Vernunft bzw. des letzten Grundes zu begründen, die kein metaphysischer Fundamentalismus sei. Hegels neue Metaphysik der Vernunft entwickele sich abhängig vom unterschiedlichen Grad der Explanation in drei Phasen: a. die mechanischen Dinge; b. die Lebendigen; c. die Menschen. Hegels Begriffe würden als „die immanenten Gattungen"[82] qua die komplette Vernunft bzw. als der letzte Grund angesehen.

Wenn man Hegels Metaphysik verstehen möchte, ist eine Auseinandersetzung mit Kants metaphysischem Konzept zwingend geboten. Kreines folgt diesem Leitsatz; aber seine Kant-Interpretation wirft mehr Fragen auf als sie beantwortet. Erstens wird die Kraft der Kritik Kants an der vormaligen Metaphysik nur auf das zweite Hauptstück der transzendentalen Dialektik, nämlich auf die Antinomienlehre zurückgeführt. Das ist aber nicht angemessen, weil die Antinomienlehre nur eines der drei Hauptstücke in der transzendentalen Dialektik ist. In der Tat aber nehmen alle drei Hauptstücken der transzendentalen Dialektik eine kritische Funktion gegenüber der vormaligen Metaphysik ein.

Im Paralogismus[83] begeht die vormalige Metaphysik (als die rationale Psychologie) einen logischen Fehlschluss, indem sie die rein logischen Funktionen mit den Kategorien verwechselt.[84] Im transzendentalen Ideal begeht die rationale Theologie der vormaligen Metaphysik einen weiteren logischen Fehlschluss, indem sie das logische Prädikat (die Kopula), das ana-

---

78 Kreines (2015): 8, 13.
79 AA III: 196 (KrV B 364).
80 AA III: 196 (KrV B 364).
81 Kreines (2015): 17.
82 Kreines (2015): 22.
83 Obwohl Kreines auch den Paralogismus diskutiert, fungiert der Paralogismus für ihn nicht als Beweis des Misserfolgs der vormaligen Metaphysik, sondern in erster Linie als Beweis für den legitimen Zugang zum Absoluten durch den Begriff. Vgl. Kreines (2015): 161ff.
84 Vgl. AA III: 267 (KrV B 407).

lytisch schon im Subjekt eines Urteils enthalten ist, mit dem realen Prädikat verwechselt, das synthetisch durch Wahrnehmung zum Subjekt eines Urteils hinzugefügt werden muss.[85]

Zweitens scheint Kreines' Identifikation von Kants Interesse der Vernunft mit dem letzten Grund bei Kant nicht plausibel zu sein. Bei Kant basiert das Vernunftvermögen auf der logischen Schlussfunktion, und diese Funktion wird mit der Vernunft notwendig verbunden. Die Schlussfunktion der Vernunft, auf das Unbedingte zu rekurrieren, hat aber mit der Erklärung nicht direkt zu tun. Die Vernunft besteht allem vorweg nur für sich, ohne an ein Interesse gebunden zu sein. Nur in der Antinomienlehre spricht Kant wirklich vom Interesse der Vernunft. Dort findet man aber keine Spur eines explanativen Interesses. Außer dem praktischen und dem populären Interesse, die mit der Explanation gar nichts zu tun haben, bleibt nur das spekulative Interesse übrig. Auch dieses Interesse betrifft nicht die Explanation, sondern die Vollständigkeit der Bedingungskette. Die Explanation oder der letzte Grund muss nach Kreines das Endglied der Bedingungskette sein, also das Unbedingte. Dies trifft aber nicht auf Kant zu, weil man sich auch mit der antithetischen oder empirischen Seite der Antinomienlehre zufriedengeben kann. Der Empirismus, der keinen endgültigen, kompletten Erklärer benötigt, ist auch eine Art der Explanation.

Drittens unterscheidet Kreines nicht deutlich genug den realen Grund vom formellen Grund. Ich stimme mit seiner Interpretation des formellen Grundes überein, wenn er unter dem formellen Grund eine allgemeine Beschreibung für das Geschehnis versteht.[86] Seine Interpretation für den realen Grund erscheint jedoch problematisch, da er den realen Grund nur als ein Postulat eines dem Begründeten externen Grundes, wie Kraft und Gesetz, ansieht.[87] Was einen Grund zum realen Grund macht, liege daher nur in der Externalität des Grundes. Wie aber im Kapitel über den Grund gezeigt wurde, ist diese Externalität allein nicht genug, um den formellen Grund vom realen zu unterscheiden, weil der Unterschied Hegel zufolge im Inhalt und nicht in der Form liegt. Das Beispiel von Kraft (z.B. Newtons anziehende Kraft) ist eben das Beispiel des formellen Grundes. Es ist daher nicht eindeutig, wie Kreines den formalen Grund vom realen Grund unterscheidet.

Viertens scheint Kreines seinen explanativen Grund wieder in die Beziehung des Grundes der Wesenslehre zu platzieren, obwohl er sich darum bemüht, seinen explanativen Grund von den formellen und realen Gründen

---

85 Vgl. AA III: 400f (KrV B 626).
86 Vgl. Kreines (2015): 61.
87 Vgl. Kreines (2015): 48.

zu unterscheiden.[88] Um seinen Gebrauch des Grundes von Hegels Kritik am Grund abzuheben, erklärt er den Grund in der Wesenslehre für die inkomplette Form des Grundes und den Begriff als solchen für die komplette, die mit der Vernunft in der Welt gleichgesetzt wird.[89] Ähnlich wie Kreines interpretationsbedürftige Unterscheidung zwischen dem formellen Grund und dem realen Grund, ist auch die Unterscheidung zwischen dem letzten Grund *qua* dem Begriff und dem Grund überhaupt in der Wesenslehre unklar. Es scheint so, als will Kreines die dialektische Bewegung in der Logik als Beweis für die Falschheit der verschiedenen Gründe lesen. Auf diese Weise ergibt sich der letzte Grund, der am Ende der Logik vorkommt, nämlich die absolute Idee als die Rückkehr zum Begriff als solchem, der laut Kreines der erfolgreiche Kandidat für den letzten Grund ist. Diese Interpretation legt nah, dass es nur einen Unterschied im Hinblick auf den Erfolgsgrad zwischen dem Grund in der Wesenslehre und dem Begriff in der Begriffslogik gibt. Eine solche Interpretation trifft aber auf Hegel nicht zu. Was den Grund definiert, ist sein Begriffsgehalt. Erklärt man irgendetwas, tritt man in eine Reflexionsbeziehung zwischen dem zu erklärenden Gegenstand und dem Grund als der Erklärung ein. Beide (das Begründete und der Grund) als die zu suchenden Gegenstände stehen der selbstbezüglichen Denkbewegung gegenüber. Solange Hegels Logik als eine Suche nach der erfolgreichen Erklärung gelesen wird, solange bleibt diese Lesart im Denkmuster der Reflexion. Die Überwindung der Reflexion macht gerade den gravierenden Unterschied zwischen der Wesenslehre und der Begriffslehre, der in Kreines' Interpretation übersehen wurde.

Zusammengefasst ist das Reflexionsmuster der Beziehung des Grundes die Wurzel der onto-theologischen Lesart, die das Absolute für den endgültigen Grund der Seienden *qua* seiner Manifestationen erklärt. Dies werde ich später im Kapitel über das Absolute ausführlicher diskutieren, wo Hegel dieses Muster augenfällig kritisiert.

2.2 Erscheinung

2.2.1 *Die Existenz*
Wenn die Bedingungen vollständig sind, kommt die Sache zur Existenz. Durch die Existenz manifestiert sich der Grund wieder im Dasein. Unmittelbarkeit und Vermittlung sind jetzt eins. Die Unmittelbarkeit ist eine aus dem Grund hervorgehende Vermittlung. Vorher wurde der Essentialismus so

---

88 Vgl. Kreines (2015): 9.
89 Vgl. Kreines (2015): 74.

vorgestellt, dass das Unmittelbare abhängig und getrennt ist vom Grund, der *qua* endgültige Realität sich hinter dem Unmittelbaren verbirgt. Jetzt wird das Unmittelbare oder Gegebene mit der reflexiven Beziehung des Grundes identifiziert. Das Gegebene kommt zum Vorschein eben durch den Grund. Der Grund existiert nicht außer dem Gegebenen, sondern ist *qua* eine objektive Beschaffenheit konstitutiv für das Gegebene. Das Gegebene resultiert aus seinen Bedingungen. Gelten die Bedingungen nicht mehr, wird das Unmittelbare gegeben.

Die Flüssigkeit des Wassers z.B. kann durch Erhitzung in Gas verwandelt werden. Unter Normalbedingung ist der kritische Punkt 100 °C. Vor 100 °C trifft diese Bedingung *qua* Erhitzung noch zu, nicht aber danach, weil der Aggregatzustand des Wassers *qua* Gas sich nicht verändert, wenn es weiter erhitzt wird. Mit der Aufhebung und der Existenz meint Hegel die Ungültigkeit der Bedingung und das Hervortreten der Existenz, z.B. in Form der Gasförmigkeit. Bezüglich der Bedingung der Erhitzung bringt das Gas seinen Grund mit sich. So scheint das Gas in der Wahrnehmung zwar unmittelbar vorzukommen, setzt aber seinen Grund *qua* Bedingung doch voraus. „Die Wahrheit des Seyns ist, nicht ein erstes Unmittelbares, sondern das in die Unmittelbarkeit hervorgegangene Wesen zu seyn."[90]

Bezüglich der Vermittlung ist das Unmittelbare ein vermitteltes Etwas (oder Existierendes), das Hegel auch „Ding"[91] nennt. Auffällig ist hier Hegels Wortspiel: Indem ein Unmittelbares Bedingungen zur Voraussetzung seiner Existenz hat, ist es ein Be*ding*tes. Aus dem Bedingten erhält die Bestimmung „Ding" seinen Ausdruck. Das Ding tritt daher in eine reflexive Relation ein. Es hat eine zweifache Form, einerseits eine Unmittelbarkeit *qua* Existenz, andererseits eine Vermittlung *qua* Grund oder Bedingung seiner Existenz. Dies gilt aber nur für HL; In OL selbst muss diese zweifache Form sich erst ergeben. Die direkte Existenz eines Dinges ist zunächst einmal vom Grund dieser Existenz unterschieden. Angesichts der negierten Trennbarkeit zwischen Grund und seinem Begründeten (Widerlegung der gründlichen Vermittlung) besteht der Unterschied nicht mehr zwischen zwei Getrennten, sondern innerhalb eines Dinges. So nennt Hegel diesen internen Unterschied „Analyse"[92] des Dinges. Das Ding *per se* bleibt als eine Totalität, die zwei unterschiedliche Faktoren enthält. Hegel nennt eine solche Totalität häufig „negative Einheit"[93]. Bezüglich der Unterscheidung zwischen Existenz und Grund eines Dinges tritt OL

---

90   GW 11: 324.
91   GW 11: 326.
92   GW 11: 327.
93   GW 11: 326.

streng genommen in die Sphäre der Modalität oder des „*Mögliche[n]*"[94] ein, weil hinsichtlich der Änderung des Grundes die Existenz eines Dinges anders sein könnte. Dies gilt aber nur für HL und ist in OL noch nicht gesetzt. In OL ist das Ding die erscheinende Vermittlung ohne auf seine Möglichkeit zu reflektieren.

Angesichts der Unterscheidung steht das Ding einerseits in Fremdbezug auf andere Dinge, welche die Bedingungen der Existenz des Dinges bieten, anderseits in Selbstbezug auf sich, weil seine Existenz *de facto* von jenen Bedingungen unabhängig ist. Die Existenz des Dinges spaltet sich daher in eine zweifache Existenz: einmal *qua* Mannigfaltigkeit, beeinflusst durch den Fremdbezug, ein anderes Mal *qua* Ding als solches, für das Selbsterhaltung durch Selbstbezug charakteristisch ist. Sofern die Selbstidentität konstant gehalten wird, wird der Fremdbezug auf andere Dinge unterbrochen. Das Resultat dieses absoluten Selbstidentischen nennt Hegel in Bezug auf Kant „Ding an sich"[95]. Das Ding-an-sich schließt seine Mannigfaltigkeit, die *qua* Beschaffenheit durch den Fremdbezug ausgelöst wird, von sich aus und setzt zugleich die Referenten des Fremdbezugs. Im Begriffsgehalt des Dinges könnte der Fremdbezug auf andere Dinge oder Wahrnehmende gerichtet sein. Sie sind die Ursache der Verschiedenheit des Dings (z.B. Qualia oder sekundäre Qualitäten); und die Verschiedenheit macht das Dasein des Dinges aus.

> Darum fällt auch die Reflexion als das sich durch anderes vermittelnde Daseyn *ausser dem Dinge-an-sich*. Dieses soll keine bestimmte Mannichfaltigkeit an ihm selbst haben; und erhält sie deßwegen erst *an die äusserliche Reflexion gebracht*; aber bleibt gleichgültig dagegen. (- Das Ding-an-sich hat Farbe erst an das Auge gebracht, Geschmak an die Nase u.s.f.) Rücksichten, welche ein Anderes nimmt, bestimmte Beziehungen, die sich dieses auf das Ding-an-sich gibt, und die nicht eigene Bestimmungen desselben sind.[96]

Zwar scheint die Mannigfaltigkeit hinsichtlich ihres Fremdbezuges auf das Fremde für das Ding-an-sich unwesentlich oder gleichgültig zu sein. Bei genauerer Betrachtung ist der Fremdbezug aber alles andere als unwesentlich; er ist vielmehr konstitutiv für die Individualisierung des Dinges-an-sich, weil erst durch diesen Fremdbezug das Ding-an-sich sich von etwas ihm Fremdem unterschieden werden kann. Der zugespitzte Widerspruch liegt darin, dass einerseits das Ding-an-sich diese Mannigfaltigkeit oder Bestimmungen benötigt, um sich zu individualisieren, anderseits wegen der Äußerlichkeit dieser

---

94 GW 11: 327.
95 GW 11: 327.
96 GW 11: 328.

2.2 ERSCHEINUNG

Mannigfaltigkeit diese Individualisierung nur äußerlich (Gleichgültigkeit) ist. Bezüglich der Wechselseitigkeit der Gleichgültigkeit gehört das Fremde, das in Fremdbezug des ersten Dinges-an-sich eingeschlossen wird, in jedem Fall zum Ding-an-sich. Das zweite Ding-an-sich hängt daher durch die äußerliche Mannigfaltigkeit mit dem ersten Ding-an-sich zusammen. So kommen mehrere Dinge-an-sich und geteilte Fremdbezüge vor. Der Fremdbezug eines Dinges-an-sich bringt in diesem Prozess andere Dinge-an-sich hervor und wird in diesem Sinne wieder zum Selbstbezug des Dinges-an-sich. Der Fremdbezug des Dinges-an-sich auf sich erweist sich eben als der Selbstbezug des Dinges-an-sich. Indem das Ding-an-sich durch seinen Fremdbezug wieder zu sich kommt, hat es seine zirkuläre Negation vollzogen. Jene Mannigfaltigkeit ist in diesem Sinne auch dem Ding-an-sich nicht fremd, sondern seine „*eigene*"[97] Bestimmtheit. Die äußerliche Bestimmtheit entwickelt sich zur „*Eigenschaft des Dinges*"[98].

Ohne seine Eigenschaft könnte ein Ding nur einen quantitativen Unterschied zu einem anderen Ding (wie ein Quantum) haben. Anders gesagt könnte das Ding ohne seine Eigenschaft nicht individualisiert werden. „Die Bestimmtheit, wodurch *ein* Ding, nur *dieses* Ding ist, liegt allein in seinen Eigenschaften"[99]. Der Unterschied der Dinge basiert nur auf der Eigenschaft, die als Beziehung zwischen mehreren Dingen selbst kontinuierlich ist und solche Dinge verbindet. Statt des Dinges erweist sich die Eigenschaft kontraintuitiv als die selbstbezügliche Kontinuität und somit das Wesen. Die Dinge sind nur unwesentliche Oberfläche oder lockere Verbindungen („Auch"[100]) der verschiedenen Eigenschaften (wie z.B. die *Bündeltheorie* lehrt), die in der Wahrheit keine Eigenheit des Dinges, sondern „*selbstständige Materien*" sind. Solche Materien werden von Hegel im Kapitel der Wahrnehmung seiner *Phänomenologie des Geistes* auch als „*freye Materien*"[101] bezeichnet, weil sie von Dingen freigezogen werden können. Mit dem selbstständigen Stoff kritisiert Hegel auch die Chemie, durch deren Analyse die Dinge im Sinne des Alltagslebens in verschiedenen Stoffen zerlegt werden. Beispiele dafür sind z.B. elektrische Materie, Wärmestoffe usw.

Da die Eigenschaften (Gewähr für Selbstständigkeit der Dinge) in die selbstständigen Materien zerlegt werden, haben wir jetzt statt der Selbstidentität der Dinge die Selbstidentität der freien Materien. Je nach verschiedenen

---

97   GW 11: 329.
98   GW 11: 329.
99   GW 11: 333.
100 GW 11: 336.
101 GW 9: 76.

quantitativen Proportionen (H_2O für Wasser z.B.) ist jedes Ding bezüglich der Bündeltheorie nur eine äußerliche Verknüpfung der verschiedenen Stoffe. Die Eigenschaften werden also dem Ding weggenommen und auf selbstständige Stoffe reduziert. Da das Ding nun keine wahrhafte Eigenschaft besitzt, ist seine Einheit nur ein indexikalisches „dieses", das von jener zufälligen Verknüpfung allein abhängt.

> Das Ding als *dieses* ist diese ihre bloß quantitative Beziehung, eine bloße Sammlung, das *Auch* derselben. Es *besteht* aus irgend einem Quantum von einem Stoffe, *auch* aus dem eines andern, *auch* andern; diesen Zusammenhang, keinen Zusammenhang zu haben, macht allein das Ding aus.[102]

Das Ding *qua* „dieses" und die selbstständige Materie machen darum die zwei neuen Momente des nominellen Dinges aus. Nimmt man das Ding als bloßes „Auch" an, bestehen seine Materien nur gleichgültig gegeneinander im Ding zusammen. Nach wie vor bedroht diese Gleichgültigkeit die Individualisierung jeder Materie, die erst durch die negative Beziehung (Fremdbezug) zu anderen Materien aufgebaut werden kann. Nennen wir z.B. meinen Laptop „Tim" und die Farbe Tims „Schwarz", so ergibt sich eine Proposition: (1) „Tim ist schwarz". Wird Tims Farbe jetzt z.B. auf die Lichtbrechung reduziert und Tim *qua* Individuum annulliert, kann ich diese Lichtbrechung nicht individualisieren. Denn die Individualisierung dieser Lichtbrechung benötigt Tim als ein Individuum, worauf ich referieren kann. Dies führt zum Ergebnis, dass ein Ding nicht gleichgültig sein kann. Es macht hingegen die negative Einheit der Materien aus, wodurch eine Materie von einer andern unterschieden werden kann. Ist dieser Apfel rot, schmeckt er auch süß usw.

Die verschiedenen Eigenschaften als verschiedene Materien bestehen einerseits in einem und demselben Ding (einem raumzeitlichen Punkt) zusammen. Anderseits sind sie in diesem Ding auch voneinander unterschieden. Beide Seiten konstituieren zusammen den logischen Begriffsgehalt eines Dinges. Da beide Seiten in einem Punkt, einem Ding festgehalten werden sollen, wird jede Eigenschaft oder Materie durch andere Eigenschaften oder Materien durchdrungen. Wo ein roter Apfel ist, schmeckt er auch süß und umgekehrt. Der dahinterstehende Gedanke ist, dass es im Prinzip keinen hinreichend kleinen Teil von einem Apfel gibt, der nur rot und nicht süß ist. Hegel nennt diese Durchdringung die „Porosität"[103] der Materien.

Indem jede Materie auf Basis ihrer Involviertheit mit anderen Materien negiert wird, verliert sie ihre Selbstständigkeit oder Bestimmtheit, erhält sie

---

102 GW 11: 336.
103 GW 11: 339.

aber zugleich, indem andere Materien an dieselbe Stelle treten. In diesem Prozess erhält jede Materie sowohl ihre Selbstständigkeit als auch die Negation derselben. Als selbstständig negiert z.B. die erste Materie (als frühe Eigenschaft) die Selbstständigkeit des Dinges, sodass das Ding zum ‚Auch' wird. In ihm kommt neben der ersten Materie noch eine zweite Materie vor, die sich an die Stelle der ersten setzt, bis die zweite Materie von einer dritten abgelöst wird usw. In der gegenseitigen Nichtigkeit der Materien gewinnt das Ding als jene Negativität der Auch-Beziehung seine Selbstständigkeit wieder.

> Das Ding ist daher die sich widersprechende Vermittlung des selbstständigen Bestehens mit sich durch sein Gegentheil, nemlich durch seine Negation, oder *einer* selbstständigen Materie durch das *Bestehen* und *Nichtbestehen* einer andern.[104]

Die Bestimmung der Materie und des Dinges wechseln sich in diesem zirkulären Negationsprozess ständig ab. So wird in OL die zweifache Form des Dinges zugleich gesetzt, nämlich Selbstständigkeit und Nichtselbstständigkeit. In OL ist jetzt gesetzt, dass das Ding eine nichtige Existenz besitzt. Diese nichtige Existenz nennt Hegel „Erscheinung"[105]. Erscheinung ist also der Nachweis für die Abhängigkeit der Unmittelbarkeit von Vermittlung. Die durch den Grund *qua* Vermittlung erzeugte Unmittelbarkeit ist kein Selbstständiges. Der Essentialismus behält somit seine ursprüngliche These bei, dass die Realität nicht in der Unmittelbarkeit liegt. Die Vermittlung *qua* Negativität tritt selbst in ihre produzierte Existenz ein.

> $L_{\text{Die Erscheinung}}$ (die gesetzte Existenz) = Die Vermittlung *qua* Nichtigkeit der Dinge

Mit Blick auf die spekulative Methode ist der Übergang von Existenz zur Erscheinung wie folgt zusammenzufassen. Das verständige Moment hält zuerst bezüglich des Selbstbezugs am Ding fest. Durch das dialektische Moment wird erinnert, dass die Existenz des Dinges die Bedingung der Existenz auch voraussetzt, die *qua* anderes Ding vom Ding unterschieden ist und den Fremdbezug des Dinges ausmacht. Das verständige Moment akzeptiert den Fremdbezug des Dinges auf seine Bedingung und unterscheidet den Selbstbezug des Dinges *qua* Ding-an-sich von der Beschaffenheit des Dinges, die von dem Einfluss der anderen Dinge abhängig ist. Die Unterscheidung ist vom Standpunkt des dialektischen Moments aus betrachtet aber unhaltbar, weil der

---

104 GW 11: 337.
105 GW 11: 337.

Selbstbezug des Dinges eben durch seinen Unterschied bzw. Fremdbezug zu anderen Dingen ermöglicht wird. Dies ändert sich selbst dann nicht, wenn das verständige Moment die Beschaffenheit zur Eigenschaft (des Dinges) korrigiert.

Der Selbstbezug des Dinges in seiner Abhängigkeit von Eigenschaften führt die spekulative Methode in ihrem dialektischen Moment dazu, den Unterschied zwischen dem Ding und seinen Eigenschaften dadurch anzuzweifeln, dass die Dinge bloß Bündel der Eigenschaften sind. Aufgrund der Auflösung der Dinge in Eigenschaften gibt es statt der Dinge bloß freie Materien, aus den die Eigenschaften ausgeschieden werden. Hält das verständige Moment das Ding für ein bloßes Bündel oder eine „Auch-Beziehung" der Materie, macht das dialektische Moment den Begriff der freien Materie auf eine gedankliche Inkonsistenz aufmerksam: Das Festhalten an irgendeinem Bündel von Eigenschaften, um die freien Materien durch einen Bezugspunkt zu bestimmen, zerstört diese. Denn einen solchen festen Bezugspunkt kann ein willkürliches Bündel der Eigenschaften nicht leisten. Anders gesagt: Statt des Bündels der Eigenschaften muss das Ding auch erhalten werden.

Während das verständige Moment sowohl das Ding als auch die freien Materien in ihrem Unterschied bewahren will, spitzt das dialektische Moment den Widerspruch zwischen beiden Begriffen zu, sodass die Selbstständigkeit der Materie die Existenz des Dinges negiert und die Existenz des Dinges umgekehrt die Selbstständigkeit der Materie negiert. Auf diese Weise gerät das verständige Moment wieder in ein Dilemma. Auf diesen negativ-zirkulären Prozess weist das spekulative Moment hin und fasst den Prozess als den neuen und erweiterten Selbstbezug, der durch das verständige Moment übernommen und aufgrund seiner Negation der Existenz als „Erscheinung" bezeichnet werden kann.

2.2.2 *Die Erscheinung*

Bezüglich jenes zirkulären Negationsprozesses zwischen Materie und Ding findet die Identität der Negation statt. In diesem Prozess erweisen sich die Dinge als vergänglich.

> In der wesentlichen Seite der Erscheinung ist somit das *Negative* des unwesentlichen Inhalts, sich aufzuheben, in die Identität zurückgegangen; er ist ein gleichgültiges *Bestehen*, welches nicht das Aufgehobenseyn, sondern vielmehr *das Bestehen des andern* ist.
>
> Diese Einheit ist das *Gesetz* der *Erscheinung*.[106]

---

106 GW 11: 344.

2.2 ERSCHEINUNG

Das Gesetz als negative Selbstidentität (zirkuläre Negation) bezeichnet das Vorkommnis des Wesens *qua* Negativität an der Existenz, die als Gesetzsein nur der Schein des Wesens ist. Als selbstnegierende Vergänglichkeit ist die Existenz die Erscheinung, deren Gesetzmäßigkeit *qua* negative Zirkularität das Gesetz ist. Das Gesetz ist daher das Bleiben oder die Konstante der sich auflösenden, vergänglichen Erscheinung – die Konstante, die Hegel „positive Identität"[107] nennt. Durch das Gesetz kontinuiert sich die Erscheinung trotz ihrer Veränderung. Das Gesetz der Bewegung z.B. bleibt mit sich identisch auch im ‚Verfließen' der Zeit im Raum. Mit dem Gesetz versucht Hegel den metaphysischen Standpunkt der Naturwissenschaft auszulegen. Die Erscheinung *qua* Unmittelbarkeit ist nicht real. Die wahre Realität liegt im Gesetz, das die Veränderung der Erscheinungen erklärt. Das Gesetz ist keine Unmittelbarkeit, sondern Vermittlung, die sich aber durch Erscheinung manifestiert.

> Das Gesetz ist die *Reflexion* der Erscheinung in die Identität mit sich; so steht die Erscheinung als das nichtige *Unmittelbare* dem *insichreflectirten* gegen über, und sie sind nach dieser Form unterschieden.[108]

Das Gesetz darf aber mit der Erscheinung nicht gleichgesetzt werden, weil die Erscheinung als Veränderung noch einen vom Gesetz unterschiedlichen Inhalt, nämlich jene immer wechselnde Veränderung enthält. Wegen des inhaltlichen Unterschiedes ist das Gesetz zuerst nur eine äußerliche Verbindung der verschieden erscheinenden Variablen. Das Gesetz der Bewegung z.B. verbindet die Zeit und den Raum ($s = at^2$). Hegel nimmt das Gesetz der Bewegung des Falls als Beispiel, worin die zwei Variablen Raum (s) und Zeit (t) nur äußerlich verbunden werden. Es gibt keinen notwendigen Grund für diese Verbindung, sie wird einfach als unmittelbare Tatsache vorgefunden.

Indem die vergänglichen Erscheinungen aber durch das Gesetz negiert oder ersetzt werden, stellt sich eine Beziehung des Bestehens (Gesetz) durch Nichtbestehen (zum Gesetz gehörende Erscheinung) dar, die als die Beziehung zwischen Erscheinung und Gesetz selbst eine selbstnegierende Erscheinung ist. Nehmen wir die Bewegung als Beispiel, so wird jede zeitliche Variable zugleich durch das Bewegungsgesetz in eine räumliche Variable transformiert und umgekehrt. Insofern ist das Bestehen der Zeit eben das Nichtbestehen des Raumes und umgekehrt. Das Gesetz vertritt eben diese zirkuläre Negation (negative Einheit), und die Identität des Gesetzes als die negative Einheit ist „nunmehr

---

107   GW 11: 343.
108   GW 11: 344.

auch eine *gesetzte* und *reale*".[109] Das Gesetz bringt somit die Erscheinung mit sich und greift jetzt auch auf den von ihm zuvor unterschiedenen Inhalt der Erscheinung über. Das Gesetz ist so allein die ganze Erscheinung.

> Das, was vorher Gesetz war, ist daher nicht mehr nur Eine Seite des Ganzen, dessen andere die Erscheinung als solche war, sondern ist selbst das Ganze. Sie ist die wesentliche Totalität der Erscheinung, so daß sie nun auch das Moment der Unwesentlichkeit, das noch dieser zukam, enthält; aber als die reflectirte, an sich seyende Unwesentlichkeit, d.h. als die *wesentliche Negativität*.[110]

Da alle Erscheinungen unter die unterschiedlichen Gesetze subsumiert werden, machen diese Gesetze eine Totalität der Gesetze aus, die eine „*Welt*"[111] bzw. eine Welt von Gesetzen bilden.

Da das Gesetz eine Selbstidentität gegen die Erscheinung als sein negatives Korrelat (das Fremde) ist, erklärt Hegel es auch mit dem seinslogischen Terminus „Ansichsein", weil es die logische Struktur des Ansichseins erfüllt. Da das Gesetz seinen Fremdbezug auch aufnimmt, erfüllt es zusätzlich das Kriterium des Fürsichseins. In diesem Sinne nennt Hegel das Reich der Gesetze die „an und für sich seyende Welt" oder „die *übersinnliche Welt*"[112]. Sie ist übersinnlich, weil Ihre Existenz auf alltäglich oder physikalisch vorausgesetzten Entitäten (z.B. Dinge, Kräfte) beruhen, die *per se* nicht wahrgenommen werden können, sondern mittels Reflexionen (Vermittlungen) aus der manifestierten Sinnlichkeit erschlossen werden.

Durch solche postulierten Entitäten der ‚Gesetzeswelt' wird das Mannigfaltige der sinnlichen Welt angereichert. So entstehen nicht nur Gesetze, sondern auch die durch die Gesetze postulierten Entitäten. Die postulierten Entitäten machen das Wesen der Erscheinung aus. Das Wasser *qua* sinnliche Erscheinung wird z.B. durch abstrakte chemische Formel H_2O reinterpretiert, die von chemischen Gesetzen bestimmt wird. Bezüglich dieser Postulierung wird das ganze Reich der Gesetze in zwei Welten geteilt, nämlich die Welt der Gesetze und die durch Postulate angereicherte und rekonstruierte Erscheinungswelt. Durch diese rekonstruierte Erscheinungswelt wird die sinnliche Welt reinterpretiert. Die Welt der Gesetze begründet daher die rekonstruierte Erscheinungswelt.

---

109 GW 11: 348.
110 GW 11: 348.
111 GW 11: 348.
112 GW 11: 349.

> Sie ist ferner nicht nur überhaupt Grund der erscheinenden Welt, sondern ihr *bestimmter* Grund. Schon als das Reich der Gesetze ist sie mannichfaltiger *Inhalt*, und zwar der wesentliche der erscheinenden Welt, und als inhaltsvoller Grund, der *bestimmte* Grund der *andern*, aber nur diesem Inhalt nach; denn die erscheinende Welt hatte noch mannichfaltigen andern Inhalt als jenes Reich, weil ihr noch das negative Moment eigenthümlich zukam. Aber indem das Reich der Gesetze diß Moment nun gleichfalls an ihm hat, so ist es die Totalität des Inhalts der erscheinenden Welt und der Grund aller ihrer Mannichfaltigkeit.[113]

Die Gesetzeswelt *qua* wahre Realität setzt sich daher der erscheinenden Welt *qua* der scheinbaren Realität entgegen. Wegen dieser Entgegensetzung nennt Hegel die zwei Welten (Gesetzeswelt *qua* Grund und rekonstruierte Erscheinungswelt *qua* Begründetes) „verkehrte"[114] Welt. Indem die Gesetzeswelt durch ihre Begründungsfunktion sich auf die Erscheinungswelt ausdehnt, enthält sie *qua* Totalität tatsächlich die Erscheinungswelt. Da beide Welten in einer gegensätzlichen Relation stehen, nennt Hegel diese Totalität wieder die negative Totalität. Beide erweisen sich im Rückblick auf den ganzen Prozess der Erscheinung als ein Kreislauf oder zirkuläre Negation.

In HL schließt die Selbstidentität der veränderten Erscheinung die ruhige, unveränderte Seite von sich aus und setzt das Gesetz. Das Gesetz hält dann auch seine Selbstidentität fest und setzt das von ihm Ausgeschlossene *qua* Veränderung der Erscheinung. Die Veränderung reflektiert sich wieder in sich und geht als Negativität dennoch eben in ihren Grund zurück, der eben das Gesetz ist. Dieser negative Kreislauf (zirkuläre Negation) bleibt trotz seines gesetzten Gegensatzes identisch mit sich. Die sinnliche Welt entpuppt sich durch ihren Selbstbezug (Reflexion-in-sich) als die übersinnliche Welt oder als Fremdbezug (Reflexion-in-Anderes). Die übersinnliche Welt erweist sich durch ihren Selbstbezug umgekehrt als die sinnliche oder als Fremdbezug. Jede Welt enthält ihre Gegenwelt und ist folglich Selbstgenügend. Die zwei Welten haben in diesem Sinne eine Strukturgleichheit, die eine Form *qua* „verkehrte Welt" ist. Indem diese Form eine zirkuläre Negation ist, ist sie eine wesentliche Form oder eine relationale Vermittlung. Die gemeinsame Form, die zwei Welten teilen, nennt Hegel „*wesentliches Verhältniß*"[115].

In HL ist das wesentliche Verhältnis bereits der verkörperte Widerspruch. Die zwei Extreme der verkehrten Welt sind komplizierter als die des Widerspruchs. Die Extreme des Widerspruchs, nämlich das Positive und Negative,

---
113 GW 11: 350.
114 GW 11: 350.
115 GW 11: 352.

machen eine Totalität aus. Die Extreme der verkehrten Welt, Gesetzes- und Erscheinungswelt, machen außer einer gemeinsamen Totalität jeweils noch eine die verkehrte Welt kopierende Totalität aus. In OL ist die gemeinsame Totalität als das wesentliche Verhältnis noch nicht gesetzt. In OL ist die Gesetzeswelt hinsichtlich ihrer Ausdehnung auf die Erscheinungswelt das Ganze und die aufgenommene Erscheinungswelt die Teile. Das Verhältnis des Ganzen und der Teile ist zuerst die wahre, wesentliche Relation in OL. Dementsprechend nimmt der Essentialismus das Verhältnis der Vermittlung zwischen Gesetzeswelt und der durch sie rekonstruierten Erscheinungswelt als das Verhältnis des Ganzen und der Teile an.

$L_{\text{Das wesentliche Verhältnis}}$ (die gesetzte Erscheinung) =
reflexive Einheit der Erscheinungs- und Gesetzwelt

Mit Blick auf die spekulative Methode lässt sich der Übergang von Erscheinung zum wesentlichen Verhältnis wie folgt zusammenfassen. Das verständige Moment unterscheidet zuerst zwischen der vergänglichen Erscheinung und einem Unveränderten, das von Hegel als „Gesetz" bezeichnet wird. Das dialektische Moment macht darauf aufmerksam, dass das Gesetz selbst die Erscheinung mit sich führt, weil es die Erscheinung als eine zu erklärende Variable postuliert, deren Werte theoretisch die Erscheinung vertreten und selbst eine Welt ausmachen. Solange das verständige Moment vom Einwand überzeugt ist und den Unterschied zwischen Gesetz und Erscheinung annulliert, stellt das dialektische Moment den Unterschied der beiden wieder her, indem gezeigt wird, dass die für die Erscheinung stehenden Variablen bzw. theoretischen Entitäten einer übersinnlichen Welt angehören, auch wenn die Erscheinungen selbst sinnlich sind. Hält das verständige Moment am neuen Unterschied der verkehrten Welten fest, wendet das dialektische Moment ein, dass sich das Gesetz in der sinnlichen Welt instantiiert und die übersinnliche Welt auf diese Weise auf die sinnliche Welt übergreift. Auf diese Weise werden beide Welten in einer permanenten Vermittlung – v.a. des Ganzen und der Teile – beider Welten vereinigt.

2.2.3 *Das wesentliche Verhältnis*

Das wesentliche Verhältnis ist die wesentliche und daher die negativ zirkuläre Relation der beiden Selbstständigen: der Gesetzes- und der Erscheinungswelt. Da die Gesetzeswelt zugleich die negative Totalität der beiden Existenzen (reflektierte und unmittelbare) ist, ist sie *qua* eine Seite des Verhältnisses das *Ganze*. Bezüglich des Fremdbezugs der Gesetzeswelt auf die Erscheinung hat die Gesetzeswelt auch eine Seite der unmittelbaren Existenz, die Mannigfaltigkeit und Voraussetzung des Gesetzes ist. Diese mannigfaltige Unmittelbarkeit ist die Mannigfaltigkeit der *Teile*.[116] Wie man ausgehend von der Überzeugung eines physikalischen Realismus üblicherweise glaubt, herrschen die physikalischen Gesetze nicht nur über die entsprechenden sinnlichen Erscheinungen, sondern haben auch selbst darin eine Existenz. In diesem Sinne verfügt die Gesetzeswelt der Physik nicht nur über die Seite des Ganzen, sondern auch über die Seite der Teile.

Da jede Seite auch eine selbstständige Existenz besitzt, ist das wesentliche Verhältnis zuerst nur eine äußerliche Verbindung der beiden Seiten. Auf der Seite des Ganzen hat die Gesetzwelt als negative Totalität den Vorrang, worunter die mannigfaltigen Unmittelbaren das Moment dieser Welt sind. Jedes Glied eines Systems muss bezüglich der großen Struktur des Systems spezifiziert werden. Auf der Seite der Teile hat die Unmittelbarkeit aber den Vorrang. Die unmittelbare Mannigfaltigkeit *qua* Erscheinungswelt ist die Grundlage der Gesetzeswelt, die *qua* Ganzes nur eine äußerliche Ordnung ist. Diese Situation entspricht auch dem gewöhnlichen Verständnis, da die sinnliche Mannigfaltigkeit als selbstständige Grundlage für die Erschließung von Gesetzen fungiert. So tritt der folgende Widerspruch bei diesem wesentlichen Verhältnis auf: Die Erscheinung *qua* Teil des Ganzen wird erst durch das Ganze (Selbstständigkeit des Ganzen) bestimmt und soll daher vom Ganzen abhängig sein. Weil aber andererseits die Erscheinung auch eine selbstständige Existenz (Selbstständigkeit der Teile) sein soll, muss sie vom Ganzen *qua* äußerliche Ordnung unabhängig sein.

Die Selbstständigkeit des Ganzen (reflektierte Existenz) hängt in der Tat paradoxerweise von ihrem Gegenbegriff, der Erscheinung, ab, weil ohne Erscheinung als Ausgangspunkt der Reflexion nichts zu reflektieren ist. Allerdings können die Teile (unmittelbare Existenz) vom Ganzen nicht unabhängig sein, denn ansonsten wären die Teile und in letzter Instanz sogar die Mannigfaltigkeit selbst gänzlich unerkennbar, weil sich die Bestimmung der Teile erst durch ihren Bezug zum Ganzen denken lässt. In diesem Sinne sind das Ganze und die Teile nicht getrennt, sondern setzen einander voraus und bedingen sich gegenseitig. Die Beziehung beider Bedingten selbst ist aber nicht bedingt, sondern ist das „*Unbedingte*".[117]

Dieses Unbedingte als der identische Faktor der beiden Seiten ist in Wahrheit die negative Einheit der beiden, weil sie zeigt, dass beide Selbstständige als Entgegengesetzte eigentlich voneinander abhängig sind. Der Widerspruch zwischen dem Ganzen und den Teilen wird jedoch nicht durch das Unbedingte

---

116 Vgl. GW 11: 354f.
117 GW 11: 356.

gelöst, wenn jede Seite nur an ihrer abstrakten Identität (Reflexion-in-sich) festhält und die Teile als sinnliche Grundlage noch einen Formunterschied vom Ganzen aufweisen. Kurzum: Das Ganze ist nicht identisch mit seinen Teilen und umgekehrt sind die Teile auch kein Ganzes.

Indem das Ganze und die Teile (zwei Selbstständige) jeweils nur an ihrer Selbstidentität festhalten und ihre Fremdbezüge (ihren Unterschied) aufeinander als irrelevant bestimmen, sind sie gleichgültig gegeneinander (Verschiedenheit) geworden. Bestimmen sich beide Seiten auf diese Weise, heben sie sich auf. Zuerst ist das Ganze. Da das Ganze eben jene negative Einheit (zirkuläre Negation) ist, die ihr Anderes (unmittelbare Existenz oder die Mannigfaltigkeit) enthalten muss, zerstört die Selbstidentität des Ganzen das Ganze als solches, also eine sein Anderes enthaltende, konkrete Einheit. Nehmen wir z.B. die Universität Heidelberg als das Ganze. Hält man bloß an diesem Namen (einer abstrakten Selbstidentität) fest, wird man sagen, dass die Fakultäten, wie die philosophische, physikalische, medizinische, theologische usw., für sich genommen nicht die wirkliche Universität Heidelberg sind, weil die Fakultäten *qua* Teile der Universität Heidelberg *qua* dem Ganzen nicht entsprechen. Auf diese Weise kann man jedoch niemals die Universität Heidelberg *qua* abstrakte Selbstidentität definieren, geschweige denn auf sie zeigen.

Der gleiche Fall trifft auch auf die Teile zu. Werden die Teile aus dem Ganzen gerissen, so verlieren sie ihre Bestimmungen in Bezug auf das Ganze. Ungeachtet des Ganzen (z.B. der Universität) wird umgekehrt auch den Teilen (Fakultäten) die Bestimmung abgesprochen, weil die Teile selbst wiederum Teile unter sich enthalten können, wie z.B. Fakultäten einzelne Institute, diese wiederum Lehrstühle usw. enthalten. Diesem Denkmuster folgend wird den Teilen (den Instituten, Lehrstühlen usw.) die Bestimmung, ein Teil zu sein, abgesprochen. Ohne ein Ganzes als relativen Horizont kann niemals von einem Teil in stricto sensu gesprochen werden. Die Isolierung der Teile ist die Negation derselben. Etwas kann nur in bestimmtem Umfang sinnvoll als ein Teil bezeichnet werden. Sein Ganzes wird dann wieder ein Teil von etwas Anderen. So läuft diese zirkuläre, negative Beziehung zwischen dem Ganzen und den Teilen weiter. Beide machen eine negative Einheit aus.

Letztendlich erweisen sich das Ganze und die Teile als zwei Momente einer und derselben negativen Einheit, die Hegel „*Vermittlung*"[118] nennt. Als Momente sind beide die Manifestation oder Äußerung dieser Vermittlung. So wird das wesentliche Verhältnis vom Verhältnis des Ganzen und der Teile zum Verhältnis der *Kraft und ihrer Äußerung* bestimmt.

---

118 GW 11: 357.

Indem die negative Einheit oder die Vermittlung im logischen Prozess zur Kraft bestimmt wird, steht die Mannigfaltigkeit wieder im Verdacht, dass sie der Kraft ein Fremdes ist. Die Mannigfaltigkeit, das Ding oder die Teile werden nicht durch mechanische Ordnung mit dem Ganzen verknüpft, sondern werden selbst zum Resultat der Selbstnegation und damit zum Ganzen *qua* der negativen Einheit bestimmt. Die Mannigfaltigkeit ist somit die Bedingung der Äußerung der Kraft.

> Diese Voraussetzung nun ist nicht ein ihr gegenüber sich befindliches Ding; diese gleichgültige Selbstständigkeit ist in der Kraft aufgehoben; als ihre Bedingung ist es *ein ihr anderes Selbstständiges*.[119]

Diese durch die Kraft selbst vermittelte Bedingung *qua* Äußerung der Kraft ist somit selbst auch eine Kraft, zwar als abgestoßene Kraft, die durch die kondensierte Kraft vorausgesetzt wurde, um dieselbe wieder in sich zurückzuziehen. Indem diese abgestoßene Kraft eine vorausgesetzte ist, erscheint sie aber zuerst nur unmittelbar und fremd. Da diese unmittelbare Kraft fremd und als eine „*andere Kraft*"[120] gesetzt ist, tritt der heterogene Faktor wieder in OL auf.

Diese andere Kraft *qua* abgestoßene hat aber eine isomorphe Struktur wie die kondensierte Kraft; beide sind negative Einheit und daher gegenseitig vorausgesetzt und bedingt. Indem die eine Kraft von einer anderen Kraft gesetzt oder bewirkt wird, scheint die eine davon aktiv und die andere passiv zu sein. So nennt Hegel die aktive Kraft „*sollicitirende*" und die passive „*sollicitirtwerdende*".[121] Aufgrund der Gegenseitigkeit kann die eine aber nicht von der anderen isoliert werden. Die sollizitierte Kraft bietet der sollizitierenden Kraft einen Halt an, wodurch die sollizitierende Kraft sich nach außen ausbreiten und erst als sollizitierend bestimmt werden kann. Umgekehrt benötigt die sollizitierte Kraft auch die sollizitierende Kraft als ihre Koordinate, um eine passive zu sein. Beide müssen m.a.W. ihr Anderes mit sich vermitteln, damit sie die eigene Formbestimmung erhalten können. Beide sind bei näherem Hinsehen *eine* Kraft mit zweierlei Ausdrucksweisen, nämlich als aktive, die nicht mehr bedingt ist durch die passive, und als passive, die nicht mehr bedingt ist durch die aktive. Die *eine* Kraft als die Einheit der beiden einseitigen Kräfte ist die vermittelnde Einheit beider. Sie ist folglich ebenfalls nicht endlich, weil sie mit sich selbst unendlich (ohne Fremdes als ihr Ende) vermittelt und nicht von einem anderen abhängig ist. Beide Ausdrucksweisen konstituieren darum die

---
119   GW 11: 361.
120   GW 11: 362.
121   GW 11: 363.

Äußerlichkeit der sich durch sich vermittelnden Einheit, die im Vergleich zur Äußerlichkeit die *Innerlichkeit* der einzigen Kraft ist.

> Was also die Kraft in Wahrheit äußert, ist dies, daß ihre Beziehung auf Anderes ihre Beziehung auf sich selbst ist, daß ihre Passivität in ihrer Aktivität selbst besteht. Der Anstoß, wodurch sie zur Tätigkeit sollizitiert wird, ist ihr eigenes Sollizitieren; die, Äußerlichkeit, welche an sie kommt, ist kein Unmittelbares, sondern ein durch sie Vermitteltes, so wie ihre eigene wesentliche Identität mit sich nicht unmittelbar, sondern durch ihre Negation vermittelt ist; oder die Kraft äußert dies, daß ihre Äußerlichkeit identisch ist mit ihrer Innerlichkeit.[122]

So entwickelt sich die wesentliche Relation der Äußerung der Kraft zur Relation der Äußerlichkeit und der Innerlichkeit weiter. Die scheinbare Selbstidentität *qua* äußerliche und innerliche Kraft bringt bereits den Unterschied wörtlich mit sich: eine Kraft, aber mit *zwei* Ausdrucksweisen, nämlich einer äußerlichen und innerlichen Kraft. Man kann so argumentieren, dass die zwei Ausdrucksweisen nur die Form sind und sie tatsächlich eine identische Grundlage haben, die die logische Struktur des Inhaltes erfüllt und deshalb der identische Inhalt der zwei unterschiedlichen Formen ist. Allerdings tritt hierin anschließend der Unterschied zwischen Form und Inhalt auf. Inhaltlich sind das Äußerliche und Innerliche eins, aber formell nicht. (Diese Entwicklung steht in einer Analogie zur Entwicklung des Gedankens des Grundes.)

Formell betrachtet muss das Innerliche *qua* die reflektierte Existenz das Äußerliche *qua* die unmittelbare Existenz voraussetzen, damit es sich auf sich reflektieren kann. Indem die Unmittelbarkeit als Vorausgesetztes fungiert, muss sie auch ein Aufgehobenes sein, weil der Sinn ihres scheinbaren Bestehens eben Nichtigkeit ist. Oder anders gesagt muss die unmittelbare Existenz Nichtiges sein, weil ihre Funktion eben ihre Negation und Rückkehr zur Reflexion ist. Mit dieser Rückkehr erhält die Reflexion ihre zirkuläre, negative Selbstidentität. Wie Hegel im Kapitel über die Reflexion gezeigt hat, ist das Voraussetzen der Unmittelbarkeit bei näherem Hinsehen das Setzen der Reflexion selbst. Diese negative Selbstidentität der Reflexion nennt Hegel an dieser Stelle „Umkehrung"[123], die *qua* die wesentliche Relation zwischen der Vermittlung (dem Reflektierenden) bzw. dem Wesen und der Unmittelbarkeit (dem Reflektierten) bzw. dem Sein die Identität der zwei unterschiedlichen Formen ist.[124] Spricht man z.B. von der russischen Manipulation der

---

122 GW 11: 364.
123 GW 11: 368.
124 GW 11: 368.

amerikanischen Präsidentenwahl, bleibt diese Vermutung der russischen Manipulation doch nur als etwas Äußerliches, weil sie eben innerlich oder ‚hinter den Kulissen' bleibt. Innerlichkeit und Äußerlichkeit sind nur formelle Varianten eines Inhaltes. Umgekehrt ist der Inhalt auch eine formelle Variante, indem er Resultat der Selbstnegation des Formunterschiedes ist.

> So ist etwas, das *nur erst* ein *Inneres* ist, eben darum *nur* ein *Äußeres*. Oder umgekehrt, etwas, das *nur* ein *Äußeres* ist, ist eben darum *nur* ein *Inneres*. Oder indem das Innere als *Wesen*, das Äußere aber als *Sein* bestimmt ist, so ist eine Sache, insofern sie nur in ihrem *Wesen* ist, eben darum nur ein unmittelbares *Sein*; oder eine Sache, welche nur *ist*, ist eben darum nur erst noch in ihrem *Wesen*.[125]

Indem Hegel das Verhältnis des Äußeren und Inneren auf das Verhältnis des Wesens und Seins anwendet, äußert sich das Wesen im Sein. Sein und Wesen haben den gleichen Inhalt. Diese negative Einheit des Wesens und Seins nennt Hegel „*Wirklichkeit*"[126]. Da in der Wirklichkeit alle Formunterschiede mit dem Inhalt identifiziert werden, kann von einem Formunterschied nicht wahrhaft gesprochen werden. So weisen alle Formunterschiede oder Bestimmungen im Sein auf den einzigen, selbstidentischen Inhalt. Dies entspricht der spinozistischen Substanz, die alle manifestierten Formen bzw. Unterschiede zu ihren Attributen und Modis bestimmt. Die Wirklichkeit ist darum am Anfang das Absolute, das *qua* Synonym des Unbedingten durch keine Bestimmungen (als die vom Inhalt unterschiedene Form) bedingt werden kann.

Mit dem Auftritt der Wirklichkeit widerlegt Hegel die wesentlichen Relationen, worunter das Ganze und die Teile bzw. die Mereologie, Kraft und Äußerung, das Äußere und Innere gehören. Solche Relationen sind verschiedene Weisen, um Vermittlung auszudrücken, die bezüglich des Essentialismus die Realität ist. Die wahrhafte Vermittlung ist in OL keine Erscheinung und auch keine wesentliche Relation, durch die die Erscheinungswelt und Gesetzeswelt vermittelbar sind, sondern die Wirklichkeit. Die wirkliche Vermittlung ist keine Vermittlung zwischen zwei Welten, sondern eine erweiterte Existenz. Als die erschöpfende Manifestation der Vermittlung ist die Wirklichkeit zuerst das Absolute, das *qua* endgültige Entität des Essentialismus sich in Unmittelbarkeit entäußert.

> $L_{\text{Das Absolute}}$ (das gesetzte, wesentliche Verhältnis) =
> erschöpfende Manifestation der Vermittlung in der Unmittelbarkeit

---

125 GW 11: 366.
126 GW 11: 368.

In Anlehnung an die spekulative Methode ist der Übergang vom wesentlichen Verhältnis zum Absoluten wie folgt zusammenzufassen. Das verständige Moment hält zuerst am Ganzen fest. Vom dialektischen Moment wird aber eingewendet, dass das Ganze niemals im Mannigfaltigen instantiiert werden kann und daher auch vom letzteren unterschieden ist. Das verständige Moment greift diesen Einwand auf und unterscheidet das Ganze vom Mannigfaltigen als seinem Teil. Aber das dialektische Moment stellt auch diesen Unterschied erneut dadurch infrage, dass die Bestimmtheit des Ganzen und die des Teils voneinander abhängig sind. Das Dilemma lässt sich wieder im spekulativen Moment auflösen, insofern auf den paradox ablaufenden Prozess hingewiesen wird, in dem die Vereinigung des Ganzen und Teils in der Differenzierung beider besteht. In diesem Resultat denkt das verständige Moment den Unterschied des Ganzen und Teils als zwei Momente einer Einheit, die analog zur Physik als Kraft bezeichnet werden kann.

Das verständige Moment denkt nun die Teile als Äußerung der *einen* Kraft und damit identisch mit ihr. Weil es aber in der Äußerung auch einen Unterschied gibt, der in der abgestoßenen und kondensierenden Kraft zum Vorschein kommt, zweifelt das dialektische Moment die Identität der Kraft an. Diesen Unterschied muss das verständige Moment akzeptieren. Gegen dies Festhalten am Unterschied wendet das dialektische Moment weiterhin ein, dass aufgrund des gleichen Inhaltes der abgestoßenen und kondensierenden Kräfte der scheinbare Unterschied zwischen beiden Kräften bloß formal ist. Die Kraft ist inhaltlich eins. Um die inhaltliche Identität auszudrücken wird die abgestoßene Kraft vom verständigen Moment zur Äußerlichkeit der Kraft korrigiert.

Der Äußerlichkeit setzt das dialektische Moment die Innerlichkeit entgegen. Auch wenn das verständige Moment die inhaltliche Gleichheit betont, so impliziert der Ausdruck „Inhalt" – analog zur logischen Entwicklung in der Beziehung des Grundes – auch den Unterschied zur Form. Das für das verständige Moment entstandene Dilemma wird vom spekulativen Moment im Gedanken der Prozessualität aufgelöst. Im Prozess ‚degradiert' sich die inhaltlich gleiche Kraft in zwei untergeordnete und entgegengesetzte Formen, die in einem weiteren Gedankenschritt vereinigt werden. Statt des Unterschiedes der Form zum Inhalt ist die Form vielmehr die Expression des Inhaltes. Alle Formunterschiede werden mit dem Inhalt identifiziert. Das Resultat dieses aus dem dialektischen Moment gewonnenen Prozess wird dem verständigen Moment als Ausgangspunkt gereicht. Wegen der Identität der Formunterschiede wird der Prozess als „Absolutes" bezeichnet.

2.3 Die Wirklichkeit

2.3.1 *Das Absolute*

Das Absolute ist die erste Bezeichnung der erschöpfenden Manifestation der Vermittlung in der Unmittelbarkeit. Alles Mannigfaltige ist die Manifestation des Absoluten. Das Absolute ist daher Folgebestimmung des Essentialismus. Bezüglich des Rekurses des Unmittelbaren auf die absolute Vermittlung ist alles Unmittelbare negativ, und nur durch die Negation alles Unmittelbaren manifestiert sich die absolute Vermittlung.

Bereits bei der absoluten Indifferenz am Ende der Seinslehre weist das Adjektiv „absolut" auf das Absolute *qua* absolute Vermittlung voraus und bringt beide in eine enge begriffliche Nähe. Wird die *Wissenschaft der Logik* als einen Versuch angesehen, das Absolute zu definieren,[127] so ist die erste und dritte Denkbestimmung jeder logischen Sphäre ein definitorischer Kandidat für das Absolute. Wegen der Voraussetzungslosigkeit kann aber die Logik ihren Gegenstand nicht voraussetzen und in diesem Sinne dürfen solche Bestimmungen nur aus einer außer-logischen Perspektive als Definiens des Absoluten angesehen werden. Die drei mit Absoluten ausdrücklich ausgestatteten Denkbestimmungen (die absolute Indifferenz, das Absolute und die absolute Idee) sind dagegen aus dem immanenten logischen Fortgang abgeleitet und präsentieren sich als drei Versuche, den eigentlichen Gegenstand der spekulativen Logik, nämlich das wahrhafte Absolute auszulegen.

Da die absolute Indifferenz sich im Hinblick auf die logische immanente Auslegung des Absoluten als unzureichend erwiesen hat, liegt es an dem Absoluten selbst eine solche Auslegung (von sich) zu geben. Einerseits besteht die Ähnlichkeit zwischen der absoluten Indifferenz und des Absoluten in ihrer Gleichgültigkeit. Es ist indifferent, welche Bestimmung dem Absoluten beigelegt wird, weil das Absolute als ein mit der Form identifizierter Inhalt alle Formunterschiede oder Bestimmungen auf seine Identität zurückführt und sie für sich vereinnahmt. Sie sind dem Absoluten also nur äußerlich, weil sie, wie der Unterschied des Äußeren und Inneren, sofort als Identität ihrer und ihrer entgegengesetzten Bestimmung erwiesen werden, die *qua* Grund des Unterschiedes das Absolute selbst ist. Die absolute Indifferenz und das Absolute sind somit unbestimmbar wie das reine Sein. Andererseits liegt der Unterschied zwischen der absoluten Indifferenz und dem Absoluten darin, dass die Rückführung der Bestimmungen auf ihren Grund für die absolute Indifferenz wegen ihres Mangels an Reflexion noch in Verborgenheit bleibt, während er für das Absolute transparent geworden ist. Mit der absoluten Reflexivität ist

---

127 Vgl. GW 20: 121 (Enz.³1830, §185).

das Absolute im Sinn der Transparenz nicht nur Grund, sondern Abgrund von allem.

> Weil nun im Absoluten die Form nur die einfache Identität mit sich ist, so *bestimmt* sich das Absolute nicht; denn die Bestimmung ist ein Formunterschied, der zunächst als solcher gilt.[128]

In der Tat ist diese absolute Gleichgültigkeit oder Identität aller Bestimmungen das Resultat der Reflexion-in-sich oder der abstrakten Selbstidentität des Absoluten. Wie mehrfach geschehen, bezieht das Absolute sich nur auf sich und stößt darum alles von sich ab, was mit dem Absoluten nicht identifiziert werden kann. Auch die absolute Identität *per se* als eine Bestimmung oder Form muss aus dem Absoluten ausgeschlossen und kann daher keiner immanenten, sondern lediglich der äußerlichen Reflexion zugeordnet werden. Hegel nennt diese negative Explikation des Absoluten daher die *„negative Auslegung"*[129] des Absoluten. Indem die negative Auslegung der äußerlichen Reflexion zugeschrieben wird, fängt sie von einem äußerlichen Ausgangspunkt an. Unter der äußerlichen Perspektive scheint das wahrhafte Absolute unzugänglich zu sein. Gegen die Unzugänglichkeit des Absoluten durch äußerliche Reflexion könnte jedoch argumentiert werden, dass sie dem Absoluten nicht äußerlich ist, weil das Absolute erst dank dieser äußerlichen Reflexion herbeigeführt wird. Diese Argumentation führt offenkundig die Auslegung des Absoluten in einen Widerspruch. Einmal bleibt das Absolute wegen der Äußerlichkeit der Reflexion von derselben unberührt; ein anders Mal wird es aber zu dem, was es ist, nur durch diese äußerliche Reflexion. Eine mögliche Auflösung des Widerspruchs wäre eine weitere Unterscheidung zwischen dem pseudo-Absoluten, das durch die äußerliche Reflexion bestimmt wird, und dem wahrhaften Absoluten, das von der äußerlichen Reflexion unberührt bleibt. Bezüglich dieser Unterscheidung ist das durch äußerliche Reflexion ausgelegte pseudo-Absolute nur ein *„Attribut"*[130] des wahrhaften Absoluten.

Allerdings trifft diese ‚Kompromisslösung' auf das gleiche Problem wie zuvor, weil das Absolute per Definition die absolute Identität aller Formunterschiede ist. Auch die Unterscheidung zwischen dem Absoluten und dem Attribut lässt sich ins Absolute hineinwerfen. Es gibt also keine Äußerlichkeit, die wirklich außer dem Absoluten besteht. Es muss zugegeben werden, dass das Attribut eigentlich nicht nur ein Resultat der äußerlichen Reflexion,

---

128 GW 11: 371.
129 GW 11: 371.
130 GW 11: 372.

sondern das Resultat der immanenten Reflexion des Absoluten selbst ist. So aber tritt der Widerspruch wieder auf.

Das Attribut ist in diesem Zusammenhang einerseits zwar eine äußerliche aber doch auch eine immanente Bestimmung des Absoluten. Andererseits kann es nicht gänzlich mit dem Absoluten identifiziert werden, weil das Absolute eben unbestimmbar ist. Eine andere Auflösung des Widerspruchs, die auf der gleichen Strategie der Unterscheidung fußt, könnte das Attribut im Selbstbezug des Absoluten in ein weiteres relatives Absolutes bzw. in ein anderes pseudo-Absolute setzen. Das Attribut bestimmt nämlich nur vorübergehend das Absolute und geht dann sofort ins Absolute über. Nur in diesem Fall könne das Attribut des Absoluten (absolute Selbstidentität) dem Absoluten zugeschrieben werden, ohne in den Widerspruch zu geraten. Anders gesagt: Das Attribut ist ein Schein, der durch das Absolute selbst erzeugt wird. Das Absolute versucht sich zu bestimmen, scheitert aber sofort, weil seine Natur eben unbestimmbar ist. Resultat dieses vorübergehenden und scheiternden Versuchs ist das Attribut. Das Attribut ist m.a.W. nur eine bloße „*Art und Weise*"[131] des Absoluten, die dazu dient, das Absolute zu erkennen. Das Attribut ist in diesem Sinne ein *Modus* des Absoluten. In Rückblick auf die bisherige negative Auslegung des Absoluten kann in einem ersten Fazit festgehalten werden, dass ein sukzessiver Rückschritt vom Absoluten über das Attribut zum Modus auftritt.

Wie im Vorgriff auf die Logik des Schlusses antizipiert werden kann, machen das Absolute, sein Attribut und Modus im Sinne der sukzessiven Abfolge einen Schluss aus, wobei das Absolute und der Modus die zwei Extreme sind und das Attribut die Mitte ist.

> Das Attribut ist *erstlich* das Absolute als in der einfachen *Identität* mit sich. *Zweitens* ist es *Negation*, und diese *als* Negation ist die formelle Reflexion-in-sich. Diese beiden Seiten machen zunächst die zwei *Extreme* des Attributes aus, deren *Mitte* es selbst ist, indem es sowohl das Absolute als die Bestimmtheit ist. – Das zweite dieser Extreme ist das *Negative* als *Negatives*, die dem Absoluten *äußerliche* Reflexion.[132]

Das Absolute reflektiert sich in sich (Selbstidentität) und setzt diese Identitätsbestimmung nur als sein Attribut (Reflexion-in-Anderes), dessen Reflexion-in-sich oder Identitätsbestimmung wieder nur als sein Modus oder seine Art und Weise (Reflexion-in-Anderes) gesetzt wird. Da der Modus aber auch eine äußerliche Reflexion (Reflexion-in-Anderes) ist, negiert er zugleich die

---

131 GW 11: 374.
132 Vgl. GW 11: 374.

vorhergehende Äußerlichkeit des Attributes. Die vorhergehende, äußerliche Reflexion wird m.a.W. in dieser konzessiven, äußerlichen Reflexion abgeschafft. Die doppelte Negation führt wieder zur Affirmation ($\neg(\neg A) = A$). Dieser immer nach außen gehende Prozess der Reflexion-in-sich bleibt somit zwar immer äußerlich, aber in dieser Äußerlichkeit identisch mit sich und macht insofern die wahrhafte Auslegung des Absoluten aus. Anders formuliert: Das Absolute als die selbstbezügliche, zirkuläre Negativität ist die wahrhafte Auslegung des Absoluten selbst.

In HL weist OL einen ähnlichen Gedankengang auf, wie sie in Gestalt der äußerlichen Reflexion, der Verschiedenheit, des realen Grundes, der Erscheinung usw. vorgefunden werden kann. Hier fungiert die äußerliche Reflexion wieder als Reflexion-in-anderes und hebt sich wieder auf, indem sie in der äußerlichen Aufeinanderfolge eben mit sich identisch bleibt und dadurch zum Innerlichen zurückkehrt. Durch diese Rückkehr des Modus zum Absoluten gibt es keinen anfänglichen Widerspruch zwischen der Äußerlichkeit des Modus und Immanenz des Absoluten mehr. OL erhält wieder eine neue logische Selbstidentität. Da der äußerlich fortschreitende Prozess eben die wahrhafte Auslegung des Absoluten ist, ist das Absolute „absolutes für sich selbst Manifestiren"[133]. Anders gesagt: Die wahrhafte *Wirklichkeit* ist die Manifestation im Sinn der Selbstverwirklichung (ἐντελέχεια). Das wahrhafte Absolute wird auf diese Weise mit dem Gedanken der Wirklichkeit identifiziert.

Mit der Gedankenbestimmung des Absoluten, die der spinozistischen Substanz entspricht, übt Hegel seine Kritik an der Spinozistischen Metaphysik[134] *qua* absolutem Essentialismus aus. Hegel erklärt anhand dieser Metaphysik als der radikalen Form vormaliger Metaphysik, dass das antike Substanzprinzip dem modernen Subjektprinzip (selbstbezügliches Denken als *„Persönlichkeit"*[135]) widerspricht. Während die spinozistische Substanz dem Absoluten (absolute Identität) entspricht, vertreten das Attribut und der Modus das Prinzip des Subjekts. Beide unterscheiden sich dadurch, dass die Substanz bezüglich ihrer absoluten Selbstidentität den Unterschied (den Fremdbezug oder das Element des Anderen) von sich ausschließt, das Subjekt hingegen bezüglich seines neuzeitlichen Erkenntnisanspruchs den Unterschied (die Reflexion-in-anderes oder den Fremdbezug) enthält.

Diese Dialektik der Reflexivität taucht immer dann auf, wenn z.B. an dem Unterschied zwischen Menschen und Gott festgehalten wird, ohne darauf zu

---

133 GW 11: 375.
134 Vgl. GW 11: 376.
135 Vgl. GW 11: 376.

achten, dass dieser Unterschied aus der Negation des Gottes resultiert. Oder anders gesagt wird die Selbstbezüglichkeit des Denkens in jenem Gedanken des Gottes übersehen, und dies führt zur Unmöglichkeit der zirkulierenden Negation. Im Hinblick auf diesen Mangel der Selbstbezüglichkeit des Denkens fasst Hegel das spinozistische Absolute so zusammen.

> Die spinozistische Auslegung des Absoluten ist daher insofern wohl *vollständig*, als sie von dem Absoluten anfängt, hierauf das Attribut folgen läßt und mit dem Modus endigt; aber diese drey werden nur *nach einander* ohne innere Folge der Entwicklung aufgezählt, und das dritte ist nicht die Negation *als* Negation, nicht sich negativ auf sich beziehende Negation, wodurch sie *an ihr selbst*, die Rückkehr in die erste Identität und diese, wahrhafte Identität wäre.[136]

Mit dieser Bemerkung über die selbstbezügliche Negativität widerlegt Hegel den Spinozistischen Essentialismus, demzufolge die Wirklichkeit auf das einzige Absolute zurückgeführt wird, das sowohl von jener Rückführung als auch von seiner Auslegung *qua* seinem Modus unabhängig ist. Durch die Selbstnegation der äußerlichen Reflexion wird aber bestätigt, dass das wahrhafte Absolute oder die Wirklichkeit nicht von seinem Modus bzw. Auslegungsvorgang unabhängig ist.

$L_{\text{Die Wirklichkeit}}$ (das gesetzte Absolute) =
Das die Reflexion *qua* Modalität enthaltende Absolute

Der spekulativen Methode folgend lässt sich der Übergang vom Absoluten zur Wirklichkeit wie folgt zusammenfassen. Das verständige Moment hält zuerst am Absoluten *qua* der absoluten Identität fest, weil alle Unterschiede bloß als Manifestation des Absoluten fungieren und identisch mit ihm sind. Bezüglich der Bezeichnung „absolute Identität" stellt das dialektische Moment die Frage, ob die absolute Identität selbst *qua* Bestimmtheit einen Unterschied im oder zum Absoluten markiert. Das verständige Moment vertritt die Position, dass die Identität nicht dem Absoluten selber, sondern der äußerlichen Reflexion über das Absolute zugeschrieben werden soll. Gegen diese Position wendet das dialektische Moment ein, dass das Absolute eben durch äußerliche Reflexion zum Vorschein zu bringen ist. Das verständige Moment unterscheidet dann die Bestimmungen, die der äußerlichen Reflexion entstammen und bloß Attribute des Absoluten sind, vom immanenten Absoluten, das unbestimmbar ist.

Die ‚Kompromisslösung' wie „Attribut" führt jedoch zu weiteren Problemen, die allesamt gemein haben, dass sie mit dem Grundgedanken des Absoluten,

---

[136] GW 11: 378.

dass nichts außerhalb des Absoluten existiert, inkompatibel sind. Dem dialektischen Moment zufolge löst die ‚Anerkennung' des Attributes den Gegensatz zwischen dem Attribut und dem Absoluten aus. Der Gegensatz ‚zerstört' dann das Absolute, weil das Absolute definitionsgemäß nichts gegenübersteht und von nichts beschränkt wird. Zur Vermeidung des Widerspruchs hält das verständige Moment das Attribut bloß für einen vorübergehenden Modus des Absoluten, der ein verschwindender Schein ist. Dieser Lösungsvorschlag wird weiterhin vom dialektischen Moment zurückgewiesen, und zwar mit dem Argument, dass die Vorläufigkeit des Modus *qua* die Negation des Attributes, das von der äußerlichen Reflexion herrührt, zugleich auch die Äußerlichkeit der Reflexion negiert. Anders gesagt: die äußerliche Reflexion ist die immanente Reflexion des Absoluten selbst. Auf diese Weise gibt das verständige Moment seine anfängliche Annahme der äußerlichen Reflexion auf und überlässt die Auflösung dem spekulativen Moment. Das spekulative Moment greift den Hinweis des dialektischen Moments auf und fasst die ganze Reflexion als einen Prozess zusammen. Da der Modus auch zur Wirklichkeit gehört, nimmt das verständige Moment den Prozess als Wirklichkeit an.

Exkurs 3. Warum Hegels Metaphysik keine Onto-Theologie ist

Wie im letzten Exkurs dargelegt, basiert die onto-theologische Lesart auf der Beziehung des Grundes, bei der Gott oder das Absolute *qua* Grund die Seienden oder den ganzen Bereich der Realität *qua* seine Manifestationen begründet. Die Beziehung des Grundes weist auf die differenzierte Identitätsbeziehung zwischen dem Begründeten und dem Grund hin. Während das Begründete durch den Grund gebildet und deshalb mit demselben identifiziert wird, unterscheidet sich der Grund vom Begründeten durch die Negation des Begründeten. Die wahrhafte Existenz des Begründeten liegt also nicht in ihm selbst, sondern in einem anderen, dem Grund. Der Grund rührt m.a.W. von der reflexiven Negation des Begründeten. Der endgültige Grund, das Absolute, negiert alles und ist der Abgrund von allem. Eben in diesem Sinne gebraucht Hegel den Begriff „Akosmismus"[137], nämlich als eine nähere Bestimmung der Spinozistischen Substanz, worin alle Realität negiert wird.

Da Hegel das Spinozistische Konzept negiert, versuchen viele Interpreten Hegels metaphysisches Konzept als eine Korrektur der Spinozistischen Substanz zu deuten, und zwar so, dass bei Hegel dem Endlichen die Realität noch freigehalten und dass das Endliche nicht durch ein alle Realität einschließendes Absolute kontaminiert ist. Diese Interpreten deuten die Realität als die Reflexion des Absoluten in seinem Anderen und zugleich als die

---

137 GW 20: 89 (Enz³ 1830 §50 A).

Reflexion des Absoluten in sich. Die Vertreter[138] dieser Interpretation glauben ferner, dass durch diese Korrektur Hegel Jakobis Frage nach dem Übergang vom Unendlichen zum Endlichen beantworten könne. *Prima facie* scheint diese Integration der Reflexion-in-Anderes in die Reflexion-in-sich mit dem Kapitel über die Reflexion am Anfang der Wesenslehre kompatibel zu sein. Das Problem eines die selbstbezügliche Denkbewegung auslassenden Absoluten taucht dann auf, wenn diese gedoppelte Reflexion einem ontischen Absoluten zugeschrieben wird. Es bleibt unklar, warum Interpreten darauf insistieren, die zirkuläre, selbstbezügliche Reflexion einem ontischen Absoluten zuzuschreiben, wenn doch dieselbe Struktur Hegel zufolge am Ende der Wesenslogik in ihrer transparenten Form dem begreifenden Denken, also der Begriffslogik, angehört.

Es ist Hegels Ansicht, die er im Kapitel über das Absolute referiert, dass die innere Folge der selbstbezüglichen Negation nicht in einem ontischen Absoluten dargestellt werden kann, weil das Denken der absoluten Perspektive zufolge wegen seines Modusstatus kein wahrhaftes Absolutes ist. Das Denken muss auch im ontischen Absoluten negiert werden. Dieses Negieren kehrt aber bezüglich seiner einseitigen, seinslogischen Negationsform (dem Sollen und dem scheinbaren Übergang zum Anderen) wieder zum Denken zurück. Die Negation kann wegen ihrer Reflexivität nicht über das Denken hinausgehen. Die wahrhafte Unendlichkeit ist das im Kreis laufende Denken. Nicht das unendliche Absolute produziert die endliche Realität und das endliche Denken durch seine negative Selbstbezüglichkeit, sondern das negative, selbstbezügliche Denken produziert sowohl die Bestimmung der Endlichkeit als auch die der Unendlichkeit. Durch diese Selbstdifferenzierung äußert sich das Denken. Das Postulat eines ontischen Absoluten ist in diesem Sinne redundant. Anders gesagt: Eine inflationäre Metaphysik identifizieren zu wollen, ist bei Hegel unnötig.

Henrichs Interpretation des Absoluten im Sinne einer „**Ein-Allheitstheorie**" oder „**Theoria speculativa**"[139], ist ein Beispiel für diese onto-theologische Lesart. Dieser Deutung nach sollte Hegels Logik (seine Metaphysik) eine „Revision"[140] unseres natürlichen Weltverständnisses sein, das wegen seiner unkritischen Grundannahmen in der Tat angreifbar sei. Dieser natürlichen Ontologie gemäß sollten die veränderbaren Einzelnen (Dinge und Personen) die letzte Realität sein, die sich in Raum und Zeit befinden und den allgemeinen Verhältnissen (z.B. physikalische Gesetze) unterliegen. Allerdings

---

138 Vgl. im Folgenden.
139 Henrich (1982): 145.
140 Henrich (1982): 141.

sei der ontologische Status solcher Verhältnisse, selbst die Einzelheit, im Hinblick auf jene einzelnen Dinge und Personen selbst unbestimmt und daher problematisch. Alle Versuche, sei es durch den Physikalismus, die Erkenntniskritik oder die natürliche Theologie, scheinen Henrichs Interpretationsvorschlag gemäß nicht auf Hegel anwendbar zu sein, weil sie alle ein ontologisches Grundschema voraussetzen, das ein sich an den Einzelnen orientierter Pluralismus sei und dessen Evidenz selbst im Dunkel bleibe.[141] Der Pluralismus setzt eine einheitliche Weltordnung voraus, ohne diese Ordnung erklären zu können. Aus eben diesem Grund sei der Monismus dem Pluralismus überlegen.

Henrich führt den Monismus auf zwei Versionen zurück, die eine ist die Theoria negativa, die andere ist die Theoria speculativa. Während die Theoria negativa sich konsequent auf die Rückführung der Einzelnen zum einzigen, wirklichen Einen fokussierte und sich daher tatsächlich noch von der natürlichen Ontologie abhängig zeige, entwickele die Theoria speculativa ein einheitliches Bild der Welt in einem „geschlossenen systematischen Gang",[142] worin die Einzeldinge die Implikate des Einen seien. Da die Einzeldinge in der Theoria speculativa noch eine positive Bedeutung haben und im Sinne des Bestandes existieren können, unterscheide sich die Theoria speculativa in eben diesem Sinne von der Theoria negativa. Dies ist die Pointe bei Henrich, wodurch Hegels Standpunkt vom Spinozismus unterschieden werden kann. Henrichs Interpretation zufolge ist Hegels spekulative Logik eine Theoria speculativa, deren Entfaltung durch die Hegelsche Methode strikt geregelt wird.

Als eine Revision der natürlichen Ontologie steht Henrichs spekulativer Monismus nicht einfach neben dieser, sondern systematisiert die revidierten Kategorien der natürlichen Ontologie, was zu einer eigenen entfalteten Theorie führt. Diese Revision liege vorrangig darin, dass jede einfache Objektbeziehung in der natürlichen Ontologie eine Doppelfunktion innehabe, weil jede Beziehung als selbstbezügliche Negativität verstanden werden müsse. Somit sei der Selbstbezug des Einzelnen eben die Negation seiner selbst und impliziere auf diese Weise das einzig Eine.[143] Umgekehrt garantiere der Selbstbezug des einzigen Einen seine Selbstdifferenzierung und den Übergang zum pluralen Einzelnen. Mit dieser selbstbezüglichen Negativität erlange Hegels

---

141 Vgl. Henrich (1982): 142f.
142 Henrich (1982): 145.
143 Vgl. Henrich (1982): 154; zudem auch Henrich (1971): 98.

‚Mono-Logik' eine „Überlegenheit"[144] gegenüber der natürlichen Ontologie, indem sie eine formale Analyse anbiete, mit der die Einzelheit im natürlichen Weltverständnis erst begriffen werden könne.

Henrichs Deutung der Ein-Allheitstheorie hat ihren großen Vorteil in ihrer von Hegels eigener Darstellung unabhängigen Analyse der Hegelschen Methode. Durch die analytischen Rekonstruktionen (z.B. die Rekonstruktion der Andersheit und der affirmativen Negation) wird die selbstbezügliche Negativität bei Hegel als seine Methode beleuchtet. Eine weitere Stärke von Henrichs Interpretation ist die Betonung der Untrennbarkeit der Methode und des Systems, obwohl der Grund hierfür in erster Linie nicht im spezifischen Charakter des Gegenstandes der spekulativen Logik, also dem reinen Denken, sondern im Bedürfnis der Konkurrenz im Hinblick auf das natürliche Weltverständnis liegt. Diese Deutung geht von der richtigen Annahme des Monismus aus, indem die spekulative Logik das reine Denken, das sich später als die absolute Idee enthüllt und diese als ihr einziges Thema bestimmt.

Trotz der Vorteile seiner Interpretation subsumiert Henrich die Hegelschen Metaphysik noch unter den Begriff der Ontologie im vorkantischen Sinne, nämlich im Sinne der letzten Realität. Dieses Resultat wird durch jenen Reflexionsrahmen des Grundes hervorgerufen, indem Henrich Hegels Absolutes in Konkurrenz zur natürlichen Theologie oder zum Spinozismus zugunsten eines überzeugenden Weltverständnisses ansieht. Es gibt deshalb keinen wesentlichen Unterschied zwischen Henrichs Version des Monismus und Spinozas Version in dem Sinne, dass beide das Absolute zum Grund der Welt bestimmen. Beide Versionen legen einen allzu großen Fokus auf die Wesenslehre, wobei das Ende der Wesenslehre (insbesondere das Kapitel über das Absolute) auf den Ein- und Ersatz der Reflexion durch das Begreifen, das selbstbezügliche Denken, zielt. Bleibt man aber noch im Denken durch Reflexion und stellt man das Absolute dem Denken (als der äußerlichen Reflexion) noch gegenüber, kollabiert der Begriff des Absoluten selbst, insofern davon ausgegangen wird, dass mit dem Begriff das reflektierende Denken überboten wird. Nimmt man das Absolute als Resultat der doppelten Negation des Denkens selbst an, braucht man das Absolute nicht mehr redundant zu hypostasieren. Stattdessen sollte man das Absolute als einen Modus des selbstbewussten Denkens betrachten.

Die spekulative Logik ist also eine Wissenschaft des reinen Denkens, deren Hauptziel nicht auf eine Erklärung oder Begründung der Wirklichkeit, sondern vor allem auf den Begriffsgehalt solcher Denkbestimmungen gerichtet ist.

---

144 Henrich (1982): 159.

Obwohl die spekulative Logik auch eine reale Anwendung auf die Natur- und Geistphilosophie hat, so bedeutet dies aber auf keinen Fall, dass die Deutung der Wirklichkeit ihr Hauptinteresse bildet. Eben vor diesem Hintergrund schreibt Henrich trotz seiner Analyse des Kapitels über die Reflexion[145] die doppelte Reflexionsbewegung (Reflexion-in-sich durch Reflexion-in-Anderes) statt dem selbstbezüglichen Denken dem ontologisierten Absoluten zu.

In die gleiche Richtung geht Horstmanns relationsontologischer Monismus, indem er, wie im ersten Exkurs schon gesehen, die Selbstbezüglichkeit des Begriffs als solchen als eine ontologisch vorzügliche Relation deutet. In neuerer Zeit ist Bowman diesem Weg nochmals gefolgt, womit nur Heideggers Behauptung bestätigt wird, dass die Onto-Theologie eine wirkungsmächtige Tradition hat.

Bowman macht seine Position bereits am Anfang durch seine Ausführungen über Henrichs selbstbezügliche Negativität und Horstmanns begrifflichen Monismus als den zwei Bezugssystemen deutlich.[146] Wie Houlgate insistiert auch Bowman auf eine Identität des Denkens und der Realität und daher auf eine ontologische Lesart von Hegel. Ausgehend von Henrichs selbstbezüglicher Negativität nennt Bowman diese Struktur „autonome Negation"[147], weil die Relation-in-Anderes ein Moment der Relation-in-sich sei. Wie Henrich, so räumt auch Bowman dem Endlichen einen Platz ein, um Hegels Metaphysik von der Metaphysik Spinozas zu unterscheiden, indem bei ihm das Endliche den Platz der kognitiv notwendigen Konstituenten des Absoluten einnimmt. Das Endliche sei „verschwindend, aber nicht nichts"[148]. Wie in Bezug auf die vorkantische Metaphysik stellt sich auch in Bezug auf Bowman die Frage, warum eine kognitive Dimension kein Kantisches Konzept, sondern ein dem Denken unabhängiges, hypostatisch Absolutes voraussetzen muss. In diesem Sinne ist Kreines Recht zu geben, insofern er – anders als bei Bowman –, die durch den Begriff selbst regulierte Objektivität der Begriffslehre als Hegels wahrhafte Objektivität anerkennt. Allerdings vollzieht auch Kreines, wie im letzten Exkurs gezeigt wurde, eine Ontologisierung des Begriffs.

Kreines ist jedoch nicht der einzige, der die These einer Ontologisierung des Begriffs vertritt. Robert Stern nimmt ebenfalls einen begrifflichen Realismus an. Er sieht die Hegelsche Logik als eine mit Kantischen Theoremen angereicherte „Rehabilitation"[149] der vormaligen Metaphysik an, die sowohl die mangelhafte

---

145 Vgl. Henrich (1978): „Hegels Logik der Reflexion. Neue Fassung".
146 Vgl. Bowman (2013): 9.
147 Bowman (2013): 52. Bowman nimmt diese autonome Negation augenfällig von Henrichs „Hegels Grundoperation". Vgl. Henrich (1976).
148 Vgl. Bowman (2013): 189.
149 Stern (2009): 30.

Kantische Metaphysik als auch die problematische, vormalige Metaphysik „aufgehoben"[150] habe. Erstens habe die Kantische Metaphysik zwei Hauptprobleme, nämlich die (a) Ununterscheidbarkeit zwischen der Kantischen Metaphysik und der vormaligen Metaphysik und (b) eine Erklärungsschwierigkeit der natürlichen Arten und Gesetze. Obwohl die Kantische Metaphysik in ihrer Kritik der Bedingungen der möglichen Erfahrung die Empirie einschließe, scheine die Kantische Metaphysik genauso wie die vormalige Metaphysik eine apriorische Erkenntnis zu sein und könne sich demzufolge nicht von ihrer kritisierten vormaligen Metaphysik unterscheiden.

Zweitens sei die Kantische Metaphysik unfähig, das von Hume aufgeworfene Problem der Objektivität und Notwendigkeit der natürlichen Arten und Gesetze zu lösen, indem die Objektivität und Notwendigkeit bei Kant nur für Bedingungen der möglichen Erfahrungen reserviert werde und solche natürlichen Arten und Gesetze für die Bedingungen der möglichen Erfahrungen kaum relevant zu sein scheinen.[151] Gerade wegen des zweiten Problems habe Hegel einen „realism about universals",[152] also den begrifflichen Realismus vertreten und den Vorzug der vormaligen Metaphysik gelobt. Andererseits habe die vormalige Metaphysik Schwierigkeiten bei der Erklärung des Verhältnisses zwischen Allgemeinheit und Einzelheit, und daher müsse Hegel auch der Kantischen Kritik an der vormaligen Metaphysik Rechnung tragen. So sei die Hegelsche Metaphysik eine Kombination sowohl der Kantischen als auch der vormaligen Metaphysik. Außer dieser Rehabilitation der vormaligen Ontologie gebe es auch – darin stimmt Stern mit Beiser überein – eine Rehabilitation der vormaligen metaphysica specialis, weil das Absolute bei Hegel nicht mehr, wie Kant kritisiert, als eine transzendente Entität, sondern als ein der Welt „immanent[es]" Absolutes verstanden werde,[153] das nichts anderes als eine andere Perspektive auf die Welt sei und daher von Kantischer Kritik befreit werden könne.

Diese Interpretation hat dahingehend Recht, dass Hegel die vormalige Metaphysik und die Kantische Metaphysik in seiner spekulativen Metaphysik aufgehoben hat und nicht einfach die vormalige Metaphysik ohne Rücksicht auf Kants Kritik wiederbelebt hat. Allerdings scheint diese Richtung der Interpretation der Kantischen Metaphysik tendenziell malevolent gegenüberzustehen. In Sterns Annahme wird (a) der gravierende Unterschied zwischen

---

150 Stern (2009): 29.
151 Vgl. Stern (2009): 25.
152 Stern (2009): 26.
153 Stern (2009): 32. Vgl. auch Beiser (1993): 7; und Beiser (2005): 55.

der Kantischen immanenten Metaphysik („*Metaphysik der Natur*"[154]) und der vormaligen Metaphysik nicht hinreichend genug gewürdigt. Der Unterschied liegt nicht in der Frage, ob solche Metaphysik selbst a priori sei, sondern darin, welchen Erkenntnisanspruch sie für welchen Gegenstandsbereich erheben darf. Obwohl die Kantische immanente Metaphysik selbst auch apriorisch ist, beschränkt sie – im Unterschied zur vormaligen Metaphysik – ihren Geltungsbereich auf diejenigen Gegenstände, die unseren Sinnen gegeben werden können. Isoliert von raumzeitlich sinnlichen Gegenständen ist die Kantische immanente Metaphysik nur Analytik unseres Verstandes- und Vernunftvermögens, also des Denkinhaltes (mithin transzendentale Logik) und hat gar keinen Erkenntnisanspruch. Dahingehend folgt Hegel Kant und nennt seine Metaphysik die *Wissenschaft der Logik*.

(b) Sterns Annahme gerät in Schieflage, insofern Kant niemals den Beweis der Objektivität und Notwendigkeit *aller* natürlichen Arten und Gesetze als seine Aufgabe der immanenten Metaphysik angesehen hat. Im Vergleich dazu hat die Kantische immanente Metaphysik nur einige physikalische Grundbegriffe und Grundsätze, z.B. den Reflexionsbegriff der Materie und den Massenerhaltungssatz,[155] für eine apriorische Erkenntnis anerkannt. Obwohl die Grundsätze der Naturwissenschaften für Kant eben auch synthetisch sind, sind sie keine Bedingungen der möglichen Erfahrung.

Was Hegel betrifft, so hat dieser seine Positionen erstens niemals als Realismus bezeichnet und zweitens auch nie die natürlichen Arten und Gesetze als den Inhalt seiner Metaphysik bestimmt. Die Objektivität und die Idee des Lebens in der Begriffslogik haben nur die Bedeutung des Begriffsgehaltes und keine ontologische Bedeutung. Die Diskussion über die Hegelsche, entontologisierte Objektivität wird der Verfasser nach dem Kapitel über die Objektivität noch einmal mithilfe textueller Belege ausführlicher präsentieren. Die hierbei zur Diskussion stehende Stelle, bei der es um natürliche Arten und Gesetze geht, tritt erst in Hegels Naturphilosophie auf und nicht in seiner spekulativen Logik, die allein den Namen der „Metaphysik" tragen darf. Statt Metaphysik in *sensu stricto* zu sein, enthält die Hegelsche Naturphilosophie bloß ein metaphysisches Element,[156] sofern die Denkbestimmungen der spekulativen Logik noch in Hegels Naturphilosophie ihre Bildungsfunktion finden. Schließlich ist ein der Welt immanentes Absolutes im Sinne eines spinozistischen „Monismus",[157] wie Henrichs, Horstmanns und Bowmans

---

154 AA III: 26 (KrV B XLIII), AA IV: 13 (KrV A XXI).
155 Vgl. jeweils auf AA III: 218 (KrV B 522), AA IV: 480 und AA III: 38 (KrV B 17).
156 Vgl. TW 9: 20 (Enz.³1830, § 246 Z).
157 Beiser (2005): 67.

Interpretation des Absoluten lehrt, der Hegelschen Metaphysik inadäquat, nicht nur weil ein solches Absolutes einen ontologischen Sinn besitzt, sondern auch weil die spekulative Logik von der endlichen Welt, also von Raum und Zeit überhaupt, die erst in der Naturphilosophie auftreten, ab ovo befreit ist. Statt eines Monismus, in dem alle Dinge und Personen die Manifestationen des einzigen Absoluten sind, präsentiert die spekulative Logik vor allem das reine, logische Denken selbst. Dies wird offenkundig im Kapitel über den Begriff als solchen, wo ich abermals über Hegels Entontologisierung sprechen werde.

Zusammenfassend lässt sich sagen, dass Hegels Metaphysik keine auf der Beziehung des Grundes basierende, alles auf das Absolute zurückführende Onto-Theologie ist, sondern eine Wissenschaft des Denkens (Logik), bei der die Untersuchung des Begriffsgehaltes der Denkbestimmungen für sich genommen im Zentrum steht.

2.3.2 *Die Wirklichkeit*

Bezüglich der letzten unvollständigen Auslegung des Absoluten ist das Absolute nichts anders als sein Modus *qua* sein Ausführungsgang. Die Ausführung des Absoluten ist ein Prozess der sukzessiven bzw. selbstbezüglichen Negativität. Durch diese Selbstnegation erhält das Absolute *qua* Totalität der Wirklichkeit seine Modalität. Die Modalität gehört aber nicht zur äußerlichen Reflexion, sondern zur Immanenz des Absoluten. Mithilfe des Begriffs der Negation drückt Hegel unser intuitives Verständnis über Modalitäten aus, dass nämlich die Wirklichkeit anders sein kann als sie sich uns präsentiert. So tritt der Essentialismus ins Feld des modalen Realismus ein, dass die Möglichkeit die Totalität der reflektierten Wirklichkeit ist.[158] So hält OL zuerst wieder die Selbstidentität der Wirklichkeit fest und schließt die Möglichkeit *qua* das Fremde der Wirklichkeit von sich aus.

Isoliert betrachtet ist die Wirklichkeit *qua* bloße Manifestation eine Unmittelbarkeit (Selbstidentität), also „ein *Seyn* oder *Existenz* überhaupt".[159] Als Selbstidentität (Reflexion-in-sich) erfüllt dieses Unmittelbare aber sofort die Struktur des Absoluten, nämlich die Einheit des Äußeren und Inneren. Die Wirklichkeit ist so nicht nur unmittelbare Existenz oder das Äußere, sondern auch reflektierte Existenz oder das Innere. Beide gehören einer Identität an. Im Hinblick auf das Innere erhält diese äußerliche Unmittelbarkeit zusätzlich den Charakter der Modalität, weil die äußere Manifestation nur eine der vielen Möglichkeiten des Inneren ist. Als Vorhandensein kann sich das Innere anders

---

158 Vgl. z.B. D. Lewis' Theorie der möglichen Welten.
159 GW 11: 381.

präsentieren. Wie im kontrafaktischen Satz ausgedrückt: Eine Tatsache könnte auch anders sein. „Was wirklich ist, ist möglich".[160] Als Unmittelbares ist die Wirklichkeit zwar wirklich im Sinn des Vorhandenseins, aber als ein Modus der Manifestation des Absoluten gehört sie gleichsam zur Möglichkeit. Das Absolute kann sich auch anders präsentieren.

Weil die Wirklichkeit *qua* Selbstidentität nur eine Art und Weise der Möglichkeit ist, wird die Wirklichkeit mit ihrem Gegenteil, der Möglichkeit, identifiziert. Die Definition der Wirklichkeit *qua* Selbstidentität kann dementsprechend ebenso sehr auf die Möglichkeit angewandt werden. Der Maßstab der Möglichkeit ist der Satz des Widerspruchs. „[A]lles [ist] möglich, was sich nicht widerspricht".[161] So muss hingegen alles, was sich widersprechend ist, von der Sphäre der Möglichkeit ausgeschlossen werden.

Das Kriterium der Möglichkeit ist der Satz des Widerspruchs, der sowohl eine positive Seite als auch eine negative Seite an sich hat. Wenn z.B. A ($A = A$) erlaubt ist, kann sein ausgeschlossenes Gegenteil, also $\neg A$, auch bestehen, weil $\neg A$ eine eigene Identität ($\neg A = \neg A$) bilden kann. Paradox ausgedrückt: Wenn es heute regnen kann, kann es auch nicht regnen. Die Entgegensetzung selbst ist immer möglich, aber nicht so, dass Setzung und Entgegensetzung *realiter* gleichzeitig bestehen können. Ihre Gleichwertigkeit und Gleichursprünglichkeit beruht auf formalen Kriterien: Die Möglichkeit *qua* Beziehung der Entgegengesetzten – A ist die gemeinschaftliche Relation von A und $\neg A$ – enthält m.a.W. eben die beiden, widersprechenden Bestimmungen. Hegel nennt sie den „beziehende[n] *Grund*"[162], weil A oder irgendeine Tatsache der Ausgangspunkt der Reflexion auf beide Möglichkeiten ist.

Geht man von irgendeiner Tatsache aus, kann man mit irgendeinem willkürlichen Grund (dem beziehenden Grund) zwei unmögliche Sachen verbinden und diese Verbindung als möglich ansehen. Die Abschaffung der Atombombe von Kim Jong-un ist z.B. so einfach möglich, wie wenn man einen Stein wegwirft. Der Vergleich zwischen der Abschaffung der Atombombe und dem Wegwerfen des Steins ist der beziehende Grund, der von den realpolitischen Bedingungen abstrahiert und angesichts rein formaler Kriterien möglich ist. Deshalb erfüllt diese Tatsache oder A auch die formelle Beziehung des Grundes. „Die Möglichkeit ist daher an ihr selbst auch der Widerspruch, oder sie ist *die Unmöglichkeit*."[163]

---

160 GW 11: 381.
161 GW 11: 382.
162 GW 11: 383.
163 GW 11: 383.

Indem die Möglichkeit sich zum Widerspruch entwickelt, wird sie negiert. Anders gesagt: Das formelle Mögliche ist wegen seines Widerspruchs nur so möglich, dass es nie verwirklicht werden kann. Da das Mögliche das Negative des Wirklichen ist, ist die Negation des Möglichen wieder die doppelte Negation, deren Resultat *qua* Affirmation wieder das Wirkliche ist. Somit kehrt die Möglichkeit wieder zur Wirklichkeit zurück.

Die Wirklichkeit als wiederhergestellte ist aber keine anfängliche, formelle Wirklichkeit, sondern die Einheit mit der Möglichkeit, weil sie durch die Möglichkeit als ihr Fremdes vermittelt wird. Daher bedeutet diese Wirklichkeit nicht nur die abstrakte Selbstidentität *qua* positive Seite einer Tatsache, sondern auch die negative Seite derselben. Dieselbe Tatsache kann eben auch nicht sein. Eine solche Tatsache, bei der die Möglichkeit des Nichtbestehens mitgedacht wird, nennt Hegel die „*Zufälligkeit*"[164]. Da Ursache eines Hausbrandes z.B. unterschiedlich sein kann, ist der Grund des Hausbrandes z.B. „elektrischer Kurzschluss und brennbares Material" zufällig.[165] Der Hausbrand kann z.B. auch durch Blitz verursacht werden. Der Grund des Zufälligen ist m.a.W. eben grundlos.

> Das Zufällige ist ein Wirkliches, das zugleich nur als möglich bestimmt, dessen Anderes oder Gegenteil ebensosehr ist. Diese Wirklichkeit ist daher bloßes Sein oder Existenz, aber in seiner Wahrheit gesetzt, den Wert eines Gesetztseins oder der Möglichkeit zu haben.[166]

Als der systematische Nachfolger der formellen Wirklichkeit (Unmittelbarkeit) und der formellen Möglichkeit (reflektierte Unmittelbarkeit) hat das Zufällige zwei Seiten. Ein Zufälliges ist zuerst nur ein Unmittelbares, und als das isolierte Unmittelbare (formelle Wirklichkeit) ist es eine abstrakte Identität, die auch das formelle Mögliche ist. Das Zufällige als das formelle Mögliche führt ferner zum Unmöglichen, weil das formelle Mögliche *qua* das Unrealisierbare einen Widerspruch enthält. Die Negation des Möglichen als die doppelte Negation bringt aber wieder das neue Wirkliche oder das Zufällige hervor. Auf diese Weise läuft das Zufällige den vorhergehenden Prozess zwischen formeller Wirklichkeit und Möglichkeit erneut durch. „Diese *absolute Unruhe des Werdens* dieser beyden Bestimmungen ist die Zufälligkeit".[167]

Durch die Reflexion wird das Wirkliche nicht mehr als das Selbstgenügende, sondern als das von seinem Fremden *qua* seinem Grund Abhängige angesehen.

---

164 GW 11: 383.
165 Vgl. J. Mackies Theoriemuster „INUS" für die Regularitätstheorie der Kausalität.
166 GW 11: 383f.
167 GW 11: 384.

Wegen dieser Abhängigkeit ist das Vorhandene nicht notwendig, sondern zufällig. Sobald die Wirklichkeit der unrealisierbaren Möglichkeit (formelle Möglichkeit) wegen ihrer bloß formellen Denkbarkeit (Satz der Identität) negiert wird, erhält das Wirkliche durch diese Negation seiner grundlosen Beziehung des Grundes die *Notwendigkeit* seiner Existenz. Unter so vielen möglichen Sachverhalten wird nur dieser wirklich. Bloß durch ihre Existenz schlägt dieses Wirkliche die anderen, unrealisierbaren Möglichen nieder.

> Das Notwendige ist ein *Wirkliches*; so ist es als Unmittelbares, *Grundloses*; es hat aber ebensosehr seine Wirklichkeit *durch ein Anderes* oder in seinem Grunde, aber ist zugleich das Gesetztsein dieses Grundes und die Reflexion desselben in sich; die Möglichkeit des Notwendigen ist eine aufgehobene. Das Zufällige ist also notwendig, darum weil das Wirkliche als Mögliches bestimmt, damit seine Unmittelbarkeit aufgehoben und in *Grund* oder *Ansichsein* und in *Begründetes* abgestoßen ist, als auch weil diese seine *Möglichkeit*, die *Grundbeziehung*, schlechthin aufgehoben und als Sein gesetzt ist. Das Notwendige *ist*, und dieses Seiende ist selbst das *Notwendige*.

Die Entwicklung der formellen Wirklichkeit, Möglichkeit sowie Notwendigkeit wiederholt bei näherer Betrachtung den Prozess des formellen Grundes zum realen Grund. Da das Notwendige sich nun als die identische Einheit der Wirklichkeit und Möglichkeit erwiesen hat, ist es als diese Selbstidentität auch ein Wirkliches und zwar ein reales Wirkliches, kein formelles Wirkliches mehr, weil es keine von der Möglichkeit unabhängige, formelle Wirklichkeit (abstrakte Identität) gibt, sondern weil das Notwendige den Formunterschied der Wirklichkeit und Möglichkeit enthält. In diesem realen Wirklichen sind jene beide Formen (Wirklichkeit und Möglichkeit) gleichgültig geworden. Beide sind nur Formunterschiede und teilen einen und denselben Inhalt, so erfüllt die reale Wirklichkeit die Struktur der Verschiedenheit wie der reale Grund. Das reale Wirkliche unterscheidet sich von der Existenz (dem Ding) und der Erscheinung dadurch, dass es nicht durch seinen Fremdbezug in andere übergeht, sondern sich in seinen Fremdbezügen erhält. Solche Fremdbezüge sind lediglich seine Manifestationen, die seine Wirkungen auf andere Dinge sind.

> Was wirklich ist, *kann wirken*; seine Wirklichkeit gibt Etwas kund *durch das, was es hervorbringt*. Sein Verhalten zu anderem ist die Manifestation *seiner*, weder ein Übergehen, so bezieht das seiende Etwas sich auf anderes, – noch ein Erscheinen, so ist das Ding nur im Verhältnis zu anderen, ist ein Selbständiges, das aber seine Reflexion-in-sich, seine bestimmte Wesentlichkeit, in einem anderen Selbständigen hat.[168]

---

168 GW 11: 385.

2.3 DIE WIRKLICHKEIT

Seine Fremdbezüge sind seine Umstände. Die Selbstidentität des realen Wirklichen wird eben durch solche Fremdbezüge *qua* seine Umstände gebildet. Wie das Verhältnis des formellen Wirklichen zum formellen Möglichen bietet das reale Wirkliche die Grundlage für das reale Mögliche, weil eben solche Umstände *qua* reale Bedingungen die Realität des Wirklichen ermöglichen. „Die reale Möglichkeit einer Sache ist daher die daseyende Mannichfaltigkeit von Umständen, die sich auf sie beziehen."[169]

Die reale Möglichkeit ist nicht wie die formelle Möglichkeit nur eine formelle logische Bedingung (Satz des Widerspruchs), sondern die verschiedenen realen Bedingungen und Umstände einer Sache sind sie, weil die reale Möglichkeit jetzt auch die reale Wirklichkeit ist. Will man bspw. ein Haus bauen, so hängt die Realisierung eines solchen Vorhabens von zahlreichen Faktoren ab: der Architektonik, dem Baustoff, der Arbeitskraft usw. Solche Bedingungen und Umstände konstituieren die reale Möglichkeit des Hauses. Sie weisen auf das Haus hin. Sobald alle Bedingungen erfüllt sind, ist das Haus nicht mehr nur möglich, sondern auch wirklich. Mit Hegel: „Wenn alle Bedingungen einer Sache vollständig vorhanden sind, so tritt sie in Wirklichkeit".[170] Durch diesen Prozess wird das reale Mögliche wieder ins reale Wirkliche verwandelt, und das neue Wirkliche fungiert wieder als neue reale Möglichkeit und weist daher auf das andere Wirkliche hin, sodass ein neuer, zirkulärer Prozess entsteht.

Diesen Prozess, der von einer Möglichkeit zur Wirklichkeit und wieder zurückführt, nennt Hegel den „der sich selbst aufhebenden realen Möglichkeit".[171] Sofern das reale Mögliche die Grundlage für das reale Wirklichen bietet, enthält es das reale Wirkliche. Das reale Wirkliche kann daher als die Manifestation oder Verwirklichung des realen Möglichen angesehen werden. Beide teilen einen Inhalt, der den Formunterschied jedoch einschließt. Wie Aristoteles' Konzeption von Potentialität und Wirklichkeit, so fungiert auch bei Hegel das reale Mögliche als Potentialität und das reale Wirkliche als Wirklichkeit. Das reale Mögliche *qua* mögliche Bedingungen eines Dinges bestimmt das reale Wirkliche. Bezüglich dieser bestimmten Möglichkeit ist das reale Wirkliche auch notwendig, weil dieses Wirkliche nichts anderes als seine möglichen Bedingungen sein kann.

> Was notwendig ist, kann *nicht anders* sein; aber wohl, was überhaupt *möglich* ist; denn die Möglichkeit ist das Ansichsein, das nur Gesetztsein und daher wesentlich Anderssein ist. Die formelle Möglichkeit ist diese Identität als Übergehen in schlechthin Anderes; die reale aber, weil sie das andere Moment, die Wirklichkeit, an ihr hat, ist schon selbst die Notwendigkeit. Was daher real möglich ist,

---

169 GW 11: 386.
170 GW 11: 387.
171 GW 11: 387.

das kann nicht mehr anders sein; unter diesen Bedingungen und Umständen kann nicht etwas anderes erfolgen. Reale Möglichkeit und die Notwendigkeit sind daher nur *scheinbar* unterschieden; diese ist eine *Identität*, die nicht erst *wird*, sondern schon *vorausgesetzt* ist und zugrunde liegt. Die reale Notwendigkeit ist daher *inhaltsvolle* Beziehung; denn der Inhalt ist jene ansichseiende Identität, die gegen die Formunterschiede gleichgültig ist.[172]

Die reale Notwendigkeit unterscheidet sich von der formellen dadurch, dass die formelle Notwendigkeit in einem gegenseitigen Übergehen zwischen der formellen Wirklichkeit und der formellen Möglichkeit besteht, wohingegen die reale Notwendigkeit nicht im Übergehen, sondern im *„Zusammengehen mit sich selbst"*[173] besteht, weil die reale Möglichkeit (*qua* Bedingung der Entstehung eines Dinges) die reale Wirklichkeit einschließt. Wie das Beispiel des Hauses gezeigt hat, implizieren Baustoff, Arbeitskraft usw. *qua* reale Bedingungen das Haus. Sind die Bedingungen vollständig, ist die Sache notwendig vorhanden. Man könnte allerdings auch argumentieren, dass das reale Notwendige *qua* Resultat eines vorhergehenden Umstandes auch von diesem Umstand abhängig und deshalb „ein *Zufälliges*" ist.[174] Denn falls dieser Umstand *qua* Bedingung nicht vorhanden wäre, würde das Bedingte nicht notwendig eintreten.

Diese Bestimmung der Zufälligkeit der Notwendigkeit besteht bei näherem Betrachten im Wechsel der Wirklichkeit und Möglichkeit. Ein Umstand ist sowohl isoliert betrachtet (Reflexion-in-sich) ein Unmittelbares (das Wirkliche) als auch im Hinblick auf seine Bedingung (Reflexion-in-Anderes) ein reflektiertes Unmittelbares (das Mögliche). Beide Bestimmungen wechseln einander ab.[175] So ist das reale Notwendige *qua* Ergebnis (das Wirkliche) einer Bedingung bezüglich der Faktizität notwendig, aber bezüglich der kontrafaktischen Reflexion auf jene Bedingung (das Mögliche) auch zufällig. Durch diese Reflexion der Irrealität wird die Notwendigkeit des Realen relativiert.

In diesem wiederholten Reflexionsvorgang ist das Setzen eines Fremden absolut notwendig für den Beginn eines jeden Ereignisses, sei es zwischen der Wirklichkeit und Möglichkeit oder zwischen der Zufälligkeit und Notwendigkeit. Ob nun Wirklichkeit und Möglichkeit oder Zufälligkeit und Notwendigkeit, beide Begriffspaare der Reflexion konstituieren das Unmittelbare. Im Unmittelbaren werden solche Begriffspaare vereinigt. Das Unmittelbare *qua*

---

172 GW 11: 388.
173 GW 11: 387.
174 GW 11: 389.
175 Hegel spricht von „*Umschlagen*" (GW 11: 390).

bloßes Faktum ist die absolute Notwendigkeit, die sich nur durch sich vermittelt. Es ist ein Zufälliges, das dennoch absolut notwendig ist.

> Die absolute Notwendigkeit ist also die Wahrheit, in welche Wirklichkeit und Möglichkeit überhaupt sowie die formelle und reale Notwendigkeit zurückgeht. – Sie ist, wie sich ergeben hat, das Sein, das in seiner Negation, im Wesen, sich auf sich bezieht und Sein ist. Sie ist ebensosehr einfache Unmittelbarkeit oder *reines Sein* als einfache Reflexion-in-sich oder *reines Wesen*; sie ist dies, daß dieses beides ein und dasselbe ist. – Das schlechthin Notwendige *ist* nur, weil es *ist*; es hat sonst keine Bedingung noch Grund. – Es ist aber ebenso reines *Wesen*, sein *Sein* ist die einfache Reflexion-in-sich; es ist, *weil* es ist. Als Reflexion hat es Grund und Bedingung, aber es hat nur *sich* zum Grunde und Bedingung. Es ist Ansichsein, aber sein Ansichsein ist seine Unmittelbarkeit, seine Möglichkeit ist seine Wirklichkeit. – Es *ist also, weil es ist*; als das *Zusammengehen* des Seyns mit sich, ist es Wesen; aber weil diß Einfache eben so die unmittelbare Einfachheit ist, ist es *Seyn*.[176]

Dies einfache Sein wird von Hegel auch mit dem antiken Schicksal verglichen.[177] Das antike Schicksal, exemplifiziert in den griechischen Tragödien, ist zwar ganz zufällig und manchmal sogar willkürlich, sodass z.B. Ödipus den Grund des Schicksals nicht kennt oder versteht. Dennoch ist dieses Schicksal notwendig bzw. zwangsläufig, und alle Versuche, dieses Schicksal zu ändern, scheitern.

Solange das Umschlagen oder der Wechsel zwischen unterschiedlichen Begriffspaaren (Wirklichkeit und Möglichkeit, Notwendigkeit und Zufälligkeit) nicht als Variante oder Resultat eines und desselben Inhaltes angesehen wird, bleibt dieser Umschlag das, was er ist, nämlich ein Umschlag, d.h. ein Übergehen von einem Ereignis zu einem anderen , den Hegel als einen „*blinde*[*n*] Übergang im Andersseyn"[178] bezeichnet. Die Andersheit wird noch nicht als eigenes Erzeugnis anerkannt. In diesem Sinne ist dieser Umschlag noch eine blinde Notwendigkeit. In OL ist lediglich gesetzt, dass die Notwendigkeit konstant in ein ihr Fremdes übergehen muss, ohne dass dabei dessen Grund erkannt wird. Deswegen erscheint diese absolute Notwendigkeit zuerst als zufällig. Indem dieser Umschlag aber als die Selbstexpression der absoluten Notwendigkeit erwiesen wird, ist er als die „*Identität des Seins* in seiner Negation *mit sich selbst*", nicht mehr blind, sondern die „*eigene Auslegung* des Absoluten, die Bewegung desselben in sich, welches in seiner Entäußerung vielmehr sich selbst zeigt."[179] Das Sein ist selbst das absolute Notwendige. Jener Umschlag

---

176 GW 11: 391.
177 Vgl. TW 8: 290 (Enz.³1830, §147 Z).
178 GW 11: 392.
179 GW 11: 392.

zwischen verschiedenen Begriffspaaren ist nur die Selbstexpression des Seins. Ein solches, absolut notwendiges Sein nennt Hegel Substanz und die Selbstexpression des Seins ist die Substantialität. Sie ist die neue Folgebestimmung des Essentialismus, eine erweitere Version des Absoluten, weil die Modalität jetzt als die wahrhafte Entäußerung des einzigen Seins anerkannt wird.

$L_{\text{Das absolute Verhältnis}}$ (die gesetzte Wirklichkeit) =
absolute Einheit der Unmittelbarkeit und Vermittlung

Mit Blick auf die spekulative Methode ist der Übergang von Wirklichkeit zum absoluten Verhältnis wie folgt zusammenzufassen. Das verständige Moment hält zuerst an der Wirklichkeit *qua* Selbstidentität fest. Dem dialektischen Moment kann aber die Wirklichkeit im Sinne des Vorhandenseins auch anders sein. Das verständige Moment unterscheidet dann die Wirklichkeit als Vorhandensein von ihrer Möglichkeit. Der Unterschied wird vom dialektischen Moment dadurch infrage gestellt, dass die Möglichkeit wegen ihres formellen Kriteriums auch Selbstidentität ist. Wird die Wirklichkeit mit Möglichkeit vom verständigen Moment ins Verhältnis gesetzt, erweist das dialektische Moment die Identifikation als unhaltbar, weil die formelle Möglichkeit wegen ihrer Abstraktion von den realen Bedingungen sich selbst widerspricht, also unmöglich ist. Kehrt aber das verständige Moment zur anfänglichen Auffassung der Wirklichkeit als bloß Selbstidentität zurück, wird es vom dialektischen Moment erinnert, dass jene Wirklichkeit wegen ihrer formellen Möglichkeit vielmehr ein Zufälliges ist. Der Prozess, der beim formellen Wirklichen beginnt und über das formelle Mögliche bis zum formellen Zufälligen fortschreitet, wird dann vom spekulativen Moment expliziert, indem gezeigt wird, dass das Zufällige aufgrund der Negation der formellen Möglichkeit durch seine unveränderbare Existenz vielmehr ein Notwendiges ist.

Das verständige Moment korrigiert in der Folge das formelle Wirkliche zum realen Wirklichen, das allein bezüglich seiner Realität notwendig ist. Das dialektische Moment weist dann wieder darauf hin, dass ein reales Wirkliches bezüglich seiner Bedingung zur Realität auch ein reales Mögliches ist. Wenn eine Bedingung fehlt, kann das reale Wirkliche auch nicht zum Vorschein kommen. Ein solches Wirkliches ist vielmehr ein reales Zufälliges. Dem verständigen Moment ‚hilft' das spekulative Moment wieder, indem darauf hingewiesen wird, dass im Prozess, der beim realen Wirklichen ansetzt und über das reale Mögliche bis zum realen Zufälligen fortschreitet, das reale Mögliche die Notwendigkeit der Entstehung des realen Wirklichen mit sich bringt. Kurzum: Wenn die Möglichkeit real ist, muss der entsprechende Sachverhalt vorhanden sein. Das verständige Moment übernimmt das notwendige Wirkliche und bezeichnet es mit „Substanz".

2.3.3   Das absolute Verhältnis

Wie beim Gedanken der absoluten Indifferenz am Ende der Seinslehre, so ist im absoluten Verhältnis das Ende der Wesenslehre erreicht. Da sie absolute Verhältnisse sind, ist dieses Kapitel eine höherstufige Rückkehr zum vorhergehenden wesentlichen Verhältnis.[180] Wie das wesentliche Verhältnis die Einheit zwischen Erscheinungs- und Gesetzeswelt ist, ist das absolute Verhältnis die Einheit zwischen Sein (Unmittelbarkeit) und Wesen (Vermittlung). Die Substanz ist zwar bezüglich ihrer Unmittelbarkeit ein Sein, aber wegen ihrer Reflexivität oder Vermittlung auch ein absolut notwendiges Sein.

> Die absolute Notwendigkeit ist absolutes Verhältnis, weil sie nicht das *Sein* als solches ist, sondern das *Sein*, das ist, weil es ist, das *Sein* als die absolute Vermittlung seiner mit sich selbst. Dieses Sein ist die *Substanz*; als die letzte Einheit des Wesens und Seins ist sie das Sein in allem Sein: weder das unreflektierte Unmittelbare noch auch ein abstraktes, hinter der Existenz und Erscheinung stehendes, sondern die unmittelbare Wirklichkeit selbst, und diese als absolutes Reflektiertsein in sich, als an und fürsichseiendes *Bestehen*.[181]

Da die Hegelsche Substanz *qua* Folgebestimmung des Absoluten das Pendant der Spinozistischen Substanz ist, ist sie *qua* absolute Substanz von relativen Substanzen unterschieden. Die relativen oder üblichen Substanzen sind Dinge mit Eigenschaften. Während Dinge als Existenzen wesentlich in physikalischen und chemischen Materien in Erscheinung treten, bleibt die absolute Substanz trotz Veränderung (Negativität) ihrer Akzidenzen mit sich identisch. Zuerst verhält sich die Substanz *qua* abstrakte Identität (Notwendigkeit) negativ gegen ihre veränderlichen Akzidenzen (Zufälligkeit) *qua* Unterschiede. Alle Denkbestimmungen der Seins- und Wesenslehre sind Akzidenzen der einzigen Substanz. Obwohl solche Denkbestimmungen *qua* Akzidenzen immer in einander übergehen, bleibt die Substanz *qua* absolut notwendige Grundlage unverändert. Die Auflösung der Akzidenzen konstatiert die absolute Negativität der Substanz.

> Die Bewegung der Accidentalität stellt daher an jedem ihrer Momente das Scheinen der *Kategorien* des Seyns und der *Reflexionsbestimmungen* des Wesens in einander dar.[182]

Die Akzidenzen sind Manifestationen der absoluten Substanz oder die „scheinende Totalität".[183] Die Negativität macht die Natur der Akzidentalität

---

180 Vgl. GW 23,1: 108ff.
181 GW 11: 394.
182 GW 11: 394.
183 GW 11: 394.

(unterschiedliche Formen) aus und ist „die *Actuosität* der Substanz".[184] Die Substanz entäußert sich durch ihre Negation der Akzidenzen. Oder anders gesagt: Die Akzidenzen gehen zwar durch ihre Negativität in einander über, aber das Übergehen *qua* Prozessualität bleibt im Vorgang mit sich identisch. Diese Selbstidentität des Werdens ist die Substanz im Gegensatz zu jenen Vergänglichen, die die Selbstexpression der Substanz sind.

Als diese Identität scheint die Substanz nur eine statische Grundlage der Akzidenzen zu sein, weil die absolute Substanz sich nur durch jene passive, negative und auf sich gerichtete Rückführung ihrer Akzidenzen manifestiert. Mit dieser Passivität kritisiert Hegel Jacobi folgend die Spinozistische Substanz als nur „die *absolute Macht*",[185] die von der Blindheit noch nicht befreit ist. Alles Wirkliche *qua* Akzidenzen geht in die Substanz zurück; wie aber Jacobi bemerkt, kann das Wirkliche nicht wieder herauskommen, solange man an der Differenz zwischen Endlichkeit und Unendlichkeit festhält.

> Der Schein oder die Accidentalität ist *an sich* wohl Substanz durch die Macht, aber er ist nicht so *gesetzt* als dieser mit sich identische Schein; so hat die Substanz nur die Accidentalität zu ihrer Gestalt oder Gesetztsein, nicht sich selbst; ist nicht Substanz *als* Substanz.[186]

In diesem Sinne ist die Akzidenz nur Verschwindendes, das kein selbstständiges Bestehen hat. Die Akzidenzen werden als absolute Unterschiedene von der Substanz bestimmt. Sie werden als Beilagen der Substanz angesehen, oder, wie Hegel es formuliert: Der Spinozistischen Substanz mangelt es noch am Prinzip der Endlichkeit. Da diese Substanz als die absolute Negativität die endlichen Dinge nur negiert und nicht anerkennt, ist sie statt einem Atheismus, eher ein „*Akosmismus*".[187] Die Spinozistische Substanz ist nur die positive Identität und keine negative. Sie erhält ihre Identität nur durch ihre äußerliche, auf endliche Dinge ausübende Negativität, die nicht von den endlichen Dingen selbst ausgeübt wird.

In der Tat ist diese Substanz nur das Resultat der Reflexion-in-sich, die nach wie vor an der abstrakten Selbstidentität festhält. Genau durch diese abstrakte Identität schließt sie ihre Akzidenzen von sich aus und unterscheidet sich von denselben. Indem die Substanz *qua* abstrakte Identität sich von ihren Akzidenzen *unterscheidet*, nimmt sie bezüglich der Selbstreflexivität den Unterschied wieder auf. Sie ist daher keine abstrakte Identität, sondern die

---

184 GW 11: 394.
185 GW 11: 395.
186 GW 11: 396.
187 TW 8: 296 (Enz.³1830, §151 Z).

den Unterschied enthaltende Identität. Die Akzidenzen sind in diesem Sinne nicht zufällig, sondern eigene Manifestationen der Substanz. Sie teilen mit der Substanz die absolute Negativität und haben deshalb einen Inhalt. Ein solches Verhältnis, das die Akzidenzen nicht mehr als zufällige Beilagen, sondern als Resultat eigener Entäußerung oder Wirkung bestimmt, nennt Hegel „Causalitätsverhältniß"[188].

In der Kausalität wird die Akzidenz als die Wirkung der Substanz und die Substanz dementsprechend als die Ursache bestimmt. Die Ursache ist bezüglich des Essentialismus die verborgene Realität der Wirkung. Wie die Substanz gegenüber der Akzidenz, so steht die Ursache auch zuerst der Wirkung gegenüber. Aber die Ursache kann nur sein, nachdem sie sich in ihrer Wirkung manifestiert hat, weil ohne entsprechende Wirkung etwas nicht als Ursache bezeichnet werden kann. Die Ursache muss also in ihrer Wirkung verwirklicht gedacht werden. Im Gegensatz zur Substanz wird die Ursache hinsichtlich des einen Inhalts vollständig in ihre Wirkung übersetzt. Zum Beispiel ist der Regen die Ursache der Nässe. Regen und Nässe teilen denselben Inhalt, nämlich Wasser. So nennt Hegel den unveränderten Inhalt im folgenden Zitat „die *wirkliche* Substanz".

> Sie ist die *wirkliche* Substanz, weil die Substanz als Macht sich selbst bestimmt; aber ist zugleich Ursache, weil sie diese Bestimmtheit auslegt oder als Gesetztsein setzt; so setzt sie ihre Wirklichkeit als das Gesetztsein oder als die Wirkung.[189]

Ursache und Wirkung sind identisch. Wenn die Ursache vergeht, verschwindet auch die Wirkung. In unserem Beispiel kann die Nässe von dem Regen inhaltlich nicht unterschieden werden. Das Wasser bleibt als Medium in beiden entgegengesetzten Bestimmungen identisch. Als Identität verliert die Kausalität ihren Formunterschied.

Wenn die Bestimmungen der Ursache und der Wirkung wegen ihrer Identität gleichgültig gegeneinander sind, ist die Kausalität auch eine formelle Kausalität, durch welche die äußerliche Reflexion wiederum eintritt. Da die beiden entgegengesetzten Bestimmungen der Kausalität denselben Inhalt teilen, ist dieser Formunterschied bloß eine äußerliche Bestimmung, die von einem dritten je nach verschiedenen Ereignissen als Perspektiven auseinandergehalten werden können. Diese Form der äußerlichen Beurteilung ist die mechanische Erklärung der Kausalität. Wie am Beispiel des Regens deutlich zu machen versucht wurde, trat dasselbe Wasser (der Regen) am Anfang

---

188 GW 11: 396.
189 GW 11: 397f.

als Ursache und dann als Wirkung, aber mit einer anderen Gestalt (Nässe) in Erscheinung. Im Beispiel bleibt das Wasser in diesem Prozess identisch und wird nur durch eine äußerliche Unterscheidung des Ereignisses differenziert.[190] Indem die formelle Kausalität äußerlich geworden ist, verliert sie zugleich ihre kausale Bestimmung. Was übrigbleibt, ist nur eine unmittelbare Tatsache oder Wirklichkeit, die selbst nur möglich oder zufällig ist.

Die äußerlich dritte Perspektive bringt aber nach wie vor Probleme mit sich. Indem derselben Tatsache kausale Bestimmungen gleichgültig sind, können beide Bestimmungen miteinander vertauscht werden. Je nach Verschiedenheit der äußeren Aspekte ist eine Ursache zugleich auch eine Wirkung. Der Regen ist z.B. nicht nur die Ursache der Feuchtigkeit, sondern auch die Wirkung der Kondensation des Wasserdampfs. Umgekehrt gilt dies auch für die Wirkung. „Daher hat zwar die Ursache eine Wirkung, und *ist zugleich selbst Wirkung*; und die Wirkung hat nicht nur eine Ursache, sondern *ist auch selbst Ursache*".[191] Wird Etwas als Ursache gesetzt, verliert es wegen seiner potentiellen Rolle der Wirkung zugleich seine Bestimmung als Ursache. Setzt diese sich als Wirkung, erweist sie sich zugleich als Ursache, ist mithin selbstreaktiv.

Die Abwechslung von Ursache und Wirkung, die eine Kausalitätskette in Gang setzt, erscheint zuerst als ein schlechter, also linearer Progress. Eine Ursache führt zu einer Wirkung, die bezüglich ihrer Rolle bei einem anderen Ereignis auch eine Ursache sein kann und somit zu einer anderen Wirkung führen kann. Jede Ursache kommt daher nur als aktive Substanz oder Entität vor, die die wirkende Kausalität ist; andererseits ist jede Wirkung auch eine passive Entität. Es darf also nicht verwundern, wenn sich dieser lineare Progress der Kausalität im Fortgang zum „absoluten Widerspruch"[192] zuspitzt. Je nach verschiedenen, äußeren Perspektiven ist dieselbe Tatsache in einem Ereignis als Ursache unmittelbar (ursprünglich) und aktiv, in einem anderen Ereignis jedoch als Wirkung (nachträglich) passiv. Die äußerlich mechanische Erklärung widerspricht sich auf diese Weise und wird negiert. Somit steht die Identität der Ursache und Wirkung nicht mehr der äußerlichen Reflexion gegenüber.

Der Unterschied von Ursache und Wirkung liegt weder in einer dritten Perspektive noch in einem anderen Ereignis, sondern liegt in ihrer Identität selbst begründet. Das Setzen der Ursache ist zugleich das Voraussetzen ihrer

---

190   Vgl. GW 11: 399.
191   GW 11: 404.
192   GW 11: 408.

2.3 DIE WIRKLICHKEIT

Rückkehr zu sich. Ihre Wirkung ist ihre Selbstreaktion auf sich. Dies nennt Hegel „*Wechselwirken*"[193].

> Die passive Substanz wird also einerseits durch die active *erhalten* oder *gesetzt*, nemlich insofern diese sich selbst zur aufgehobenen macht; – andererseits aber ist es *das Thun des Passiven* selbst mit sich zusammenzugehen, und somit sich zum Ursprünglichen und zur *Ursache* zu machen. Das *Gesetztwerden* durch ein anderes und das eigene *Werden* ist ein und dasselbe.[194]

Da die passive Entität auch auf die aktive Entität reagieren kann, ist sie auch aktiv, und das Verhältnis zwischen ihnen ist nicht mehr einseitig, sondern wechselseitig, also eine *Wechselwirkung*. Mit der Wechselwirkung beginnt die Erschütterung der ungleichgewichtigen Struktur des Essentialismus, worin das Wesen eine Priorität vor dem Sein hat.

Am Anfang scheint die Wechselwirkung noch einen innerlichen Unterschied zwischen der Gegenwirkung und der Wirkung zu haben und somit auch „*Zusammenhang* und *Beziehung*",[195] also eine Verbindung zwischen beiden Sachverhalten zu sein. Da beide Seiten des Unterschiedes als wechselseitig erwiesen werden, trügt dieser Eindruck: Die Gegenwirkung ist durch ihre eigene Reaktion auf sich eine Wirkung und die Wirkung in demselben Sinne auch direkt eine Gegenwirkung. Damit ist der Unterschied der beiden keine Verbindung, sondern jede ist nur ein Moment oder der Schein einer einzigen Identität.

In der Kausalität haben wir zwei Sachverhalte (Ursache und Wirkung), die die zwei Extreme der Notwendigkeit der Kausalität ausmachen. Der zweite folgt dem ersten also notwendig. Isoliert betrachtet ist der erste Sachverhalt als der Anfang ein Unmittelbares. Wird der Erste gegeben, folgt der Zweite notwendig. Die notwendige Relation der beiden Sachverhalte bleibt aber *per se* verborgen. Ein solches Ereignis, das aus diesen zwei Sachverhalten besteht, ist angesichts der verborgenen Notwendigkeit nur ein Geschehen und eine Zufälligkeit. Bekannt ist nur, dass es eine solche notwendige Verbindung gibt, ohne aber den Grund dafür zu kennen. Obwohl bezüglich der Abfolge der Ereignisse die Wirkung des ersten Ereignisses mit der Ursache des folgenden Ereignisses ausgetauscht werden kann, hängt dieser Wechsel und die durch ihn aufgewiesene Identität der Ursache und Wirkung nur von einer äußerlichen Perspektive (Vergleichung verschiedener Ereignisse) ab. Die Ursache in

---

193 GW 11: 407.
194 GW 11: 406.
195 GW 11: 408.

einem Ereignis kann im Vergleich zu einem anderen Ereignis Wirkung sein. Die Identität der Ursache und Wirkung ist daher nur äußerlich.

Im Gegensatz dazu ist die Identität der Ursache und Wirkung in der Wechselwirkung aber nicht mehr äußerlich. Die Äußerlichkeit wird durch die Gegenwirkung negiert, weil die Identität beider nicht von einem Dritten, sondern durch beide selbst erzeugt wird. Im Hinblick auf die Wechselseitigkeit erhält der erste Sachverhalt seine Bestimmung als Ausgangspunkt oder seine Unmittelbarkeit. Der Anfang der Wirkung (des ersten Sachverhaltes) ist m.a.W. das Resultat der Reaktion der Gegenwirkung. Damit überhaupt von einer Gegenwirkung gesprochen werden kann, muss es zuerst eine Wirkung geben, durch die die Gegenwirkung ausgelöst wird. Umgekehrt ist die Gegenwirkung (der zweite Sachverhalt) nichts anderes als das durch die Wirkung hervorgebrachte Gesetzte. Die Unmittelbarkeit ist also der Schein der Vermittlung und von derselben gesetzt.

Auf diese Weise wird die Notwendigkeit des Wechsels zwischen zwei Unterschiedenen (sei es Substanz und Akzidenz oder Ursache und Wirkung) erst vollständig in der Wechselwirkung expliziert, die Hegel zufolge *Freiheit* wird, indem die verborgene Identität transparent wird.[196] Die zwei Sachverhalte sind nicht mehr selbstständig, sondern voneinander abhängig und machen eine identische Einheit aus. Es geht nicht mehr um eine Beziehung zwischen zwei unabhängigen oder zufälligen Sachverhalten, sondern um eine Einheit der zwei untergeordneten Momente, deren Struktur Hegel den Begriff *qua* Begreifen nennt. Die zwei Sachverhalte *qua* Extreme und ihre Einheit gehören zu einer totalen Reflexion. Das durch den Essentialismus vorgestellte Konzept der Realität, bei dem die Reflexion zwischen zwei selbstständigen Entitäten – einem äußerlichen Gegebenen und dessen verborgenem Grund – besteht, passt nicht zu dieser transparenten, zirkulären Reflexion, die Hegel „Begreifen"[197] nennt und die sich auf kein Fremdes, sondern bloß auf sich bezieht. Die Konzeption des Begriffs muss daher die Konzeption der Reflexion ersetzen. Mit diesem Austausch wird der Essentialismus aufgehoben, weil er immer ein fremdes Gegebenes voraussetzt.

Ausgehend von diesem Wechsel modifiziert Hegel sein Konzept der Reflexion, indem er es auf den Begriff überführt, der darin besteht, dass das Unmittelbare *qua* abstrakte Identität (Sein) zum allgemeinen Moment und die durch die abstrakte Identität auslösende Negativität (Wesen) zum besonderen Moment sowie die konkrete Identität der beiden (Begriff) zum einzelnen Moment wird.

---

196 GW 11: 409.
197 GW 12: 18.

> Unmittelbar aber, weil das *Allgemeine* nur identisch mit sich ist, indem es die *Bestimmtheit* als *aufgehoben* in sich enthält, also das Negative als Negatives ist, – ist es *dieselbe Negativität*, welche die *Einzelnheit* ist; – und die Einzelnheit, weil sie ebenso das bestimmte Bestimmte, das Negative als Negatives ist, ist sie unmittelbar *dieselbe Identität*, welche die *Allgemeinheit* ist. Diese ihre *einfache* Identität ist die *Besonderheit*, welche vom Einzelnen das Moment der *Bestimmtheit*, vom Allgemeinen das Moment der *Reflexion-in-sich* in unmittelbarer Einheit enthält. Diese drei Totalitäten sind daher Eine und dieselbe Reflexion, welche als *negative Beziehung auf sich* in jene beiden sich unterscheidet, aber als in einen *vollkommen durchsichtigen Unterschied*, nämlich in die *bestimmte Einfachheit* oder in die *einfache Bestimmtheit*, welche ihre Eine und dieselbe Identität ist. – Dies ist der *Begriff*, das Reich der *Subjektivität* oder der *Freiheit*.[198]

Bezüglich dieser Aufhebung des Essentialismus wird die ganze Aufhebung des Realismus zu Ende geführt. Dem Realismus zufolge setzt die vormalige Metaphysik immer das fremde Gegebene *qua* das Vorgefundene dem erkennenden Denken voraus, sei es das sinnliche Gegebene oder das intellektuelle Gegebene. Beispiele des sinnlichen Gegeben sind Qualia. Beispiele des intellektuellen Gegeben sind Platonische Ideen. Angesichts des Unterschiedes zwischen zwei Arten der Gegebenheit kann der Realismus weiter in den direkten und indirekten Realismus eingeteilt werden. Dem direkten Realismus zufolge machen bspw. Qualia oder mathematische Entitäten wie Zahlen die vorgefundene Realität aus. Da das naive Denken an dieser Gewissheit der Sinnlichkeit nicht zweifelt, kann der direkte Realismus auch als „naiver Realismus" bezeichnet werden.

Hingegen vertritt die intellektuelle Gegebenheit den indirekten Realismus oder den Essentialismus, dem zufolge nicht die direkte sinnliche Gegebenheit, sondern das hinter ihr stehende Wesen allein die wahrhafte Realität konstituiert. Das Sinnliche ist nur Meinung. Im Platonischen Essentialismus wird z.B. das abstrakte Weiße zum Wesen aller weißen Dinge bestimmt. Im szientifischen Realismus bezeichnet z.B. die chemische Struktur H_2O das Wesen des Wassers. Während Hegel in der Seinslehre den direkten Realismus aufhebt, kritisiert er in der Wesenslehre den Essentialismus. Durch die ganze objektive Logik erfüllt Hegel seine ihm selbst in der Einleitung zur *Wissenschaft der Logik* aufgetragene Aufgabe: die objektive Logik ist „die wahrhafte Kritik"[199] an der vormaligen Metaphysik.

Nach wie vor führt die Aufhebung der vormaligen Metaphysik bei Hegel aber nicht auf einen Nullpunkt, sondern zu einem neuen Standpunkt, nämlich dem Begriff oder dem subjektiven Idealismus. Wegen der Befreiung von

---

198 GW 11: 409.
199 GW 21: 51.

fremden Gegebenheiten erhält OL endlich *als Denken* seinen wahrhaften Anfang, nämlich als Begriff. „Die *objective Logik*, welche das *Seyn* und *Wesen* betrachtet, macht daher eigentlich die *genetische Exposition des Begriffs* aus."[200] In der Begriffslehre nimmt das Denken die Realität nicht einfach als Vorgefundenes auf, sondern eignet sich den gegebenen Stoff an. Die Realität ist also nicht einfach *qua* Fertiges dem Denken gegeben, sondern wird durch das Denken rekonstruiert. Das Denken besitzt daher bezüglich seiner Aneignung der Realität den Vorrang gegenüber der Gegebenheit.

> L$_{Der\ Begriff}$ (die gesetzte Einheit des Seins und Wesens) = vermittelte Unmittelbarkeit

Mit Rücksicht und Verweis auf die spekulative Methode lässt sich der Übergang vom absoluten Verhältnis zum Begriff wie folgt zusammenfassen. Das verständige Moment hält zuerst an der Substanz fest, die allein als Notwendiges existiert. Das dialektische Moment zweifelt die Einzigartigkeit der Substanz an und erhebt die anderen Denkbestimmungen wie Wesen, Grund und Existenz usw. als Beispiele. Zur Rechtfertigung der Substanz werden die anderen Denkbestimmungen als die vorübergehenden Akzidenzen durch das verständige Moment von der Substanz unterschieden. Analog zum Modus des Absoluten stellt das dialektische Moment den Unterschied von Substanz und Akzidenz dadurch in Frage, dass die Substanz als die absolute Negativität ohne die Negation ihrer Akzidenzen nicht zu manifestieren ist. Das verständige Moment korrigiert dementsprechend seine Auffassung der Substanzialität zur Kausalität.

Bezüglich der Kausalität wird vom dialektischen Moment darauf aufmerksam gemacht, dass die Ursache niemals ohne ihre Wirkung gedacht werden kann. Obwohl das verständige Moment die Ursache durch ihre Aktivität von der passiven Wirkung unterscheiden kann, scheint für das dialektische Moment der Unterschied äußerlich oder formell zu sein, weil die aktive oder passive Rolle in Anbetracht konkreter Ereignisse relativ ist. Im Extremfall lässt sich das eine Ereignis widersprüchlich sowohl als Ursache als auch als Wirkung interpretieren. Hinsichtlich der Austauschbarkeit von Ursache und Wirkung korrigiert das dialektische Moment den formellen Unterschied von Ursache und Wirkung zur Wechselwirkung.

Beim Ausdruck „Wechselwirkung" wird mit dem dialektischen Moment auf zwei Entitäten hingewiesen, die aufeinander wechselhaft wirken. Das verständige Moment nimmt diesen Hinweis an und unterscheidet die Wirkung

---

200　GW 12: 11.

2.3 DIE WIRKLICHKEIT

von der Gegenwirkung. Der Unterschied scheint dem dialektischen Moment aber unhaltbar zu sein, weil beide voneinander abhängen. Mit diesem Widerspruch, in dem beide Extreme sowohl unterschieden als auch identisch sind, gerät das verständige Moment wiederum in ein dilemmatisches Verhältnis, weil im Gedanken, der bei der Substanzialität beginnt und über die Kausalität bis zur Wechselwirkung fortschreitet, kein Platz für eine Auflösung der Wechselwirkung besteht. Das spekulative Moment gibt einen Überblick über den ganzen Prozess, in dem der Gedankengang mit der Identität der Substanz anfängt, dann sich entzweit und schließlich erneut mit der Identität endet. Durch die ganze Wesenslehre wird dieser negative, selbstbezügliche Prozess allein und letztlich erst vom verständigen Moment mit dem „Begreifen" identifiziert.

KAPITEL 3

Lehre vom Begriff

3.1 Die Subjektivität

3.1.1 *Der Begriff*

In der Lehre vom Begriff wird die Kritik am subjektiven Idealismus durchgeführt. Der Terminus „subjektive[r] Idealismus"[1] fällt bei Hegel im Kontext seiner Kant- und Fichteinterpretation; er bezeichnet die Position des transzendentalen Idealismus. Mit diesem Terminus kritisiert Hegel Kants Formalismus oder Psychologismus, dass die Kategorien nur formell und subjektiv seien, deren Inhalt *qua* Realität aber allein von außen gegeben werde. Als eine systematische, metaphysische Position kann der subjektive Idealismus wie folgt bezeichnet werden: Die Realität muss zwar durch unser Begriffsschema vermittelt oder vorstrukturiert sein; aber wegen des subjektiven Ursprungs bleibt unser Begriffsschema nur subjektiv. So betrachtet ist die Realität unserem subjektiven Denken unzugänglich. Hegels Generalkritik besagt, dass ein so geartetes, subjektiv-idealistisches Denken der Wahrheit unfähig ist. Dies ist in nuce der Ausgangspunkt der Hegelschen subjektiven Logik oder der Begriffslehre, durch deren dialektischen Fortgang Hegel gegen den subjektiven Idealismus seine These stark zu machen versucht, die da lautet: Der Begriff oder das Denken kann die eigene Realität oder Wahrheit aus sich erzeugen.

Der Begriff als solcher entspricht der ersten Phase des subjektiven Idealismus, dass die Realität durch den Begriff vorstrukturiert ist. Die Vorstellungen: z.B. Bäume, Tische, Kaffee, die Welt überhaupt besitzen alle eine Begriffsform. Dieser metaphysische Standpunkt unterscheidet sich vom realistischen dadurch, dass die Begriffsform des Objekts keine vom Denken unabhängige und gegebene Realität ist, sondern zum Denken gehört. Dementsprechend ist der Begriff *qua* die Folgebestimmung des Seins nicht mehr die minimale Einheit der Realität, sondern die minimale Gedankeneinheit. Isoliert betrachtet ist er wie Sein auch ein Unmittelbares. Hegel nennt ihn den allgemeinen Begriff. Bezüglich der Isolierung bleibt ein solcher allgemeiner Begriff auf eine „einfache"[2] Weise nur mit sich identisch, wie z.B. das Urteil „der Hund ist der

---

1 GW 21: 180.
2 GW 12: 33.

Hund" oder „ich bin ich". Die abstrakt tautologische Identität spielt in diesem Kontext wieder eine zentrale Rolle.

Indem die Allgemeinheit sich nur auf sich bezieht, schließt sie jedoch ihr Fremdes, also alles das, was nicht allgemein oder das Besondere ist, von sich aus. Stellt man sich das Allgemeine als den ganzen Besitz des logischen Bereichs vor, so ist das Besondere der partielle Besitz desselben. Anders gesagt kann das Allgemeine nur Sinn haben, wenn es in einem Unterschied oder ausgeschlossenem Verhältnis (Fremdbezug) zur Besonderheit steht. Wie die Unbestimmtheit des reinen Seins eine Bestimmtheit ist, besitzt das Allgemeine angesichts seines Fremdbezug auf das Besondere in seinem Selbstbezug eine Bestimmtheit Diese Bestimmtheit macht die Besonderheit des Allgemeinen aus. In HL haben wir nicht nur den allgemeinen Begriff, sondern auch *den besonderen Begriff*.

> Näher ergibt sich das Allgemeine so als diese Totalität. Insofern es die Bestimmtheit in sich hat, ist sie nicht nur die erste Negation, sondern auch die Reflexion derselben in sich. Mit jener ersten Negation für sich genommen ist es *Besonderes*, wie es sogleich wird betrachtet werden; aber es ist in dieser Bestimmtheit wesentlich noch Allgemeines; diese Seite muß hier noch aufgefaßt werden. – Diese Bestimmtheit ist nämlich als im Begriff die totale Reflexion, der *Doppelschein*, einmal der Schein *nach außen*, die Reflexion in Anderes, das andere Mal der Schein *nach innen*, die Reflexion in sich. Jenes äußerliche Scheinen macht einen Unterschied gegen *Anderes*; das Allgemeine hat hiernach eine *Besonderheit*, welche ihre Auflösung in einem höheren Allgemeinen hat.[3]

Indem das Allgemeine in seinem doppelten Bezug (Selbst- und Fremdbezug) dem Besonderen gegenübersteht, wird das Allgemeine aber verendlicht oder zum Besonderen. Es besitzt nicht mehr den ganzen logischen Bereich, sondern nur einen Teil, weil ein anderer Teil dem Besonderen eingeräumt wird. Solange das Allgemeine nicht mehr den ganzen logischen Bereich besitzt, ist es aber bezüglich der Bestimmtheit der Allgemeinheit nicht mehr das Allgemeine, sondern das Besondere. Ein solches Allgemeines kann das „beschränkte Allgemeine" genannt werden.

> Das Allgemeine bestimmt sich, so ist es selbst das Besondere; die Bestimmtheit ist sein Unterschied; es ist nur von sich selbst unterschieden. Seine Arten sind daher nur a) das Allgemeine selbst und b) das Besondere.[4]

---

3 GW 12: 35f.
4 GW 12: 35f.

Indem das Allgemeine selbst sich zum Besonderen entwickelt, bleibt im logischen Bereich jetzt nur eine Bestimmtheit, nämlich das Besondere übrig. So besitzt das Besondere aber den ganzen logischen Bereich. Eine Bestimmtheit, die den ganzen logischen Bereich ausmacht, erfüllt jedoch die ursprüngliche Bestimmtheit des Allgemeinen. So entwickelt sich das Besondere wieder zum Allgemeinen. Es ist das wahrhafte Allgemeine, insofern ihm nichts gegenübersteht. Es gilt nicht nur für sich *qua* das Besondere, sondern auch für das beschränkte Allgemeine, das dem Besonderen gegenübersteht. Das Besondere dehnt seinen Geltungsbereich auch auf seinen Gegenbegriff, das Allgemeine aus. Kurzum: Das Besondere ist auch das Allgemeine.

Wie verhält es sich aber mit geläufigen Begriffen, wie z.B. dem Begriff „Hund?" In einem solchen Fall ist die beschränkte Allgemeinheit nicht eins mit dem Besonderen, weil die Form und der Inhalt eines Begriffs wegen der äußerlichen Reflexion auseinanderfallen. Im Beispiel des Hunds und Säugetiers ist zwar der Hund eine Art der Gattung des Säugetiers und daher ein Besonderes, hat aber eine allgemeine Form und kann insofern auch als das Allgemeine bezeichnet werden. In diesem Sinne könnte man vielleicht sagen, dass der Hund *qua* Einheit des Besonderen und des Allgemeinen das Allgemeine zur Form und das Besondere zum Inhalt hat. Ein solcher Begriff wie „Hund" wird von Hegel in Übereinstimmung mit unserem natürlichen Sprachverhalten allerdings als ein bestimmter Begriff oder als ein „abstrakt-Allgemeines" bezeichnet. Hegel erkennt solche Begriffe daher nicht als den logischen Begriff an und nennt sie daher ein „*Begriffloses*", weil ihr Gegenstand nicht der Begriff ist bzw. weil der Begriff „nicht als solcher gesetzt ist".[5] Die Form und der Inhalt des Begriffs sind m.a.W. bei solchen Begriffen nicht eins, sondern beide bleiben voneinander getrennt. Während die Allgemeinheit des Begriffs auf der Formseite steht, bleibt die Bestimmtheit oder Besonderheit des Begriffs auf der Inhaltsseite. Wie Hegel formuliert ist die Bestimmtheit des Begriffs „nicht das *Prinzip* seiner Unterschiede".[6] Das Allgemeine wird im Besonderen inadäquat gesetzt, sodass der Inhalt der Form nicht angemessen ist. Die meisten geläufigen „Begriffe", die Hegel u.a. auch „Vorstellungen" nennt, sind von dieser Struktur getragen.

Kant folgend sieht Hegel es als ein Verdienst des Verstandes an, durch die Form der Allgemeinheit dem Vergänglichen der Sinnlichkeit „das fixe Bestehen"[7] zu geben. Das Vergängliche wird durch begriffliche Fixierung unvergänglich und zur Selbstidentität (zum Sein) gesetzt. Aber „die Form des

---
5   GW 12: 40.
6   GW 12: 41.
7   GW 12: 42.

Unvergänglichen ist die der sich auf sich beziehenden Allgemeinheit",[8] die als Selbstbezug (Selbstidentität) angesichts ihres Fremdbezugs des Besonderen eben mit dem Besonderen nicht übereinstimmt. Dieser Widerspruch kann mittels des Verstandes nicht aufgelöst werden, weil der Verstand an der abstrakten Identität als dem abstrakten Allgemeinen gegen das Besondere festhält.

Da das erste Allgemeine, wie oben gezeigt, in seinem doppelten Bezug eine Bestimmtheit gegenüber dem Besonderen ist, wird das beschränkte Allgemeine zu einem besonderen Allgemeinen oder dem Besonderen (dem zweiten Allgemeinen) verendlicht. So ist das Besondere die erste Negation des Allgemeinen. Indem das erste Allgemeine im Fremdbezug oder Unterschied zum zweiten Allgemeinen (dem Besonderen) steht, ist es auch ein Besonderes. Auf diese Weise sind zwei Besondere gesetzt: das beschränkte Allgemeine und das Besondere als solches. In diesem Fall ist die Besonderheit die *allgemeine* Eigenschaft der beiden Besonderen und darum selbst ein Allgemeines – ein wiederhergestelltes Allgemeines. Mit diesem dritten Allgemeinen wird auch das Besondere (das zweite Allgemeine) negiert, was eine zweite Negation ist. Die Negation als Negation bezieht sich somit in diesem Prozess auf sich und erfüllt daher die Bedingung des Selbstbezugs des Allgemeinen.

Oder anders gesagt ist das Besondere eben auch ein Allgemeines, weil das zweite Allgemeine *qua* das besondere Allgemeine selbst ein Besonderes ist, und das Besondere nunmehr mit dem Charakter von zwei Arten des Allgemeinen wird nun allgemein geteilt, nämlich in ein Besonderes und ein Allgemeines. Anders als es auf den ersten Blick scheinen mag, erhält sich das Allgemeine in dieser Beziehung und bleibt mit sich gleich, sodass die gesamte bisherige Bewegung als eine „Selbstentfaltung des Allgemeinen" bezeichnet werden kann. Diese sich auf sich beziehende Negation oder Bestimmtheit der Allgemeinheit ist die höhere Rückkehr des unmittelbaren Allgemeinen zu sich, deren Resultat Hegel die „*Einzelheit*"[9] nennt.

Warum nennt Hegel ein solches Resultat „Einzelheit"? Grund hierfür ist die Individualisierung. Subsumiert man z.B. Eigenschaften (Besonderes), wie z.B. die Gestalt, das Bellen usw. unter einen Begriff, wie z.B. den des Hundes (Allgemeines) und sagt „das ist ein Hund", kann der vorhandene Gegenstand mit seinen Eigenschaften zunächst als die erste Negation des Allgemeinen, also als ein Besonderes interpretiert werden. Weil aber alle besonderen Eigenschaften des Hundes in *einem* Gegenstand exemplifiziert und mit ihm identifiziert sind, ist der Allgemeinbegriff „Hund" weder ein abstrakter Begriff noch

---

8 GW 12: 42.
9 GW 12: 43.

lediglich ein besonderer, sondern ebenso sehr ein einzelner. Dieser Identifikationscharakter des Begriffs spiegelt sich in basalen Urteilen wider, wie z.B. in dem Urteil: „das ist ein Hund". Augenfällig bei dieser Rekonstruktion ist, dass die Subsumtion bei Hegel nicht im Kantischen Sinne der bestimmenden Urteilskraft zugesprochen werden kann, weil Hegel unter dem Begriff das sich bestimmende Denken versteht, das tendenziell dem Muster der Kantischen reflektierenden Urteilskraft folgt.[10] Vor dem Hintergrund der Hegelschen Philosophie ist daher besser von „Begreifen", nicht aber von „Subsumtion" zu sprechen, weil der Begriff ohne seinen Vollzug – das Begreifen – nichts ist.[11]

Das Einzelne ist die vollständig entfaltete Gestalt des allgemeinen Begriffes, weil das Allgemeine sich nur in dieser Entfaltung als wahrhafte Allgemeinheit (Prozessualität) beweisen kann und nicht in der statischen und isolierten Form der Allgemeinheit (des Verstandes) bleibt. Für Hegel ist jeder Begriff *qua* Begreifen nicht nur eine Abstraktion, sondern ein selbstverwirklichender Zweck. Dieser Zweck darf sich in seiner Entfaltung oder Bewegung in deren Momenten nicht verlieren, und die Entfaltung muss hingegen dem Zweck in jedem Entwicklungsschritt Rechnung tragen. Nur dieser Zweck, so dass der Inhalt der Form entspricht und umgekehrt, muss sich realisieren.

In der Reflexion-in-sich oder der Selbstidentität wird die Beschränkung der Allgemeinheit in ihrem Fremdbezug oder Unterschied zur Besonderheit ‚entdeckt'. Wegen dieser Beschränkung oder des Widerspruchs zwischen der Allgemeinheit und der Beschränkung erfüllt sich der Zweck, der die Realisierung der Allgemeinheit ist, nicht. Indem die beschränkte Allgemeinheit der Besonderheit gegenübersteht, sind *beide* Besondere. Obwohl beide in diesem Entwicklungsschritt des Begriffs Besondere sind, findet sich jener Zweck der Allgemeinheit wieder, insofern die Besonderen Besondere des Allgemeinen, also die *allgemeine* Besonderheit sind. Nur dann, wenn die Allgemeinheit sich nicht nur in ihrem Selbstbezug, sondern auch in ihrem Fremdbezug realisiert, ist sie die wahrhafte Allgemeinheit. Die Besonderheit realisiert sich auf gleiche Weise durch ihren Fremdbezug, also auf die Allgemeinheit. Jeder Begriff realisiert sich auf diese Weise auch in seinem Fremdbezug und baut dadurch seine Einzelheit auf.

Die Einzelheit ist die Totalität des Selbstbezugs und Fremdbezugs eines Begriffs. Da die Allgemeinheit und Besonderheit der Konstruktion der Einzelheit integral sind, dehnt auch die Einzelheit ihren Geltungsanspruch auf ihren Fremdbezug, also auf die Allgemeinheit und die Besonderheit aus. Dieser Charakter der Selbstverwirklichung der Denkbestimmungen wird allerdings

---

10   GW 20: 95 (Enz³ 1830 §57).
11   GW 12: 18.

nicht aus der Empirie, sondern allein aus dem begreifenden Prozess bzw. in Anlehnung an die drei Momente des Begriffs erzeugt.

(1) Weil die Einzelheit die Rückkehr des Allgemeinen in sich ist, durchdringt das Allgemeine das Besondere und vollendet sich im Einzelnen als eine Totalität. (2) Gleichzeitig ist das Besondere auch eine Totalität des Allgemeinen und Einzelnen, weil das Allgemeine und das Einzelne, isoliert oder angesichts ihres Fremdbezugs betrachtet, alle Besondere sind. Wie beim Allgemeinen, so durchdringt auch hier das Besondere die anderen beiden Momente des Begriffs. (3) Wie das Allgemeine und Besondere, so ist schließlich auch die Einzelheit eine Totalität und durchdringt das Besondere und Allgemeine, indem das Allgemeine und das Besondere in ihren Doppelbezügen die Individualisierung garantieren. Weil jedes Begriffsmoment die anderen Begriffsmomente voraussetzt, zerfällt der Begriff nicht und seine Momente bilden nicht drei Totalitäten, sondern bleiben in eine Totalität eingeschlossen untrennbar. „In der Einzelheit ist jenes wahre Verhältniß, die *Untrennbarkeit* der Begriffsbestimmungen, gesetzt".[12] Die zirkuläre und durchdringende Totalität ist der wahrhafte Begriff.

Indem jede Begriffsbestimmung durch ihre Doppelbezüge individualisiert wird, erhält sie die Form der Einzelheit, die Hegel zufolge eben die wirkliche Abstraktion ist. Die Einzelheit *qua* Selbstbezug jeder Begriffsbestimmung erweckt durch ihre Abstraktion des Fremdbezuges den Eindruck vereinzelter Bestimmung. Allein wenn das Allgemeine in seiner Durchdringung des Besonderen und des Einzelnen sich nur auf sich bezieht, behält es seine Besonderheit in seinem Unterschied von den anderen zwei Begriffsbestimmungen und erhält so seine eigene Totalität. Einzelnes zu werden ist m.a.W. der Prozess der zirkulären Vereinzelung des Begriffs.

> Die Einzelnheit aber ist als diese Negativität die bestimmte Bestimmtheit, das *Unterscheiden* als solches; durch diese Reflexion des Unterschiedes in sich wird er ein fester; das Bestimmen des Besondern ist erst durch die Einzelheit; denn sie ist jene Abstraktion, die nunmehr eben als Einzelheit, *gesetzte Abstraktion* ist.[13]

Die Einzelheit als die gesetzte Abstraktion ist bezüglich der Seinslehre das Eins der Begriffslehre, das einerseits andere Eins voraussetzt, andererseits sie von sich ausschließt. Die die Einzelheit durchdringende oder enthaltende Allgemeinheit wird als ihr Anderes vom Einzelnen ausgeschlossen und wird zu vielen anderen Einzelnen (die Gemeinschaft oder die numerische Allgemeinheit, also die Allheit). Die Allgemeinheit der Einzelheit ist auf solche Weise

---

12   GW 12: 18.
13   GW 12: 51.

äußerlich und zur Gemeinschaft des vielen Einzelnen geworden. Sie sind allgemein, weil sie „*gemeinschaftlich*" Einzelne sind.

Die Einzelheit ist ferner in der Existenz auch eine begriffslogische Version des wesenslogischen Dieses (Indexikalisches), das andere Einzelne nicht aus sich ausschließt, sondern durch den Bezug auf andere Einzelne (Vermittlung) seine eigene Unmittelbarkeit oder Bestimmung erhält. Hegel nennt den Vermittlungsprozess oder die Reflexion des Dieses „*Monstriren*".[14] Analog zum Kapitel über die sinnliche Gewissheit der *Phänomenologie des Geistes* ist das unmittelbare Sein oder Dieses eigentlich ein Allgemeines oder das Resultat der Negation des Anderen. Während das seinslogische Eins seine anderen von sich ausschließt, reflektiert sich das wesenslogische Dieses in sich durch seinen Fremdbezug. Beide halten aber noch eine äußerliche Form bei. Im begriffslogischen Einzelnen besteht das Einzelne als eine aus drei Momenten bestehende Totalität, in der das Einzelne zugleich das Allgemeine und Besondere ist. Anders gesagt: Das Einzelne hat zwar eine Selbstständigkeit angesichts seiner Totalität, aber keinen äußerlichen Unterschied, sondern nur einen immanenten Begriffsunterschied von anderen Begriffsmomenten, der keine Trennung markiert.

Trotzdem geht die Einheit des Begriffes durch jene drei individualisierten Totalitäten seiner Momente verloren, weil jede vereinzelte Begriffsbestimmung eine individualisierte Totalität ist. So teilt sich der Begriff zuerst in zwei, und Hegel nennt diese Teilung in Anlehnung an Hölderlins Sprachgebrauch „das *Urteil*", das „die *ursprüngliche Teilung*"[15] ist. Da das Einzelne die Rückkehr zum Allgemeinen ist, lautet das Urteil begriffslogisch ausgedrückt zuerst so: das Einzelne ist das Allgemeine (E-A). Mithilfe dieser Teilung spricht sich Hegel auch gegen den einseitigen Eindruck des subjektiven Idealismus über den Begriff aus, der darin besteht, dass der Begriff nur formell ist und keinen objektiven Inhalt besitzt. Im Gegenteil entwickelt der Begriff mittels seiner Doppelbezüge eine feste logische Struktur. Die doppeldeutigen Relationen der Momente des Begriffs gegen einander machen eben den Begriffsgehalt des Begriffs aus.

$L_{\text{Das Urteil}}$ (der gesetzte Begriff) = der sich teilende Begriff

Mit Blick auf die spekulative Methode ist der Fortgang vom Begriff zum Urteil wie folgt zusammenzufassen. Das verständige Moment hält zuerst an der Selbstidentität des Allgemeinen fest. Die Identität wird vom dialektischen

---

14   GW 12: 52.
15   GW 12: 55.

Moment dadurch angezweifelt, dass der Ausdruck „Allgemeinheit" auf die Besonderheit hinweist. Unterscheidet das verständige Moment die Allgemeinheit von der Besonderheit, wird der Unterschied vom dialektischen Moment wiederum infrage gestellt, weil die Einräumung des Besonderen dem Begriffsgehalt des Allgemeinen widerspricht. Anders gesagt: Das Allgemeine wird wegen seiner Pseudo-Allgemeinheit negiert. Angesichts des Gegensatzes von Allgemeinheit und Besonderheit wird das Allgemeine als das Besondere erwiesen und vom verständigen Moment angenommen. Solange das verständige Moment das Allgemeine zum Besonderen korrigiert, stellt das dialektische Moment erneut den Anspruch des Besonderen dadurch infrage, dass das Besondere tatsächlich allgemein ist, weil sowohl das Besondere als auch das pseudo-Allgemeine, das dem Besonderen gegenübersteht, die Bestimmtheit des Besonderen teilen. Bei diesem Widerspruch verbleibt das verständige Moment, bis es vom spekulativen Moment auf den negativen selbstbezüglichen Prozess des Allgemeinen hingewiesen wird, in dem das Allgemeine durch sein negatives Korrelat, nämlich das Besondere, wieder zu sich zurückkehrt. Ein solches Allgemeines wird als „Einzelheit" bezeichnet. Das verständige Moment übernimmt den durch das spekulative Moment eruierten Begriff der Einzelheit und stellt statt des Begriffs das Urteil *qua* „Ur-Teilung" auf: das Einzelne ist allgemein (E-A).

Exkurs 4. Der ontologische Begriff oder der logische Begriff?
Obwohl Hegel im Abschnitt der Begriffslehre „Vom Begriff im Allgemeinen" nicht nur augenfällig den Begriff als solchen in seiner Existenz mit dem Selbstbewusstsein identifiziert und dabei Kant als Hintergrund zum Verständnis seines Begriffes als solchen heranzieht,[16] verstehen viele Interpreten, wie Horstmann, Bowman, Kreines und Stern, unter dem Begriff noch eine ontologische Entität. In der Tat aber ist Hegels Begriff als solcher eben der Nachfolger des Kantischen logischen Ichs.

Hegel unterscheidet die objektive Seite der Kantischen Philosophie von der subjektiven Seite. Während die objektive Seite sich auf die ursprüngliche, synthetische Einheitsfunktion des Selbstbewusstseins bezieht, bezeichnet die subjektive Seite die formelle Rolle des Selbstbewusstseins, dem das Mannigfaltige der Sinnlichkeit gegenübersteht.[17] Solange der dem Gefühl und der Anschauung gegebene Stoff durch die kategorische Einheitsfunktion des Selbstbewusstseins unter dem Begriff des Objektes, das die „objektive Einheit

---

16 Vgl. GW 12: 17ff.
17 Vgl. GW 12: 19.

des Ichs mit sich selbst"[18] ist, vereinigt werden muss, scheinen Hegel und Kant dasselbe zu betonen, nämlich die Identität zwischen Begriff und Anschauung. Hegel akzeptiert die objektive Seite der Kantischen Philosophie, zeigt aber Vorbehalte gegenüber der subjektiven bzw. psychologistischen Seite, was ausgehend von seiner Ablehnung, den Begriff „Selbstbewusstsein" anstelle von „Denken" zu gebrauchen, bemerkt werden kann. Da bei Hegel der Ausdruck „Selbstbewusstsein" für das Bewusstsein und dementsprechend für die *Phänomenologie des Geistes* reserviert ist, bezeichnet er Kants abstraktes und operatives Selbstbewusstsein – das Ich denke – als „Begriff als solcher". Die mittels der Kategorien das Sinnliche vereinigende Einheitsfunktion des Selbstbewusstseins wird dementsprechend in die Selbstbestimmung des Begriffs übersetzt. Anders gesagt: Es müssen die unmittelbaren, sinnlich aufgenommenen Stoffe in den Begriff und seine Momente verwandelt werden. Diese Verwandlung wird von Hegel mit dem Terminus „Aneignung" bezeichnet: Das Denken macht sich einen gegebenen Stoff zu *„eigen"*[19].

> Das *Begreiffen* eines Gegenstandes besteht in der That in nichts anderem, als daß ich denselben sich zu *eigen* macht, ihn durchdringt, und ihn in *seine eigene Form*, d.i. in die *Allgemeinheit*, welche unmittelbar *Bestimmtheit*, oder Bestimmtheit, welche unmittelbar Allgemeinheit ist, bringt. Der Gegenstand in der Anschauung oder auch in der Vorstellung ist noch ein *äusserliches, fremdes*.[20]

Wie am Beispiel des Hundes im letzten Kapitel verdeutlicht werden konnte, ist ein angeschautes X allein unbestimmt und insofern auch unwahr. Erst im Urteil, dass dieses X ein Hund ist, erhält dieses Objekt X seine allgemeine Bestimmtheit. Hegel nennt diesen Prozess der Aneignung des Denkens „das Begreifen" und nicht „Kognition", weil er unter Letzterem in Anlehnung an Kants *Kritik der reinen Vernunft* „psychologische Reflexe"[21] versteht und die in seiner Enzyklopädie innerhalb deren Lehre vom subjektiven Geist unter dem Namen „Psychologie" ausführlich erläutert. Kurzum: Hegel bestimmt den Logik-internen Prozess der Aneignung des Denkens nicht im psychologischen, sondern im logischen Sinn. Das passt auch gut zu Kant, weil Kant der ursprünglichen synthetischen Einheit der Apperzeption bzw. dem Selbstbewusstsein ebenfalls nur die logische Funktion zuschreibt.[22] Trotz der scheinbaren Übereinstimmung mit Kant dürfen aber die Unterschiede nicht übersehen werden;

---

18 GW 12: 18.
19 GW 12: 18.
20 GW 12: 18.
21 GW 12: 22.
22 AA III: 267 (KrV B 407).

denn für Hegel scheint Kants Betonung der logischen Funktion der Einheit im Sinne des Selbstbewusstseins auf einen Psychologismus hinauszulaufen, den Hegel erst in den enzyklopädischen Paragraphen über die Psychologie und im Rahmen seiner Vermögenstheorie diskutiert. Ungeachtet der Stichhaltigkeit von Hegels Aussagen über Kant, kann mit Blick auf die Hegelinterpretation festgehalten werden: Hegel wendet sich vom psychologischen Muster, das er Kant zuschreibt, ab und behält nur den logischen Sinn der Einheitsfunktion des Selbstbewusstseins bei. Der logische Prozess der Aneignung des Denkens gerade in seinem ersten Stadium wird im Kapitel über den Begriff als solchen dargestellt.

Der Begriff als solcher in seiner ersten Form – der Allgemeinheit – widerspricht sich selbst, indem das Allgemeine sich in seinem Selbstbezug als das Besondere erweist. So erzeugt das Allgemeine sein Gegenteil *qua* das Besondere. Da das dem Besonderen gegenüberstehende Allgemeine wegen dieser Schranke selbst ein Besonderes ist, wird die Bestimmung des Besonderen nun von beiden (dem Allgemeinen und dem Besonderen) geteilt. Eine von zwei Seiten eines Gegensatzes geteilte Bestimmung ist deshalb selbst allgemein geworden, weil diese Bestimmung durch die Disjunktion dieses Gegensatzes den ganzen logischen Bereich besitzt. Das Besondere kehrt so wieder zum Allgemeinen zurück. Das wiederhergestellte Allgemeine ist das Einzelne. Erst im Einzelnen wird jene von Kant als apriorisch und synthetisch bezeichnete Einheit für das Ich und das Objekt geschaffen, die als eine differenzierte Identität allein die Objektivität begründet. Der vollkommen enthüllte Prozess dieses Begreifens wird Hegel zufolge aber erst durch den Schluss expliziert. Wie Hegels Beispiel für Explikation der Schlussfunktion des allgemeinen Denkens in der „Kleinen Logik" zeigt,[23] wiederholt man diesen Prozess des Begreifens täglich unter anderen Bedingungen.

Angesichts dieser Erklärung sollte Hegels Begriff als solcher nicht mehr als eine vom Denken unabhängige ontologische Entität verstanden werden, die z.B. im begrifflichen Realismus impliziert ist. Die Ontologie untersucht, wie schon in der Einleitung erwähnt, das dem Seienden als solchen an sich Zukommende, das in Vorstellung gegeben und deshalb vom Denken unabhängig ist. Diese Auffassung passt aber weder zu Hegels Verständnis des Begriffs noch zu seinem Verständnis des Denkens, weil das Denken Hegel zufolge seinen Gegenstand nicht einfach als Gegebenes vorfindet, sondern das Denken sich seine Gegenstände aneignet. Erst durch das Begreifen des Denkens (den Prozess vom Allgemeinen zum Einzelnen) entsteht der Gegenstand als das

---

23 Ein Mann schließt sozusagen vom Hören eines Geräuschs des Wagens im Winter auf den gefrorenen Boden. Vgl. TW 8: 335 (Enz³ 1830 §183 Z).

vom Denken unterschiedene Selbstständige, also als Objekt. Auf die Hegelsche Objektivität werde ich im Exkurs 5 noch eingehen. Für den gegenwärtigen Standpunkt ist lediglich festzuhalten, dass die logische Struktur des Gegenstandes vom selbstbezüglichen Denken abhängig sein muss. Wenn man dieses begreifende Denken ontologisiert, fällt man sofort wieder in die Beziehung des Grundes der Wesenslogik zurück, worin das Denken durch die Reflexion in einer äußerlichen statt einer konstitutiven Beziehung zum Gegenstand steht. Der Hegelsche Begriff als solcher ist daher kein ontologischer, sondern ein logischer Begriff.

Theunissens evangelisch theologische Lesart ist eine Absage an die Ontologie und die onto-theologischen Interpretationen. Theunissen zufolge betreibt Hegel wie Kant ein zweifaches Geschäft. Das kritische Geschäft sei die **kritische Darstellung der Metaphysik**, deren Ziel das dogmatische Geschäft sei, aber statt einer metaphysischen Theologie, eine **evangelische Theologie** („die Koinzidenz von Liebe und Freiheit"[24]): diese als **eine kommunikative Freiheitstheorie** zu etablieren. Die objektive Logik habe also eine kritische Funktion bezüglich der vormaligen Metaphysik, deren Mangel vor allem in ihrer Tendenz zur „Vergegenständlichung" und „Verselbstständigung"[25] im Gebrauch der Kategorien liege. Hegel kritisiere in seiner objektiven Logik die auf dem vorgestellten Substrat basierende vormalige Metaphysik. Während sich die Seinslehre auf die Kritik der Vergegenständlichung oder die der Gleichgültigkeit fokussiere, konzentriere sich die Wesenslehre auf die Verselbstständigung, die eine nähere Form der Vergegenständlichung sei. Da die Selbstständigkeit der Reflexionsbestimmungen der Wesenslehre in einer ungetrennten Einheit mit ihren Gegenteilen liege, sei ein solches Verhältnis eine „*Herrschaft*".[26] Solange die Herrschaft selbst aber noch von ihren Untergebenen (Seienden) abhängig sei, entspreche sie nicht dem normativen Ideal Hegels, also seinem Wahrheitsstandard (absolute „Gleichrangigkeit der Beziehungsglieder"),[27] und scheitere eben auch in diesem Sinne. Im Gegensatz dazu habe die subjektive Logik nur eine Darstellungsfunktion und keine kritische Funktion mehr.[28] Diese einzige Darstellung bedeute erstaunlicherweise aber die Darstellung der absoluten Idee als einer neuen Offenbarungstheologie,[29] deren zwei andere Teile (Subjektivität und Objektivität) eben jeweils den übrigen Disziplinen der metaphysica specialis, nämlich der rationalen Psychologie und rationalen

---

24 Vgl. Theunissen (1980): 61.
25 Theunissen (1980): 26f.
26 Theunissen (1980): 28.
27 Theunissen (1980): 30.
28 Vgl. Theunissen (1980): 38.
29 Theunissen (1980): 42.

Kosmologie, entsprächen.³⁰ Der Hauptgrund für Theunissens Lesart der evangelischen Theologie ist die Verwandtschaft der Hegelschen Begriffsbestimmung des Allgemeinen mit der Christologie und vor allem mit dem Begriff der „Liebe".³¹ Dieser Interpretation gemäß ist der Abstieg des Allgemeinen zum Einzelnen ferner auch die Ausgangsbasis einer sozialen Verwirklichung des Allgemeinen als Liebe.

In Bezug auf das Verhältnis zwischen objektiver und subjektiver Logik hat diese Deutung Recht, insofern sie das Erstere als Kritik bzw. Ent-Ontologisierung der vormaligen Metaphysik bestimmt und das Letztere als eine Rekonstruktion der Hegelschen neuen Metaphysik. Jedoch ist es unzutreffend, zu behaupten, dass die subjektive Logik keine kritische Funktion mehr habe. Dies wird deutlich, wenn man an die Methode der Kritik bei Hegel denkt. Die Kritik liegt nicht nur im Scheitern eines der drei Logikteile, sondern vor allem auch im jeweiligen dialektischen Moment, also den kleineren Widersprüchen innnerhalb jeder logischen Triade im Vergleich zum relativen großen Widerspruch an den Enden der Seins- und Wesenslehre. Nimmt man diesen Maßstab der Kritik an, verfügt die subjektive Logik in diesem Sinne auch über eine kritische Funktion. Dies wird durch die Entwicklung des Begriffs als solchen deutlich, indem der Übergang der Allgemeinheit zur Besonderheit als die Kritik der Abstraktheit des Allgemeinen fungiert. Auf ähnliche Weise ist der Übergang von der Besonderheit zur Einzelheit auch die Kritik am abstrakten Besonderen.

Darüber hinaus scheint Theunissens Argumentation für die Offenbarungstheologie im Hinblick auf die subjektive Logik kaum tragfähig zu sein. Obwohl es viele Indizien gibt für Hegels Sympathie mit der Christologie (z.B. die Ähnlichkeit der triadischen Struktur des Begriffs mit dem Trinitätsgedanken des Christentums) gibt; sie reichen nicht aus, um eine Identität zwischen der subjektiven Logik und der Christologie zu beweisen. Jedenfalls ist die Theologie im Sinne der Offenbarung Hegel zufolge immer in der Vorstellung geblieben, die Logik hingegen ist begrifflich. Die Begriffslehre ist mit der letzten ihrer Bestimmungen, indem die absolute Idee eine philosophische Weise ist, Gott zu begreifen, zwar auch Theologie, – aber eben keine Offenbarungstheologie, sondern eine spekulative Theologie im aristotelischen Sinne,."³² Schließlich aber scheint die Analogie zwischen der vormaligen rationalen Psychologie und Kosmologie sowie der Subjektivität und Objektivität der Begriffslehre sehr vage zu sein und ist daher mit Skepsis zu betrachten. Wie

---

30 Vgl. Theunissen (1980): 40.
31 Theunissen (1980): 42f.
32 Über Hegels philosophische Theologie vgl. Plevrakis (2017).

vorhin bereits erwähnt, gibt es im Kapitel über den Begriff nicht einmal eine direkte Bezugnahme auf die rationale Psychologie. Auf die Objektivität hingegen werde ich im Exkurs 5 noch eingehen.

3.1.2 *Das Urteil*
Das Urteil des Daseins

Wie der Begriff vertritt das Urteil angesichts des subjektiven Idealismus einen neuen logischen Aufbau der Realität, nämlich die Realität, die durch das Urteil strukturiert ist. Jede Auffassung der Realität muss eine Urteilsform besitzen. Die Auffassung: „Der Tisch ist weiß" gehört bspw. zum positiven Urteil. Im Unterschied zum realistischen Standpunkt sieht der urteilende subjektive Idealismus die Realität nicht als gegeben an, sondern durch das urteilende Denken vorstrukturiert. Als vereinzelte Begriffsbestimmungen verlieren sie ihre immanente Identität (den Begriff als solchen). Mit diesem Verlust wird die immanente Identität äußerlich. Diese äußerliche Identität wird von Hegel mit dem durch die Kopula verbundene Urteil (Subjekt – Kopula – Prädikat) identifiziert. Bezüglich voriger ‚Erfahrung' des logischen Fortganges erwartet man natürlich die höhere Rückkehr der immanenten Identität. Diese Rückkehr wird in Kapitel über den Schluss auftauchen.

Das Subjekt oder der Gegenstand des Urteils ist bezüglich seiner Form ein Einzelnes. Hegel nennt das Urteil, in dem über ein unmittelbares Einzelnes prädiziert wird, das *„Urtheil des Daseyns"* oder das *„positive Urteil"*[33]. Das Standardmuster des positiven Urteils ist „Das Einzelne ist Allgemein"[34], also E-A. Ein Beispiel für das positive Urteil ist: „Die Rose ist rot". Die Rose ist ein Einzelnes und die rote Farbe Rot ein Allgemeines. Angesichts der Form scheinen sie miteinander nicht übereinzustimmen. Allerdings kann das Rot *qua* das Allgemeine nicht direkt, sondern nur durch das einzelne rote Ding instantiiert werden. So ist die Rose eben ein Exemplar des Roten oder das Rot instantiiert sich in der Rose. Im Sinne der Exemplifikation ist das Einzelne auch identisch mit dem Allgemeinen. Umgekehrt ist das Allgemeine aber auch Einzelnes, also A-E, weil Rot nur eine der vielen Eigenschaften der Rose ist. Die Rose ist auch wohlriechend, stechend usw. Die Rose *qua* Einheit von solchen Eigenschaften ist also selbst ein Allgemeines. Im Satz, dass die Rose rot ist, ist ausgedrückt, dass die Rose mit Blick auf eine ihrer Eigenschaften, die Farben, vereinzelt ist. Auf diese Weise denkt Hegel die „Wechselbestimmung des Subjects und Prädicats".[35]

---

[33] GW 12: 59f.
[34] GW 12: 61.
[35] GW 12: 62.

Allerdings sind beide Urteile (E-A und A-E) noch voneinander unterschieden. Während das erste Urteil (E-A) die Form (Einzelheit und Allgemeinheit) betont, fokussiert sich das zweite Urteil (A-E) auf den Inhalt (Rose *qua* Ding und Rot *qua* Eigenschaft). Dieser Unterschied zwischen Form und Inhalt betrifft die Struktur eines Urteils. Ein Urteil ist wesentlich eine Behauptung. Mittels der Kopula soll das Subjekt unmittelbar unter das Prädikat subsumiert werden. Aber die Kopula *qua* Identität des Allgemeinen mit dem Einzelnen im Urteil „A-E" kann nicht direkt ausgedrückt werden, sondern – analog zum Inhalt in der Wesenslehre – nur über die Reflexion.

Warum gibt es aber diesen Unterschied zwischen den obigen zwei Formen des Urteils? Der Grund liegt in der reflexiven Verallgemeinerung des Subjektes in A-E. Isoliert betrachtet hat das Rot (Prädikat) unmittelbar eine allgemeine Form. Die Rose (Subjekt) hingegen ist ein unmittelbares Einzelnes. Angesichts seiner allgemeinen Form „A-E" muss dieses Einzelne jedoch *qua* Subjekt erst durch eine Reflexion (Vermittlung) verallgemeinert werden. Ohne Reflexion (Vermittlung) ist das Unmittelbare kein Allgemeines. Am Beispiel demonstriert: Die Rose ist in E-A unmittelbar genommen ein einzelnes rotes Exemplar und deckt daher nicht alle Fälle von Rot ab. Die Rose *qua* Subjekt in A-E ist hingegen nicht unmittelbar, sondern vermittelt oder reflektiert, weil die Rose in A-E durch Vermittlung von einem Exemplar zu einem allgemeinen Träger der Eigenschaften wird. Das Rote *qua* Prädikat hat somit das gleiche ‚Problem' der Reflexion in E-A und A-E. Rose und Rot, Subjekt und Prädikat sollen laut Anspruch des Urteils miteinander identisch sein. Nun erweisen sie sich jedoch wegen der Reflexion als nicht deckungsgleich. Da die Identität zwischen Subjekt und Prädikat beim positiven Urteil nicht statthaben kann, ist diese Urteilsform der Wahrheit unfähig und wird durch den schon aufgezeigten Widerspruch zwischen Form und Inhalt negiert. So kommt *das negative Urteil* bezüglich dieser Negation unmittelbar vor.

Das negative Urteil tritt zuerst als eine direkte Korrektur des positiven Urteils auf, indem das Einzelne nicht das Allgemeine, und das Allgemeine nicht das Einzelne ist. Wenn die Rose und das Rote als abstrakte Allgemeinheit aufgenommen werden, sind sie für sich betrachtet nicht deckungsgleich. Die rote Rose in E-A ist vielmehr ein Besonderes (ein rotes Exemplar) des Roten, und umgekehrt ist das Rot der Rose in A-E auch ein Besonderes (eine Eigenschaft) der Rose. Beide Urteile lassen sich daher auf den positiven Ausdruck des negativen Urteils reduzieren: *„Das Einzelne ist ein besonderes."*[36] (E-B)

Zwar scheint das negative Urteil eine Negation seines Prädikates zu sein, aber in der Tat wird der Umfang jener negierten Allgemeinheit beibehalten.

---

36   GW 12: 65.

3.1 DIE SUBJEKTIVITÄT

Wie Hegels Beispiel der Rose im negativen Urteil – „Die Rose ist nicht rot" – deutlich macht, ist zwar die Röte negiert, aber die Sphäre der Farbe als das Allgemeine noch aufbewahrt. In diesem Sinne ist die Farbe der Rose zwar nicht rot, verfügt aber doch über eine andere Farbe (z.B. schwarz, blau usw.), die im negativen Urteil unartikuliert bleibt. Positiv ausgedrückt: Die nichtrote Farbe ist auch eine Bestimmtheit und insofern ein Besonderes. Indem sie aber mehrere Möglichkeiten hat, ist sie noch unbestimmt und selbst ein Allgemeines. Solange sie noch als ein Allgemeines bleibt, ist sie mit dem Subjekt, dem Einzelnen, nicht identisch, wodurch sich wieder das alte Problem der Deckungsgleichheit wie beim positiven Urteil iteriert. Das negative Urteil ist nur ein verborgenes positives Urteil.

Da das Subjekt (das Einzelne) bezüglich des Daseinsurteils das Zugrundeliegende ist, muss das Subjekt konfrontiert mit dem Widerspruch zwischen Subjekt und Prädikat nicht korrigiert werden. Das Prädikat *qua* das Besondere muss daher wieder negiert werden. Das Einzelne ist weiterhin auch nicht das Besondere (E-¬B). Angesichts der triadischen Totalität des Begriffs kann diese Negation nur zu zwei Resultaten führen. Das eine Resultat ist der tautologische Identitätssatz (das Einzelne ist einzeln oder das Allgemeine ist allgemein), der kein Urteil mehr ist. Das andere ist das Urteil, worin der ganze Umfang des Prädikats negiert wird.

Das erste Resultat umschließt zwei Möglichkeiten: entweder ist das Einzelne einzeln oder das Allgemeine allgemein. Um im Beispiel der Rose zu bleiben: Wenn von E-E gesprochen wird, so meint das übersetzt, dass die Rose nicht rot im Allgemeinen ist, auch nicht irgendeine andere Farbe, sondern rosenrot. Das Prädikat wird dadurch vereinzelt und mit dem Subjekt identisch.[37] Umgekehrt soll das einzelne Prädikat dem zweiten Satz zufolge – A-A – in Bezug auf das allgemeine Subjekt verallgemeinert werden. Das geschieht dadurch, dass die Röte als eine von vielen Eigenschaften der Rose angesehen wird. Denn selbst wenn die Rose nicht rot ist, so kann sie noch stechend, wohlriechend usw. sein. Das Prädikat wird zum Besonderen. Auf diese Weise wird die Röte durch diese Vermittlung mit anderen Eigenschaften zu einer unbestimmten Eigenschaft verallgemeinert (z.B. „die Rose ist x"), und das Urteil lautet der Form nach: „das Allgemeine ist das Allgemeine."[38] Beide Urteile – E-E und A-A – sind aber identische Sätze, die keine positive Relation (Behauptungskraft) zwischen Subjekt und Prädikat mehr haben und somit kein Urteil mehr sind. Diese beiden Urteile nennt Hegel „das positive-unendliches Urteil"[39].

---

37 GW 12: 69.
38 GW 12: 69.
39 GW 12: 69.

Das zweite Resultat ist ein Urteil, bei dem der ganze Umfang des Prädikates negiert wird. Die Rose ist nicht rot, auch nicht stechend usw., sondern z.B. „kein Elephant".[40] Durch das unangemessene Prädikat „Elephant" werden alle Eigenschaften der Rose *qua* Umfang des Prädikates negiert. Trotz der inhaltlichen Nichtübereinstimmung zwischen Subjekt und Prädikat ist der Satz der Form nach noch ein Urteil, insofern mit ihm etwas behauptet wird. Ein solches widersinnige Urteil ist Hegel zufolge ein *negativ-unendliches Urteil*,[41] das zwei ganz ungleichartige Entitäten zu identifizieren versucht.

Beide Resultate erweisen sich dem Urteilsanspruch inadäquat, womit die Urteilsstruktur punktuell zu kollabieren droht. Um die Urteilsform zu retten und den Behauptungsanspruch aufrecht zu erhalten, wird das gesamte Daseinsurteil negiert. Bezüglich der Form beider Resultate sind zwei Konklusionen möglich. Während das positiv-unendliche Urteil angesichts seiner tautologischen Form die Identität der zwei Extreme (Subjekt und Prädikat) fordert, verlangt das negativ-unendliche Urteil, über das Subjekt (das Zugrundeliegende) hinauszugehen, wobei der Unterschied zwischen Subjekt und Prädikat wegen der Unangemessenheit beider „*zu groß*"[42] ist. Als unmittelbarer Gegenstand des Urteils ist das Subjekt im Daseinsurteil das Zugrundeliegende, dem das Prädikat beigelegt wird. Mit der Negation des Daseinsurteils geht auch der Fokus auf das Subjekt (das Unmittelbare) verloren. Das Resultat dieser Negation bringt ferner mit sich, dass nicht mehr das Subjekt, sondern das Prädikat das Zugrundeliegende und der Fokus des Urteils wird. Dieser Wechsel führt zum Urteil der Reflexion, worin beide Extreme *qua* Unmittelbare zwar unterschieden, aber durch ihre Reflexion auch identisch gesetzt werden. Das Subjekt wird durch diese Reflexion unter das Prädikat subsumiert. Bezüglich der Subsumtion kann das Reflexionsurteil auch als „*Urtheile der Subsumtion*"[43] genannt werden.

Der spekulativen Methode folgend ist der Übergang vom Daseinsurteil zum Reflexionsurteil wie folgt zusammenzufassen. Das verständige Moment nimmt zuerst die Urteilsform E-A als das Daseinsurteil an und hält die Form für eine Identität von Einzelnem und Allgemeinem. Das dialektische Moment zweifelt die Identität an, weil das Einzelne *qua* Subjekt (S) des Urteils und das Allgemeine *qua* Prädikat (P) des Urteils formal nicht übereinstimmen. Zur Verteidigung seiner Position, die darin besteht, dass Subjekt und Prädikat des Urteils identisch seien, wird vom verständigen Moment behauptet, dass das

---

40   GW 12: 70.
41   GW 12: 69.
42   GW 12: 70.
43   GW 12: 72.

Einzelne *qua* Subjekt als eine Instanz eines Allgemeinen und das Allgemeine *qua* Prädikat als eine der vielen Eigenschaften eines Dinges anzusehen sind, das wegen seiner Eigenschaften selbst ein Allgemeines ist. Diese Erläuterung kann vom dialektischen Moment jedoch nicht akzeptiert werden, weil sie vielmehr den formalen Unterschied zwischen S und P verstärkt.

Auf diese Weise korrigiert das verständige Moment das positive Urteil und wird ein negatives Urteil: das Einzelne ist nicht allgemein oder das Einzelne ist das Besondere. Eine Identität von S und P ist aber mit dem dialektischen Moment im negativen Urteil auch nicht zu erreichen, weil ein Nichtallgemeines wegen seiner Bestimmtheit bloß ein unbestimmtes Allgemeines ist. Wenn das verständige Moment noch am Dasein *qua* Gewähr der Identität festhält, bleiben ihm bloß zwei Alternativen: entweder das tautologische oder das unendliche Urteil. Das dialektische Moment erinnert jedoch, dass bei beiden Arten das Urteil verlorengeht. Konfrontiert mit dem Dilemma muss das verständige Moment seine Voraussetzung der Identität am Dasein aufgeben und sich zur Reflexion wenden.

Das Urteil der Reflexion

Der Korrektur des Daseinsurteils nach sollen im Reflexionsurteil das Subjekt und das Prädikat kein Unmittelbares mehr sein, sondern Reflektierte. Die unmittelbar als unterschieden erscheinenden Einzelnen (Differenz), sei es das Subjekt oder das Prädikat, sollen durch Subsumtion auf ihren gemeinschaftlichen Charakter (Identität) reduziert werden. Hinsichtlich der Gemeinschaftlichkeit ist das Reflexionsurteil ein quantitatives Urteil, weil die qualitative Differenz der Einzelnen wegen ihrer wesentlichen Identität jetzt nur als quantitative Differenz bestimmt wird.

Zuerst gleicht die Form des Reflexionsurteils wieder dem positiven Urteil: Das Einzelne ist allgemein oder vielmehr: *„Dieses ist ein wesentlich allgemeines"*[44]. Dieses *qua* etwas Indexikalisches ist ein Allgemeines.[45] Seine Singularität wird durch seine negative Beziehung zu anderen bestimmt. Vor diesem Hintergrund ist es *das singuläre Urteil*. Aber dieses Urteil weist sofort dasselbe Problem auf wie das Daseinsurteil, nämlich die Unangemessenheit zwischen Subjekt und Prädikat. Trotz der Form der Allgemeinheit bezieht sich der indexikalische Ausdruck „dieses" *qua* das Subjekt des Urteils noch auf ein Einzelnes, und das Prädikat bezieht sich auf ein Allgemeines. Deswegen ist es kein angemessenes Urteil, um die Identität zwischen dem Einzelnen und

---

44   GW 12: 72.
45   Vgl. auch das Kapitel über die sinnliche Gewissheit in der *Phänomenologie des Geistes*.

Allgemeinen auszudrücken. Wegen dieser Nichtentsprechung muss die Form des singulären Urteils korrigiert werden.

Die Korrektur findet sich diesmal allerdings nicht am Prädikat, wie im Fall des Daseinsurteils, sondern am Subjekt, weil durch die Negation des Daseinsurteils die zentrale Rolle des Subjekts (des Zugrundeliegenden) negiert wurde. Das Prädikat ist darum jetzt wesentlich und muss fixiert werden. Weil die Singularität des Subjekts („dieses") wegen ihrer Unangemessenheit zum Allgemeinen negiert werden muss, wird das Subjekt in seiner Singularität negiert und eo ipso zur Pluralität erhoben, um der im Urteil geforderten Allgemeinheit zu entsprechen: „*Nicht ein Dieses* ist ein Allgemeines der Reflexion"[46]. Ein solches Urteil nennt Hegel „*das partikuläre Urtheil*"[47].

Das partikuläre Urteil lautet: „*Einige Einzelne sind ein allgemeines der Reflexion*".[48] Da die Form des Ausdrucks „einige Einzelne" zum Besonderen gehören, ist das partikuläre Urteil eine Erweiterung des Einzelnen zum Besonderen. Dieses Urteil hat zwar auch eine scheinbar positive Form. Bei näherer Betrachtung ist es aber negativ. Wenn nur einige Menschen z.B. glückselig sind, sind einige Menschen kraft der Disjunktion unglückselig. Die Partikularität ist aber auch keine Allgemeinheit. Um ein der allgemeinen Form des Prädikats angemessenes Subjekt zu finden, muss das Subjekt noch um einen nächsten Schritt erweitert werden, dessen Resultat das universelle Subjekt ist. Dies ist *das universelle Urteil*, worin das Subjekt, numerisch gesagt, eine allgemeine Form (im Sinne der Gemeinschaft) besitzt.

Da die numerische Allgemeinheit des Subjekts von den aufzuzählenden Instanzen abhängig ist und daher nie erschöpft werden kann, ist das universelle Urteil – z.B. Alle Menschen sind sterblich – mit dem Problem einer schlechten Unendlichkeit konfrontiert. Im Hinblick auf die wahrhafte Allgemeinheit scheint die numerische Allgemeinheit zum Scheitern verdammt zu sein. Allerdings ist der Mensch *qua* Gattung eine andere Art der Allgemeinheit als die bloß numerische Allgemeinheit oder Allheit.

Die Gattung Mensch (Intension) ist unterschieden von ihren einzelnen Gliedern (Extension). Die Intension kann nie auf eine reine Aufzählung der Extension (Induktion) reduziert werden. Die aufgezählte Allgemeinheit ist nur ein Pseudo-Allgemeines und ein „*Sollen*".[49] Die Gattung „Mensch" als eine Bestimmtheit (Intension) ist zugleich auch eine Negation, wodurch alle Nicht-Menschen von der Gattung „Mensch" ausgeschlossen werden. So ist diese

---

46   GW 12: 72.
47   GW 12: 73.
48   GW 12: 73.
49   GW 12: 75.

Gattung *qua* Begriff bezüglich seiner Individualisierung (Ausgeschlossenheit) auch eine Einzelheit, also „der Mensch".[50]

Da das Subjekt sich nun als wesentliche Gattung erwiesen hat, kann die zentrale Rolle des Prädikats wieder dem Subjekt zugesprochen werden. Sokrates ist sterblich, weil er ein Mensch ist. Das Menschsein ist die Voraussetzung der Sterblichkeit des Sokrates. Das Subjekt hängt daher nicht vom Prädikat ab, sondern umgekehrt. Das Subsumtionsverhältnis des Reflexionsurteils wird mit dieser Umkehrung negiert. Die Sterblichkeit wird beim Menschen implizit immer mitgedacht und erweist sich so als eine für ihn notwendige Eigenschaft. Das Urteil für ein solches Verhältnis ist kein Reflexionsurteil mehr, sondern seiner notwendigen Schlussfolgerung nach *das Urteil der Notwendigkeit*.

In Anlehnung an die spekulative Methode lässt sich der Übergang vom Reflexionsurteil zum Urteil der Notwendigkeit wie folgt zusammenfassen. Das Subjekt hängt im Reflexionsurteil nicht mehr am unmittelbaren Vorhandensein, sondern von der reflektierten Gemeinschaft des Unmittelbaren ab. Die vom verständigen Moment beanspruchte Identität zwischen dem Einzelnen und Allgemeinen ist dementsprechend auch auf diese reflektierte Gemeinschaft angewiesen. Zuerst stellt das verständige Moment das singuläre Reflexionsurteil mit dem indexikalischen Ausdruck „dieses" auf – „Dieses ist ein wesentlich Allgemeines". Allerdings scheint es dem dialektischen Moment, dass sich das Gemeinsame „Dieses" quantitativ noch auf ein Singuläres bezieht. Vor diesem Hintergrund wird das Indexikalische zu seiner Negation, dem ‚Nicht Diesen' oder dem partikulären Urteil, geführt, dessen Quantität wegen ihres Widerspruchs mit der Allgemeinheit wiederum vom dialektischen Urteil in Frage gestellt wird. Die Quantität des Subjekts des Urteils muss vom verständigen Moment erneut zum universellen Urteil korrigiert werden, in dem das Subjekt des Urteils quantitativ eine allgemeine Form besitzt. Die numerische Allgemeinheit des universellen Urteils wird vom dialektischen Moment fernerhin wegen ihrer Unerschöpfbarkeit infrage gestellt.

Das Urteil der Notwendigkeit

Die unmittelbare Form des notwendigen Urteils ist die Subsumtion eines Unmittelbaren unter seine Art oder Gattung. Ein solches Urteil ist *das kategorische Urteil*: z.B. Sokrates ist ein Mensch. „Mensch" ist die Natur des Sokrates und instantiiert sich in Sokrates. Dieses Urteil drückt Hegel zufolge „die *substantielle Identität* des Subjects und Prädicats"[51] aus. Die Gattungen sind

---

50 GW 12: 76.
51 GW 12: 78.

keine Akzidenzen wie die Röte. Allerdings gibt es noch eine Unangemessenheit zwischen Subjekt und Prädikat, insofern der Umfang des Prädikats viel größer als der des Subjekts ist. Sokrates ist nur eine Instanz des Menschen. Die Gattung „Mensch" verhält sich somit gleichgültig gegen ihre Instanzen. Die Notwendigkeit zwischen Subjekt (Instanz) und Prädikat (Gattung) wird nicht explizit ausgesprochen, sondern allenfalls mitgedacht. Sie liegt in der abhängigen Bezugnahme des Prädikats auf das Subjekt. Insofern muss das kategorische Urteil zum *hypothetischen Urteil* korrigiert werden, das eine adäquatere Form der Notwendigkeit ausdrückt als das kategorische: Wenn A ist, so ist B. Da der wesenslogische Gedanke der Kausalität ebenfalls durch diese kontrafaktische Form ausgedrückt wird, entspricht diese Korrektur dem Übergang von dem Gedanken der Substantialität zum Gedanken der Kausalität in der Wesenslehre.[52]

Im hypothetischen Urteil ist das Subjekt des Urteils (Antezedens) die Bedingung des Prädikats (Konsequenz), und das Sein des Prädikats hängt von dem Subjekt ab. Das Subjekt enthält das Sein des Prädikats. Allerdings ist das Bestehen des Prädikats auch die Negation des Subjekts. Sie haben ein Verhältnis, das analog zum Verhältnis von Etwas und Anderes ist. Subjekt und Prädikat sind in der Tat die „*Einheit seiner selbst* und *des andern*, und hiermit Allgemeinheit".[53] Beide machen zwar einen notwendigen Zusammenhang und daher eine potentielle Allgemeinheit im Sinne der Totalität aus. Sie unterscheiden sich voneinander aber durch ihre Reihenfolge. Beispiel: Wenn die Sonne scheint, wird der Boden warm. Beide werden durch ein Drittes (hier: die Wärmeübertragung) notwendig miteinander verbunden. Die Notwendigkeit dieser Konditionalaussage ist in diesem Urteil allerdings nicht offenkundig und somit nur potentiell oder implizit vorhanden. Warum ist dieses Urteil trotzdem notwendig? Das hypothetische Urteil selbst zeigt das nicht. Das hypothetische Urteil entwickelt sich auf diese Weise zum *disjunktiven Urteil*, bei dem die im kategorischen und hypothetischen Urteil vorausgesetzte, notwendige Totalität thematisch wird.

Das disjunktive Urteil hat die Form: A ist entweder B oder C. Da A potentiell sowohl B als auch C sein kann, bezeichnet A *qua* Totalität von B und C „die *positive* Identität des Besonderen mit dem Allgemeinen"[54]. Irgendeine Farbe muss z.B. entweder dunkel oder hell sein und muss eo ipso potentiell beide Optionen erfüllen. Mit Blick auf die Allgemeinheit des Subjekts verwendet Hegel die Konjunktion „sowohl als auch". Das Prädikat, für das Hegel die

---

52   Vgl. TW 8: 329 (Enz.³1830, §177 Z).
53   GW 12: 80.
54   GW 12: 81.

Konjunktion „Entweder oder" reserviert hat, garantiert die vollständige Einteilung des Allgemeinen durch das Besondere. Sofern das Allgemeine durch Einteilung in Besondere verwandelt wird, ist die Einteilung eine Negation des Allgemeinen. Sofern die Einteilung disjunktiv ist, ist das Subjekt *qua* Allgemeines mit dem Prädikat *qua* seinen Besonderen identisch.

Beide Seiten des disjunktiven Urteils werden bezüglich derselben Totalität bzw. demselben Allgemeinen identifiziert. Im Subjekt des Urteils besitzt das Allgemeine die Form einer einfachen Gattung. Bezüglich des Beispiels der Farbe ist das Allgemeine die Farbe. Im Prädikat des Urteils hat das Allgemeine aber die Form der Disjunktion. Die Gattung wird ihrer innerlichen Differenz nach in untergeordnete Arten eingeteilt. Angesichts unseres Beispiels ist die Gattung am Prädikat die Disjunktion von dunkel und hell. In diesem Sinne ist das disjunktive Urteil die eigene Teilung der Gattung. Eine solche Teilung trifft auf Hegels Rede von der „ursprünglichen Teilung" zu, die der Bestimmung des Begriffs zugrunde liegt. So erreicht das Urteil die Form des Begriffs, also *das Urteil des Begriffs*.

Der spekulativen Methode folgend ist der Übergang vom Urteil der Notwendigkeit zum Begriffsurteil wie folgt zusammenzufassen. Das Subjekt des notwendigen Urteils wird anhand des Hinweises des dialektischen Moments vom verständigen Moment zum Gattungsbegriff korrigiert, in dem eine Allgemeinheit nicht mehr von der Ausnahme abhängt, sondern alle Ausnahmen von sich ausschließen kann. Bezüglich der ausschließenden Funktion des Gattungsbegriffs lässt sich das neue Urteil als notwendiges Urteil bezeichnen. Die Identität von Einzelheit und Allgemeinheit wird durch die Notwendigkeit des Gattungsbegriffs gewährleistet. Allerdings erscheint dem dialektischen Moment das Mitglied einer Gattung trotz ihrer notwendigen Zugehörigkeit noch von dieser Gattung numerisch unterschieden zu sein. Die notwendige Identität von Einzelnem und Allgemeinem ist nicht explizit. Das verständige Moment liefert dann eine Alternative, die ihre Form im hypothetischen Urteil findet und die notwendige Identität im kontrafaktischen Satz ausdrückt. Die Identität wird vom dialektischen Moment mit dem Argument wiederum angezweifelt, dass das hypothetische Urteil bloß auf eine negative Weise die notwendige Identität des Einzelnen – nacheinander folgende Ereignisse – und des Allgemeinen – das entsprechende Gesetz – behauptet, ohne den wahrhaften Grund dafür zu explizieren, durch den ein Ereignis notwendig einem anderen Ereignis folgt. Zur Explikation der Notwendigkeit der Folge greift das verständige Moment das disjunktive Urteil auf, in dem ein Begriffsteil aufgrund der logischen Disjunktion einen anderen Begriffsteil notwendig mit sich bringt oder, negativ gesagt, von sich ausschließt. Das dialektische Moment zweifelt an der Gültigkeit der Disjunktion, indem mit ihr aufgezeigt werden kann, dass keine Disjunktion, sondern die Einteilung des Begriffs entscheidend für Notwendigkeit ist. Das verständige Moment nimmt den Begriff an und korrigiert das disjunktive Urteil zum Begriffsurteil.

Das Urteil des Begriffs

Die unmittelbare Form des Begriffsurteils ist das assertorische Urteil, wie z.B. „Dieses Haus ist schlecht", „diese Handlung ist gut" usw. Unmittelbar betrachtet ist das Subjekt des Begriffsurteils auch ein Unmittelbares (das Einzelne), z.B. „dieses Haus". Resultierend aus dem Reflexionsurteil und dem notwendigen Urteil muss das Unmittelbare weiterhin reflektiert und zum Gattungsbegriff (dem Allgemeinen) werden. Der Gattungsbegriff *qua* Haus fungiert nun im Begriffsurteil als ein Ideal, mit dem das unmittelbare Haus verglichen und daraufhin geprüft wird, ob seine Beschaffenheit (das Besondere) seiner Allgemeinheit (dem Ideal) angemessen ist. Daher ist das Subjekt des Begriffsurteils ein Doppelsubjekt (das Einzelne und das Allgemeine). Das Resultat der Vergleichung beider besteht hiermit im Prädikat. So sind alle drei Momente des Begriffs im Begriffsurteil vorhanden.

Nehmen wir die Freundschaft als ein Beispiel: Ob ein Freund gut oder schlecht ist, muss ich herausfinden, indem ich ihn mit dem ideellen Maßstab oder dem von mir ideell entworfenen Konzept des Freundes vergleiche. Ob ein solches Urteil wahr oder falsch ist, hängt allerdings gänzlich vom Urteilenden selbst ab, denn alles, worauf es bei diesem Werturteil ankommt, ist mein subjektiver Maßstab. Die Wahrheit des Urteils wird allein vom Urteilenden garantiert, nicht aber von einem Objekt. Das assertorische Urteil ist daher nur eine „subjektive *Versicherung*",[55] die im Vergleich zu ihrer entgegengesetzten Behauptung die gleiche Berechtigung hat. Aus diesem Grund wird das assertorische Urteil zum *problematischen Urteil*.

Ob ein Haus gut oder schlecht ist, ist im assertorischen Urteil nur eine Versicherung ohne Gewähr. Das assertorische Urteil erweist sich somit als Fortgang zum problematischen Urteil. Um diesem Urteil seinen problematischen Charakter zu nehmen, ist die Angabe des Grundes erforderlich. Ein Haus ist gut, *„je nachdem [, wie] es beschaffen ist."*[56] Auf diese Weise ist die Kopula oder die durch sie vertretene Vergleichungsidentität zwischen Subjekt (das Einzelne und das Allgemeine) und Prädikat (das Resultat der Vergleichung beider) nicht willkürlich, sondern durch die Beschaffenheit des Einzelnen begründet.

---

55   GW 12: 85.
56   GW 12: 86.

Ein solches objektiv gültiges Urteil – z.B. „das Haus so und so beschaffen ist gut" – nennt Hegel „*das apodiktische Urtheil*"[57].

Das Subjekt des apodiktischen Urteils ist das Sein, das alle drei Momente des Begriffs enthält: das Unmittelbare *qua* das Einzelne, das Ideal *qua* das Allgemeine, die Beschaffenheit *qua* das Besondere. Das Prädikat ist das allgemeine Sollen: gut, schlecht, richtig usw. Dieses Sollen enthält durch seinen Bezug auf das Subjekt alle drei Momente des Begriffs. Erstens sind Adjektive wie gut und schlecht selbst das Allgemeine. Zweitens werden sie im apodiktischen Urteil durch einzelne Gegenstände (z.B. Haus, Freund usw.) instantiiert, die sich in einer spezifischen Beschaffenheit (dem Besonderen) finden. Die Identität zwischen Subjekt und Prädikat des Urteils und damit verbunden auch zwischen dem Sein und Sollen kommt auf diese Weise schlussendlich zu Stande.

Die Identität drückt allerdings keinen irrealen Grenzfall aus, sondern das tatsächliche „*Entsprechen*"[58] von Subjekt und Prädikat. Auch wenn das Haus im Hinblick auf seine Beschaffenheit faktisch schlecht ist, so entspricht es trotzdem dem Ideal eines Hauses, weil andernfalls das Sprechen über einen Vergleich von Vornherein konterkariert worden wäre. Das instantiierte Allgemeine ist die wahrhafte oder objektive Allgemeinheit, und das apodiktische Urteil ist bezüglich dieser objektiven Allgemeinheit „*wahrhaft* objektiv".[59] Der eigentliche Sinn der Kopula *qua* Selbstidentität des objektiven Allgemeinen in seinen Instanzen wird somit im apodiktischen Urteil erfüllt.

Indem das Subjekt und Prädikat sowie die Kopula des Urteils wieder den Stand des wahrhaften Begriffs *qua* wahrhaftes Allgemeines erreicht haben, verliert der Begriff seine Urteilsform. Denn was die Teilung von Subjekt und Prädikat betrifft, so drückt das Urteil Hegel zufolge die Selbstidentität des objektiven Allgemeinen nicht aus. Angesichts dieser Nichtentsprechung wird die Realität nicht durch das Urteil vorstrukturiert und der urteilende subjektive Idealismus scheint damit aufgehoben worden zu sein.

Indem das apodiktische Urteil aber auf diese Selbstidentität des objektiven Allgemeinen hinweist, entwickelt sich die Urteilslehre weiter zum *Schluss* bzw. zur Schlusslehre. Die Beschaffenheit *qua* das Besondere fungiert hier als die Mitte des Allgemeinen und Einzelnen. Weil das Besondere im Sinne der Durchdringung des Allgemeinen und Einzelnen auch ein Allgemeines ist, ist der Schluss der realisierte Begriff:

---

57 GW 12: 87.
58 GW 12: 88.
59 GW 12: 88.

Urteilung: Begriff (Subjekt)-Sein (Kopula)-Begriff (Prädikat)
Schluss: Begriff (Unterbegriff)-Begriff (Mittelbegriff)-Begriff (Oberbegriff)
L$_{\text{Der Schluss}}$ (das gesetzte Urteil) =
das durch das Besondere instantiierende Allgemeine

Mit Rücksicht auf die spekulative Methode ist der Übergang vom Begriffsurteil zum Schluss wie folgt zusammenzufassen. Das verständige Moment hält zuerst am Subjektbegriff des Begriffsurteils fest und ‚glaubt' daran, dass durch den Begriff allein die notwendige Identität von Einzelnem und Allgemeinem zu gewährleisten ist. Bezüglich der vermeintlichen Gültigkeit des Begriffs lässt sich die erste Form des Begriffsurteil assertorisches Urteil nennen. Das dialektische Moment stellt das Urteil infrage, weil das Wahrheitskriterium des Urteils im Urteilenden selbst liegt und willkürlich sein kann. Ein solches Urteil ist demzufolge vielmehr ein problematisches Urteil. Um das Problem zu vermeiden, fügt das verständige Moment dem problematischen Urteil noch eine objektive Beschaffenheit hinzu, gemäß der die Objektivität des Urteils gewährleistet werden kann. Weil die Beschaffenheit ein besonderer Fall ist, unter dem ein Einzelnes mit einem Allgemeinen identifiziert wird, wendet das dialektische Moment ein, dass das Urteil, das bloß aufgrund der dual-geteilten Struktur von Subjekt und Prädikat gedacht werden kann, wegen seiner Triade von Einzelheit, Besonderheit und Allgemeinheit konterkariert wird. Im Gegenzug dazu, fasst das spekulative Moment die bisherige Entwicklung des Urteils als einen zurückkehrenden Prozess zum Begriff, indem der Begriff sich differenziert und zu sich zurückkehrt. Mit dem Hinweis auf Prozessualität erfasst das verständige Moment diese Entwicklung als einen Schluss, durch den die drei Elemente des Begriffs miteinander vermittelt werden können.

3.1.3   Der Schluss
Der Schluss des Daseins

Dem modifizierten subjektiven Idealismus nach soll die Realität durch den Schluss vorstrukturiert werden. Jede Tatsache wird somit nicht durch Sinnlichkeit unmittelbar gegeben, sondern steht in einem inferentiellen Verhältnis. Die Realität ist nur dann durchsichtig für uns, wenn wir ihre implizierten inferentiellen Verhältnisse erfasst haben. Der traditionelle Schluss bzw. der Syllogismus ist ein Argument, das aus zwei Prämissen (dem Ober- und dem Untersatz) und einer Konklusion (dem Schlusssatz) besteht. Als Argument bietet der Syllogismus eine formelle Schlussfolgerung.[60] Im Urteil werden das Subjekt und das Prädikat durch die Kopula direkt verbunden, ohne den Grund

---

60   Vgl. Koch (2006): 32f.

3.1 DIE SUBJEKTIVITÄT

der Verbindung ausdrücklich anzugeben. Im Gegensatz dazu wird der Grund im Schluss gegeben. Nehmen wir das klassische Beispiel:

> Obersatz: Alle Menschen sind sterblich.
> Untersatz: Sokrates ist ein Mensch.
> Schlusssatz: Sokrates ist sterblich.

Der Grund für den Schlusssatz liegt im Untersatz und Obersatz, dass Sokrates ein Mensch ist und alle Menschen sterblich sind. Der Begriff „Mensch" fungiert hier augenfällig als das Vermittelnde zwischen Sokrates (dem Subjekt im Schlusssatz) und der Sterblichkeit (dem Prädikat im Schlusssatz). Bezüglich seiner Funktion der Vermittlung wird der vermittelnde Begriff als Mittelbegriff (M) bezeichnet. Da die zwei durch den Mittelbegriff verbundenen Begriffen jeweils im Obersatz (sterblich) und Untersatz (Sokrates) auftauchen, werden sie auch jeweils als Oberbegriff (O) und Unterbegriff (U) bezeichnet. Gemäß der Position des Mittelbegriffs in einem Schluss können alle Kombinationen in vier Figuren dargestellt werden:

	1. Figur	2. Figur	3. Figur	4. Figur
Obersatz	M-O	O-M	M-O	O-M
Untersatz	U-M	U-M	M-U	M-U
Konklusion	U-O	U-O	U-O	U-O

Resultierend aus dem apodiktischen Urteil besteht ein Schluss aus drei vereinzelten Begriffsbestimmungen, nämlich dem Allgemeinen (A), dem Besonderen (B) und dem Einzelnen (E), wobei A als Oberbegriff, B als Mittelbegriff und E als Unterbegriff fungieren. Ein solcher unmittelbarer Schluss ist nur ein sog. „formeller Schluss".[61] Der formelle Schluss fängt mit einem unmittelbaren Einzelnen an, das durch die Vermittlung des Besonderen zum Allgemeinen erhoben wird. Wegen der anfänglichen Unmittelbarkeit kann diese Art des Schlusses analog zum Daseinsurteil als Daseinsschluss bezeichnet werden.

Das Muster des Daseinsschlusses ist die erste syllogistische Figur: *E-B-A*, (Obersatz: B-A, Untersatz: E-B und Schlusssatz: E-A). Angesichts seiner Formalität können zufällige Inhalte im Daseinsschluss eingesetzt werden. Beispielsweise:

---

61 Vgl. GW 12: 92.

> Eine Wand ist mit Farbe angestrichen worden (erste Prämisse oder Obersatz).
> Blau ist eine Streichfarbe (zweite Prämisse oder Untersatz).
> Diese Wand ist blau (Konklusion).

Gleichzeitig kann die Wand auch noch mit gelber Farbe überzogen werden, sodass ein Widerspruch aufzukommen scheint: Die Wand ist sowohl blau als auch gelb. Der Grund der Widersprüchlichkeit liegt darin, dass eine zufällige einzelne Qualität zum Medius Terminus wird.[62]

Die auf der Zufälligkeit basierende Unmittelbarkeit der Prämissen (E-B und B-A) muss vermittelt werden. Da nur der Schlusssatz des Daseinsschlusses zum Vermittelten gehört, müssen die zwei unmittelbaren Prämissen (E-B und B-A) jeweils zum Schlusssatz eines Schlusses werden. Da jeder Schlusssatz zwei andere Prämissen benötigt, bedürfen diese zwei Prämissen *qua* neue Schlusssätze insgesamt 4 weiterer Prämissen. Die vier weiteren Prämissen sind selbst aber noch unmittelbar und benötigen dementsprechend wieder ihre eigenen Prämissen (daher 8 Prämissen). Die Forderung der Vermittlung der ursprünglichen zwei Prämissen des Daseinsschlusses führt daher zum linearen, unendlichen Regress, die Hegel als „schlechte Unendlichkeit" bezeichnet. Der Seinslehre nach mündet dieser Regress in die wahrhafte Unendlichkeit (Kreislauf oder Zirkulation). Dies hat aber keine formallogische Bedeutung.[63]

Um den Regresses zu vermeiden, müssen jene zwei unmittelbaren Prämissen (E-B und B-A) mit den beiden anderen Prämissen (B-A und E-A bei E-B bzw. E-A und E-B bei B-A) jeweils als Schlusssatz vermittelt werden. Es gibt insgesamt drei Schlüsse. Da in E-B-A nur das Einzelne durch das Besondere mit dem Allgemeinen im Schlusssatz vermittelt wird, enthält das Einzelne *qua* das Resultat der Vermittlung Allgemeinheit und Besonderheit. Das Einzelne spielt daher die Rolle der Mitte. Da der Schlusssatz der ersten Figur E-A durch B schon vermittelt ist, soll sie auch zur Prämisse der neuen Figur gemacht werden. Die neue Figur, die sowohl E zur Mitte und E-A zu einer der Prämissen hat, muss daher E-B zu einer anderen Prämisse haben. Daraus ergibt sich die zweite Figur: *B-E-A*. Die zweite Figur entspricht eigentlich der dritten Figur des traditionellen Syllogismus (Obersatz: E-A, Untersatz: E-B und Schlusssatz: B-A). Da Hegel die zweite Figur als notwendiges Resultat des Übergangs von der ersten Figur zur zweiten ansieht, kritisiert er damit die traditionelle Ordnung der zweiten und dritten Figur als überholt.[64]

---

62 „Es wird billig nichts für so unzureichend gehalten, als ein solcher formeller Schluß, weil er auf dem Zufall oder der Willkühr beruht, welcher Medius Terminus gebraucht wird." GW 12: 97.
63 Vgl. Iber, Christian (2006): 125.
64 GW 12: 101.

3.1 DIE SUBJEKTIVITÄT

Weil der Mittelbegriff, hier in der zweiten Figur das Einzelne, zweimal an der Stelle des Subjekts steht, muss er jeweils dem Allgemeinen und dem Besonderen subsumiert werden. Wegen der Subsumtion des Einzelnen unter dem Besonderen in Untersatz muss die zweite Figur das partikuläre Urteil zu ihrer Prämisse (E-B) und Konklusion haben.[65]

> Ein gutes Leben ist glücklich (E-A).
> Einige Menschen haben ein gutes Leben (E-B).
> Einige Menschen sind glücklich (B-A).[66]

Weil das partikuläre Urteil positiv und negativ ist, ist das Allgemeine im Schlusssatz noch ein Besonderes. Der Schlusssatz kann daher auch in seiner Negation richtig sein: einige Menschen sind nicht glücklich. So ist der Schlusssatz der zweiten Figur gleichgültig. Weil das Einzelne als Mitte des Schlusses – analog zur ersten Figur – zufällig ausgewählt wurde, können durch es zusammengeschlossene Ober- und Unterbegriffe auch gleichgültig gegen einander sein und miteinander vertauscht werden.

> Insofern auch das Besondere und Allgemeine die Extreme und unmittelbare, gleichgültige Bestimmtheiten gegeneinander sind, so ist ihr Verhältnis selbst gleichgültig; Es kann beliebig die eine oder die andere als Terminus Major oder Minor, daher auch die eine oder die andere Prämisse als Ober- oder als Untersatz genommen werden.[67]

Auf diese Weise kann die zweite Figur nicht nur B-E-A, sondern auch A-E-B (die von Hegel später umformulierte Form)[68] sein. Die potentielle Zufälligkeit der ersten Figur wird durch die zweite realisiert. Der durch das zufällige Einzelne aufgebaute Schluss verliert wegen dieser Zufälligkeit und der darauffolgenden Gleichgültigkeit seine objektive Wahrheit und wird daher negiert. Nicht nur das gute Leben kann als glücklich bezeichnet werden, sondern auch die schöne Liebe, die Ehre usw. Das Adjektiv „glücklich" *qua* das Allgemeine kann mit vielen Einzelnen verbunden werden. Die Zufälligkeit drückt ihrer positiven Lehre zufolge jedoch den Anspruch auf Allgemeinheit aus. Nur das Allgemeine kann die Zufälligkeit des Mittelbegriffs beseitigen, weil es wegen seiner Allgemeinheit keinen Platz für Zufälligkeit lässt. Die gültige Mitte soll kein zufälliges Einzelne, sondern sein Gegenteil, das notwendige Allgemeine sein. So rückt die dritte Figur: *E-A-B* in Hegels Fokus, die eigentlich die zweite

---

65 Vgl. GW 12: 101.
66 Das Beispiel wird durch Christian Iber angeregt. Vgl. Iber (2006): 126.
67 GW 12: 102.
68 Vgl. TW 8: 338 (Enz.³1830, §186).

Figur des traditionellen Syllogismus (Obersatz: B-A, Untersatz: E-A und Schlusssatz: E-B) ist.

In der dritten Figur kann das Besondere aber nicht notwendig aus dem Einzelnen durch die Vermittlung der Allgemeinen erschlossen werden, weil das Einzelne unter verschiedenen Besonderen subsumiert werden kann. Diese Figur hat daher wieder dasselbe Problem der zweiten Figur. Sie gilt nur für ein bestimmtes Urteil und diesmal nicht für das partikuläre Urteil, sondern für das negative Urteil. So ist das Beispiel der dritten Figur:

> Sokrates ist sterblich (E-A).
> kein Stein ist sterblich (B-A).
> Sokrates ist kein Stein (E-B).

Auf ähnliche Weise könnte man auch sagen, dass Sokrates kein Hund, Vogel usw. ist. Die Schlussfolgerung ist gleichgültig und zeigt sich nicht als Resultat eines notwendigen Vermittlungsvorgangs. Das Verhältnis zwischen beiden Extremen im Beispiel ist daher ebenfalls „gleichgültig".[69] Die dritte Figur kann mit der Vertauschung zweier Extreme auch in B-A-E geändert werden. Weil die beiden Extreme gegen die abstrakte Allgemeinheit gleichgültig sind, weisen sie wie die Gleichgültigkeit der zweiten Figur auf das Allgemeine hin. Die zwei Extreme unterscheiden sich nicht mehr von der Mitte. Alle drei sind Allgemeine. Dies führt zur vierten Figur: *A-A-A* (der mathematische Schluss)

Die ursprünglich vierte Figur im traditionellen Syllogismus ist nicht der mathematische Schluss A-A-A, sondern eine durch die Inversion der ersten Figur gebildete Figur (O-M, M-U, U-O). Die Gültigkeit[70] dieser Inversion wird aber von vielen Philosophen, z.B. Kant[71], bezweifelt. Wahrscheinlich bezeichnet Hegel Kant folgend in seiner „Kleinen Logik", die den ersten Teil der Hegelschen *Enzyklopädie* ausmacht, diese traditionelle vierte Figur als

---

69 GW 12: 103.
70 Für den Ursprung und die Wirkungsgeschichte des Problems der vierten Figur vgl. Rescher (1966), insbes. 22ff.
71 In einer Logikschrift von 1762 (*Die falsche Spitzfindigkeit der vier syllogistischen Figuren*) glaubt Kant, dass die vierte Figur nur eine formelle Umkehrung der ersten Figur sei, und insofern gar nicht von der ersten Figur unterschieden werden könne. „Ein jeder Geist ist einfach; Alles Einfache ist unverweslich; Also ein jeder Geist ist unverweslich; Mithin einiges Unverwesliche ist ein Geist. Dieses schließt ganz richtig, allein ein dergleichen Vernunftschluß ist von dem in der ersten Figur nicht durch eine andere Stelle des mittlern Hauptbegriffs unterschieden, sondern nur darin, daß die Stellen der Vordersätze verändert worden und in dem Schlußsatze die Stellen der Hauptbegriffe. Darin besteht aber gar nicht die Veränderung der Figur." (AA II: 55)

„ein[en] überflüssige[n] ja selbst abgeschmackte[n] Zusatz der Neuern"[72], und ersetzt sie durch den mathematischen Schluss. Die Änderung der Figuren zugunsten eigener Zwecke ist deshalb leicht zu verstehen, weil Hegel angesichts der Einteilung der syllogistischen Figuren nicht vom bestehen Regelwerk der scholastischen Logiker ausgeht, sondern vom notwendigen Begründungsverhältnis der drei Begriffsmomente (A, B, E).

> Es ist darum kein Wunder, wenn die Figuren später als ein leerer Formalismus behandelt worden sind. Sie haben aber einen sehr gründlichen Sinn, der auf der Notwendigkeit beruht, daß *jedes Moment* als Begriffsbestimmung selbst das *Ganze* und der *vermittelnde Grund* wird.[73]

Da die Begriffsmomente nur drei sind und jedes zur Begründungsfunktion an die Stelle des Mittelbegriffs, der die anderen zwei Extreme in ein Ganzes bzw. eine Einheit zusammenschließt,[74] treten muss, muss es für Hegel statt vier eigentlich nur drei Figuren geben.

> Der mathematische Schluss heißt: wenn zwei Dinge oder Bestimmungen einem Dritten gleich sind, so sind sie unter sich gleich. – Das Verhältnis von Inhärenz oder Subsumtion der Terminorum ist darin ausgelöscht.[75]

Die Form der Extreme und der Mitte ist im mathematischen Schluss gleichgültig, weil jede Bestimmung an jede Stelle treten kann. Auf diese Weise scheint der Schluss zerstört zu sein. Als positives Resultat aller drei vorhergehenden Schlüsse drückt die vierte Figur aber wesentlich die formelle Einheit des Daseinsschlusses aus. Die Notwendigkeit oder Gültigkeit jedes Schlusses setzt die anderen zwei voraus und muss insofern durch dieselben vermittelt werden. Die isolierte unterschiedliche Formbestimmung des Extrems und der Mitte gilt nicht mehr als wichtig. „Die Vermittlung hat sich also als die Gleichgültigkeit der unmittelbaren oder abstrakten Formbestimmungen und als positive *Reflexion* der einen in die andere bestimmt."[76]

In Anlehnung an die spekulative Methode lässt sich der Übergang von Daseinsschluss zum Schluss der Reflexion wie folgt zusammenfassen. Das verständige Moment nimmt zuerst die Identität von Einzelnem und Allgemeinem als eine Vermittlung durch das Besondere an. Vor diesem Hintergrund ist die erste Schlussfigur: E-B-A. Analog zum Daseinsurteil hält das verständige

---

72 GW 20: 196 (Enz.³1830 §187 A).
73 GW 20: 196 (Enz.³1830 §187 A).
74 GW 20: 195 (Enz.³1830 §185).
75 GW 12: 104.
76 GW 12: 106.

Moment das Einzelne zuerst für ein Dasein. Die Annahme des Daseins als Einzelnes ist aber mit Blick auf das dialektische Moment unhaltbar, weil durch das zufällige Dasein zwei ebenso zufällige Dinge willkürlich verbunden werden können. Übrigens widerspricht ein unmittelbares, also unvermitteltes Dasein der Vermittlung, die in einem Schluss zum Ausdruck gebracht wird. Aus diesen Gründen korrigiert das verständige Moment die Schlussfigur E-B-A zu zwei weiteren Schlussfiguren: B-E-A und E-A-B.

In der zweiten Figur wird das Einzelne zweimal – unter dem Besonderen und dem Allgemeinen – subsumiert. Wegen der Unmittelbarkeit bzw. Willkürlichkeit des Einzelnen können zwei beliebige Extreme durch das Einzelne *qua* Mittelbegriff miteinander verbunden werden. Die Beliebigkeit verursacht auch die Irrelevanz der Konklusion. Anders gesagt: Die Schwäche der ersten Figur wird in der zweiten verstärkt. Mit dieser Schwäche wird auch die zweite Figur vom dialektischen Moment in Zweifel gestellt.

Das ähnliche Problem besteht auch in der dritten Figur, weil dem einen Allgemeinen verschiedene Besonderen zu subsumieren sind. Das Einzelne lässt sich auf diese Weise mit verschiedenen Besonderen verbinden. Aller drei Figuren weisen auf ein Desiderat hin, nämlich auf die Notwendigkeit des Allgemeinen, durch das allein eine syllogistische Vermittlung objektiv gültig ist. Bezüglich dieses Beziehungszusammenhanges entsteht mit Rückgriff auf das verständige Moment die vierte Figur: A-A-A. Eine solche Figur scheint dem dialektischen Moment jedoch problematisch zu sein, weil ihre Konklusion durch keine syllogistische Vermittlung, sondern eine Analogie gezogen wird. Dies widerspricht dem Schluss. Anders gesagt: Die Mitte darf nicht unmittelbar, sondern muss reflexiv mit beiden Extremen verbunden werden. Das verständige Moment gibt dann den Daseinsschluss auf und nimmt Reflexionsschluss an.

Der Schluss der Reflexion

Das Defizit des Daseinsschlusses ist Hegel zufolge die Irrelevanz zwischen dem Subjekt und Prädikat eines Satzes (sei es im Ober-, Unter- oder Schlusssatz), wodurch „das Subject mit unbestimmbar andern, und mit entgegengesetzten Prädicaten zusammen geschlossen seyn konnte."[77] Die inferentiellen Momente sind noch unmittelbar und nicht mit einander vermittelt. Als Beispiel kann der folgende Schluss E-B-A genommen werden:

Die Rose ist rot.
Rot ist eine Farbe.
Die Rose ist eine Farbe.

---

77 GW 12: 111.

Rot *qua* eine unmittelbare Qualität der Rose wird im Untersatz isoliert von der Rose betrachtet. Die Isolierung führt zum Fehlschluss oder Widerspruch, weil die Rose eigentlich keine Farbe ist. Solange das Besondere im Daseinsschluss als der Mittelbegriff irgendeine unmittelbare Qualität zum Oberbegriffs, z.B. der Rose, hat, kann diese Qualität auch mit irgendeinem Unterbegriff durch den Untersatz zusammengeschlossen werden, das dem Oberbegriff dann im Schlusssatz sogar widersprechen kann.

Weil der Daseinsschluss negiert wird, wird die Mitte *qua* das Besondere nicht isoliert, sondern in reflexiver Relation zum Einzelnen und Allgemeinen als konkrete Totalität betrachtet. Wegen der Negation des qualitativen Daseinsschlusses ist die konkrete Totalität – wie im Reflexionsurteil – jedoch noch eine quantitative Totalität, eine Allheit, wie z.B. alle Menschen, alle Rosen usw. Ein Beispiel für diesen *Schluss der Allheit* ist:

> Alle Menschen sind sterblich.
> Sokrates ist ein Mensch.
> Sokrates ist sterblich.

Der „Obersatz aber enthält in sich schon diesen Schlusssatz",[78] weil in *Alle Menschen* Sokrates enthalten ist. Auf diese Weise erhält der Schlusssatz seine Gültigkeit nicht durch den Schluss selbst, sondern durch die Richtigkeit des Obersatzes, der selbst umgekehrt von der Richtigkeit des Schlusssatzes, also der einzelnen Instanz, abhängt. Wäre Sokrates erstaunlicherweise nicht sterblich, so wäre der Obersatz falsch. Die gegenseitige Abhängigkeit zwischen Obersatz und Schlusssatz widerspricht offenkundig der Vermittlungsfunktion des Schlusses. Daher ist „der Reflexionsschluß nur ein äußerlicher leerer *Schein des Schliessens*".[79] Der positiven Lehre des Widerspruchs nach ist die Forderung an die Allheit, dass die Allheit durch die Einzelheit vermittelt werden soll. Dies führt zum *Schluss der Induktion*.

Im Schluss der Induktion ist das Einzelne wie in der zweiten Figur des Daseinsschlusses die Mitte, durch deren Sammlung eine Instanz zu einer Gattung wird. Da das Einzelne hier nicht wie im Daseinsschluss nur ein zufälliges Merkmal, sondern eine Zusammenfassung aller Instanzen ist, nennt Hegel den Schluss der Induktion „Schluß der *Erfahrung*".[80] Wie jede empirische Induktion hat der Schluss der Erfahrung das Problem der Unerschöpflichkeit (schlechter Unendlichkeit). Es gibt immer neue, zählbare Instanzen. Die Allgemeinheit ist insofern nur eine Vollständigkeit, und die Forderung der

---

78 GW 12: 112.
79 GW 12: 113.
80 GW 12: 114.

Allgemeinheit bleibt nur als „ein perennirendes *Sollen*".[81] Dieses Sollen drückt seiner positiven Lehre nach aber tatsächlich die Identität der Einzelheit und der Allgemeinheit aus, obwohl die Sammlung der Instanzen nie vollendet werden kann. Bezüglich der fehlenden Vollendung kann diese Identität nur im Sinne der Analogie erhalten werden. So kommt es zum *Schluss der Analogie*.

Im Schluss der Analogie basiert die Vermittlung allein auf der „*Aehnlichkeit*".[82] Beide Extreme werden durch eine ähnliche Eigenschaft oder ein ähnliches Merkmal (Allgemeinheit) mit einander zusammengeschlossen. Beispielsweise:

> Die Erde hat Bewohner.
> Der Mond ist eine Erde.
> Der Mond hat Bewohner.

Allerdings kommt die Erde als Mitte nicht unbedingt dem Mond zu, weil die Erde ein besonderer Weltkörper ist, der Bewohner hat. Ähnlichkeit bedeutet insofern ebenso Nichtidentität. Der Schluss der Analogie enthält daher nicht eine Mitte, sondern zwei Ähnliche, die als Mittelbegriffe fungieren. Bezüglich der Schlussform soll die Mitte aber nur eine sein. Übrigens widerspricht eine solche zufällige Ähnlichkeit der Notwendigkeit der Vermittlung des Schlusses. Auf einen anderen Aspekt (positive Lehre) hin betrachtet, drückt dieses Problem die Forderung der Analogie aus, dass die zwei Mitten *eine* sein *sollen*. Die Gesetze, die für die Erde gelten, sollen auch für den Mond gelten, weil beide *einer* Allgemeinheit angehören. Während im Schluss der Induktion die Einzelheit zur Allgemeinheit erhoben werden soll, soll nun im Schluss der Analogie die Allgemeinheit sich in der Einzelheit instantiieren. Die Selbstständigkeit des Einzelnen wird durch diese Instantiierung des Allgemeinen negiert. Ein neu entdeckter Planet soll z.B. sich dem Gesetz der Gravitation gemäß bewegen, das auch für alle anderen Planeten gilt.[83] Die Allgemeinheit umgreift die Einzelheit, was im Schluss der Analogie explizit hervortritt. In ihm gewinnt die Exemplifikation des Allgemeinen im Einzelnen den Status der Notwendigkeit. Auf diese Weise entsteht der *Schluss der Notwendigkeit*.

Mit Rückgriff auf die spekulative Methode ist der Übergang vom Schluss der Reflexion zum Schluss der Notwendigkeit wie folgt zusammenzufassen. Das verständige Moment verbindet das Einzelne *qua* Instanz eines Allgemeinen vermittels einer besonderen Eigenschaft mit dem Allgemeinen. Die Gültigkeit

---

81 GW 12: 114.
82 GW 12: 115.
83 Vgl. TW 8: 343 (Enz.³1830, §190 Z).

des Schlusses wird jedoch vom dialektischen Moment infrage gestellt, weil die Zugehörigkeit des Einzelnen zum Allgemeinen statt durch die Vermittlung des Einzelnen einfach vorausgesetzt wird. Dies ergibt den Allheitsschluss, den das verständige Moment zum Schluss der Induktion korrigiert, in der die Allheit des Allgemeinen durch die Akkumulation der Einzelnen erreicht wird. Die Induktion wird aber weiterhin vom dialektischen Moment auf ihren Allgemeinheitsanspruch hinterfragt, bei dem gezeigt werden kann, dass die Induktion das Allgemeine prinzipiell nie erreichen kann. Der Schluss der Induktion fußt tatsächlich auf einer Analogie. Diese Wahrheit greift das verständige Moment auf und leitet so zur Betrachtung des Analogieschlusses über. Da die Vermittlung des Analogieschlusses allein auf einer zufälligen Ähnlichkeit basiert, widerspricht er der objektiven Gültigkeit bzw. Notwendigkeit des Schlusses. Der Reflexionsschluss wird aus diesem Grund vom verständigen Moment zum notwendigen Schluss korrigiert.

Der Schluss der Notwendigkeit

Die Allgemeinheit, die auf diesem Standpunkt der logischen Entwicklung über ihre Einzelheit notwendig herrscht oder sich in Einzelnen instantiiert, nennt Hegel die *„objektive Allgemeinheit"*.[84] Die objektive Allgemeinheit steht im Schluss der Notwendigkeit als die Mitte, die *qua* Gattung die beiden Extreme einschließt. Die Gattung ist „ein die drey Terminos durchlaufendes Wesen".[85] Ein solcher Schluss ist zuerst *der kategorische Schluss*. Obwohl dieser Schluss wieder die erste Figur: E-B-A besitzt, hat er aber keine Zufälligkeit mehr, sondern angesichts der Gattung Objektivität. Beispielsweise:

> Kupfer ist ein Metall.
> Metall ist elektrisch leitfähig.
> Kupfer ist ein elektrischer Leiter.[86]

Elektrische Leitfähigkeit ist die wesentliche physikalische Eigenschaft der Gattung „Metall". Daher muss jedes Mitglied dieser Gattung diese physikalische Eigenschaft besitzen. Eben hierin besteht die Notwendigkeit des kategorischen Schlusses.

Ähnlich wie beim Gedanken der Substantialität der Wesenslehre ist diese notwendige Instantiierung des Allgemeinen im Einzelnen, einerseits noch eine innere oder potentielle Identität, die nur den Inhalt und nicht die Form des

---

84 GW 12: 119.
85 GW 12: 120.
86 Vgl. GW 23,2: 788.

Schlusses betrifft. Bezüglich der Vermittlungsfunktion des Schlusses soll aber die Form der Vermittlung die einzige Garantie für die Gültigkeit des Schlusses sein. Andererseits ist die Notwendigkeit noch mit Zufälligkeit behaftet. Das Metall *qua* Gattung hat sowohl viele andere Mitglieder – z.B. Eisen – als auch viele andere physikalische Eigenschaften wie z.B. die Wärmeleitfähigkeit. Angesichts dieser Möglichkeit werden *Kupfer* und *elektrische Leitfähigkeit* nur zufällig ausgewählt. Beide Extreme des kategorischen Schlusses haben noch eine Zufälligkeit. Um nicht mehr von der Zufälligkeit abhängig zu sein, muss der notwendige Zusammenschluss beider Extreme aufgezeigt werden. So kommt *der hypothetische Schluss* zustande, worin das eine Extrem das andere Extrem nicht zufällig, sondern notwendig bewirkt. Das Muster des hypothetischen Schlusses ist der *modus ponens* und lautet:

wenn A ist, so ist B,
nun ist A,
Also ist B.

A ist selbstnegierend. Wenn A vorkommt, geht A sofort in B über. Vor diesem Hintergrund ist der Untersatz tatsächlich eine Negativität, weil A im Schlusssatz durch B ersetzt wird. Durch die Negation von A wird die im kategorischen Schluss noch potentielle Notwendigkeit jetzt als „*seyende Notwendigkeit*"[87] erwiesen. Dementsprechend wird die Identität von A und B als die differenzierte Identität des Begriffes (wie z.B. Ursache/Wirkung, Grund/Folge Bedingung/Bedingtes usw.) gezeigt, sofern A und B als „das *Notwendige*" von der ihnen verborgenen „*Notwendigkeit*" ununterschieden sind.[88] Bezüglich der geläufigen Vorstellung über Kausalität wird der Zusammenhang zwischen Ursache und Wirkung *qua* notwendige Relation von Ursache und Wirkung *qua* den beiden *Relata* getrennt. Allerdings ist der Unterschied zwischen *Relata* und Relation nur eine äußerliche Form. Sie haben einen und denselben Inhalt, weil „das Sein des einen das Sein des anderen ist".[89] Die Unmittelbarkeit von B wird durch A vermittelt, und die Rolle von A als die Ursache hängt ebenfalls nur von ihrem Bezug auf B ab. Indem beide eine gegenseitig ausschließende Beziehung haben, machen sie eine negative Einheit aus. Die Existenz des einen negiert die des anderen. Beide sind voneinander durch diesen gegenseitigen Ausschluss abhängig. Der gegenseitige Ausschluss drückt eben die differenzierte

---

87   GW 12: 122.
88   GW 12: 123.
89   GW 12: 123.

Identität des Begriffs aus. Die Schlussform dieses gegenseitigen Ausschlusses ist *der disjunktive Schluss*.

Die disjunktiven Schlüsse haben – wie zuvor das disjunktive Urteil – eine „Sowohl-Als"- und „Entweder-Oder"-Form. Während die Disjunktion im Urteil bezüglich der Subjekt-Prädikat-Struktur nur zwei Momente hat, besitzt die Disjunktion im Schluss mit Blick auf den Ober-, Mittel- und Unterbegriff drei Momente. Das Muster des disjunktiven Schlusses lautet:

> A ist entweder B oder C oder D.
> A ist aber weder C noch D.
> Also ist es B.
> Oder umgekehrt:
>
> A ist entweder B oder C oder D.
> A ist nun B.
> Also ist A nicht C noch D.

Der disjunktive Schluss ist eine differenzierte Identität aller drei Begriffsbestimmungen. Dies wird in der Vermittlungsfunktion von A ausgedrückt. A im Obersatz erfüllt als der potentielle Kandidat alle drei möglichen Einteilungen (Besonderungen) eines Allgemeinen. A ist daher das bestimmte Allgemeine. Im Untersatz wird A mit B identifiziert und daher zu einem der drei Besonderen. A ist nun wieder das Besondere. Im Schlusssatz wird A durch Ausschluss zu anderen Besonderungen der Allgemeinheit auf das Einzelne begrenzt. So ist A als das Allgemeine, das Besondere und das Einzelne mit sich selbst vermittelt. A ist sowohl die Mitte als auch die beiden Extreme.

Die formale Differenz des Schlusses zwischen Mitte und Extremen und die Begriffsdifferenz zwischen dem Allgemeinen, Besonderen und Einzelnen sind somit A gleichgültig. Angesichts dieser Gleichgültigkeit negiert A *qua* die differenzierte Identität sowohl die Differenz im Schluss als auch die Begriffsdifferenz. Da die Differenz im Schluss Grundlage der Vermittlungsfunktion des Schlusses ist, macht die Negation der Differenz des Schlusses (Vermittlung) von A sich zu einem Unmittelbaren. Das Unmittelbare nennt Hegel „*Objekte*"[90], weil die Vermittlung bezüglich ihrer Notwendigkeit ohne äußerliche und subjektive Reflexion, allein von A selbst ausgeführt wird.

> Das Resultat ist daher eine *Unmittelbarkeit*, die durch *Aufheben der Vermittlung* hervorgegangen, ein *Seyn*, das ebensosehr identisch mit der Vermittlung und der

---

90   GW 12: 133.

Begriff ist, der aus und in seinem Anderssein sich selbst hergestellt hat. Diß Seyn ist daher eine *Sache*, die *an und für sich* ist, – die *Objektivität*.[91]

Mit dem wiederhergestellten Unmittelbaren *qua* dem Objekt hebt Hegel den schließenden subjektiven Idealismus auf, der die Position vertritt, dass die Realität unter einer inferentiellen Struktur steht. Das Denken *qua* Begriff bietet nicht nur die subjektive Form der Realität, sei es Begriff, Urteil oder Schluss, sondern auch die objektive Form, nämlich den Begriff des Objekts. Die Realität *qua* der bloß gegebene Stoff ist sinn- und bedeutungslos, weil jeder Stoff vom Denken angeeignet werden muss. Trotz der Negation der bloßen subjektiven Form des Denkens hält der subjektive Idealismus das Denken im Allgemeinen für subjektiv. Der Begriff des Objekts gehört gleichermaßen zur Form des Denkens. So tritt der Formalismus des subjektiven Idealismus ins Feld der objektiven Form des Denkens ein.

$L_{\text{Die Objektivität}}$ (der gesetzte Begriff) = der in sein Anderes versunkene Begriff

Von der spekulativen Methode aus gedacht lässt sich der Übergang vom Schluss der Notwendigkeit zur Objektivität wie folgt zusammenfassen. Das verständige Moment nimmt das Resultat des Reflexionsschlusses auf und denkt den kategorischen Schluss, in dem ein Einzelnes durch eine besondere Eigenschaft einer Gattung notwendig der Gattung subsumiert wird. Wegen der Zufälligkeit der Eigenschaft und dem in dem kategorischen Schluss enthaltenen performativen Widerspruch wird dieser Schluss vom dialektischen Moment infrage gestellt. Um die notwendige Verbindung zu explizieren, wandelt das verständige Moment den kategorischen Schluss in den hypothetischen um, in dem ein Sachverhalt einem anderen notwendig folgt. Dem dialektischen Moment scheint jedoch die notwendige Folge eine dogmatische Behauptung zu sein, die nicht syllogistisch vermittelt wird. Denn warum muss das Eine dem Anderen folgen? Das verständige Moment liefert dann den disjunktiven Schluss, in dem die notwendige Folge durch die Disjunktion des gemeinsam geteilten Gattungsbegriffes erklärbar wird. Mit dem disjunktiven Schluss scheint dem dialektischen Moment die Form des Schlusses jedoch bloß äußerlich zu sein, weil jeder Teil des Begriffs wegen der Einteilung des Begriffs auch ohne die Schlussform mit anderen Teilen des Begriffs vermittelt werden kann. Mit diesem Verlust der Schlussform muss das verständige Moment sich wiederum neu orientieren. Das spekulative Moment fasst die Entwicklung des Schlusses als einen Prozess zusammen, in dem der Begriff durch Aufhebung eigener

---

91 GW 12: 126.

Vermittlung bzw. negativer Selbstbezüglichkeit zum Anderen wird. Das verständige Moment nimmt das Andere an und bezeichnet es als Objekt.

3.2 Die Objektivität

3.2.1 *Der Mechanismus*
Obwohl die subjektive Seite des subjektiven Idealismus negiert wird, bleibt der Formalismus des subjektiven Idealismus intakt. Bei Kantischem und Fichtischem Idealismus wird das Objekt als das negative Korrelat des „Ichs" postuliert. Trotz der Aufhebung der subjektiven Seite ist die idealistische Position noch subjektiv, weil sie das Denken für subjektiv hält. Zum Denken gehört nun nicht nur die subjektive gedankliche Form wie Begriff, Urteil und Schluss, sondern auch die objektive gedankliche Form wie das Objekt. Das Objekt steht nicht nur im inferentiellen Zusammenhang, sondern bildet selbst eine gedankliche Totalität. Indem die Vermittlungsfunktion des Schlusses nun negiert wird, wird das Objekt aber zum Unmittelbaren und die gedankliche Totalität zur äußerlichen Welt. Ein solcher Weltbegriff besitzt keine empirische Bedeutung, sondern nur eine logische Totalität.

Dem Resultat des Schlusses nach ist das Objekt einerseits die Totalität aller Begriffsmomente. Andererseits ist es bezüglich der negierten Vermittlung auch ein Unmittelbares. Somit wird in OL nun ein unmittelbares Objekt (Objekt überhaupt) gesetzt. Jedes Objekt verhält sich angesichts der Unmittelbarkeit gegen die anderen ganz gleichgültig – vergleichbar etwa mit dem Menschen im Naturzustand bei Rousseau und den Atomen im leeren Raum des Demokrits. Dies führt zum mechanischen Weltbild, dessen philosophisches Pendant die Leibnizsche Monade ist.[92] In diesem Bild machen mehrere Objekte eine *„verhältnißlose Mannichfaltigkeit"*[93] aus, weil die Begriffsdifferenz durch den Schluss negiert wurde und hier nur die gleichgültige Differenz als Irrelevanz übrigbleibt. Das mechanische Weltbild ist aber kein philosophisches Spezifikum von Leibniz, sondern ein umfassender Diskurs der frühen Neuzeit. Die Welt wird als eine durch physikalische Gesetze geregelte Maschine gedacht.

Die Totalität der Objekte *qua* mechanische Welt ist nur eine äußerliche Zusammensetzung, weil das Prinzip der Totalität nun mechanisch oder äußerlich (*„Vermischung"*, *„Ordnung"*, *„Arrangement"*[94]) ist. Diese äußerlichen Verhältnisse machen wiederum eine äußerliche, ‚chaotische' Totalität als die Welt

---

92   Vgl. GW 12: 134.
93   GW 12: 134.
94   GW 12: 135.

oder das Universum aus. Die Bestimmungen der Objekte sind gänzlich von anderen Objekten abhängig, und zwar äußerlich. Hegel nennt dieses Verhältnis „Determinismus".[95]

Weil alle Bestimmungen nur auf der Äußerlichkeit basieren, ist der Determinismus als ‚Schicksal' oder Erklärung der mannigfaltigen Objekte nur ein leeres Wort. Ein Objekt kann mit diesem oder einem anderen Objekt verschiedene Ordnungen bilden, die tatsächlich demselben äußerlichen Prinzip (mechanischem Prinzip) folgen. Diese Ordnung *qua* äußerliche Totalität, die Hegel „*vorherbestimmte Harmonie*"[96] nennt, führt zu einem Widerspruch: Die isolierten und selbstidentischen Objekte gewinnen ihre Bestimmung nur durch ihre Einwirkungen aufeinander. Die Einwirkungen sind zwar den selbständigen Objekten gleichgültig und äußerlich, können sie aber doch beeinflussen. Wie beim Werden zwischen Sein und Nichts, so führt auch dieser Widerspruch zu einem Prozess, worin sich die isolierten und selbständigen Objekte in ihren Einwirkungen aufeinander erhalten können. Dieser Prozess ist der mechanische Prozess – z. B. die Bewegung einer Kugel erzeugt durch den Stoß einer anderen Kugel.

Angesichts der Einwirkungen, die die Objekte empfangen, nennt Hegel die Einwirkungen der Objekte aufeinander „MITTHEILUNG",[97] die zwar eine Wechselwirkung, aber wegen der Isolation der Objekte kein Übergang von einem Objekt zu anderem ist. Beispiele für Mitteilung sind die gemeinsamen Gesetze und Sitten im Geist und die universal durchdringende Bewegung, die Wärme und die Elektrizität im Bereich der physischen Natur. Wegen der Isolation erhält sich jedes Objekt in der Mitteilung. Jeder Mensch besteht z. B. aus Atomen, ist aber auch durch die gemeinsame Sitte beeinflusst. Diese Mitteilung macht das allgemeine Moment der Objekte aus, und jedes Objekt reagiert auch verschieden auf diese Mitteilung. Die verschiedenen Reaktionen konstituieren die Besonderheit und Einzelheit der Objekte und die weiteren Einwirkungen der Objekte aufeinander. Ein Stein ist z. B. isoliert betrachtet ein Einzelnes, aber durch Druck der verschiedenen Mineralstoffe zugleich auch ein zusammengesetztes Produkt. Dies ist das Produkt des mechanischen Prozesses. Das „mechanische Object ist *überhaupt nur Object als Product*, weil das, was es *ist*, erst *durch Vermittlung eines Andern* an ihm ist."

Der Stein als Resultat der physikalischen Zusammensetzung ist nur ein relativ ruhiger Zustand des mechanischen Prozesses. Der Widerspruch zwischen Isolation des einzelnen Steins und allgemeiner Rezeptivität des

---
95   GW 12: 135.
96   GW 12: 136.
97   GW 12: 137.

Steins für Druck bleibt bestehen.[98] Hegel nennt diesen Widerspruch bezüglich des Einzelnen „*Widerstand*" und bezüglich des Allgemeinen „*Gewalt*",[99] die das Objekt durch Druck erleidet. Beispiel für diese Gewalt in der menschlichen Sphäre ist für Hegel das blinde Schicksal, weil die Gewalt des Schicksals die Kraft der blinden Allgemeinheit vertritt, die von einzelnem Menschen nicht kontrolliert werden kann. Der Tod oder die Vergänglichkeit als das Schicksal des lebendigen Individuums ist die Manifestation der allgemeinen Gattung, und dieser Tod kommt äußerlich und zufällig, weil das Einzelne eben die Macht der blinden Allgemeinheit nicht erkennt.

Indem die Macht der blinden Allgemeinheit durch die Zerlegung des Steins oder den Tod des einzelnen Organismus bewiesen wird, wird auch die Isolation der Objekte als entsprechender „*Schein von Einzelnheit*"[100] zerstört. Die Objekte sind jetzt als die Manifestation der Allgemeinheit bestimmt, und umgekehrt ist die Macht auch nicht eine fremde, zufällige, sondern die Ausübung oder Entäußerung des Allgemeinen durch die einzelnen Objekte. Ein solches Einzelnes wird hinsichtlich seiner Entäußerung des Allgemeinen als „*Centrum*"[101] abstrahiert, wodurch das Allgemeine mit dem Einzelnen auf gesetzmäßige Weise verbunden bleibt. Der Druck, den der Stein im Stoß aufgenommen hat, wird jetzt als ein gesetzmäßiges Phänomen bestimmt. Auf diese Weise tritt der *absolute Mechanismus* ein, weil das Allgemeine aufgrund seiner durchdringenden Mitteilung im Einzelnen das isolierte Einzelne *qua* Schranke des Allgemeinen negiert und dadurch zum Absoluten wird.

Das Zentrum wird z. B. in der Physik als Mittelpunkt (Schwerpunkt) konzeptualisiert, der Instanz des Allgemeinen ist, weil das Allgemeine, z. B. die Schwere, ihren Einfluss durch das Zentrum ausübt. Während die Äußerlichkeit der Objekte (die zufällige Größe, Gestalt usw.) ihre Isolation gegen das Allgemeine ausdrückt, vertritt das Zentrum die allgemeine Seite der Objekte. Diese Spannung zwischen beiden macht eben das aus, was Hegel bezüglich der Physik „*Reibung*"[102] nennt. Ausgehend von dieser ‚logischen Reibung' kritisiert Hegel die ideale Bedingung des Beharrungsgesetzes (ohne Reibung bewegte sich ein bewegtes Objekt in gerader Linie ins Unendliche fort).

Objekte mit idealisierten Zentren (dem Zeichen des Allgemeinen) sind Hegel zufolge somit keine isolierten Objekte mehr, sondern Individuen, weil wegen ihrer zugehörigen Relation zum Allgemeinen ihre Isolation gegen das

---

98   Vgl. GW 12: 140.
99   GW 12: 141.
100 GW 12: 142.
101 GW 12: 142.
102 GW 12: 143.

Allgemeine zugleich negiert wird. Das Individuum als Einheit des Einzelnen und Allgemeinen hat selbst unter dem Einfluss des Zentrums wiederum ein zweistufiges Zentrum. Bezüglich dieser triadischen Relation führt Hegel wieder die Schlussform ein: Unmittelbar genommen fungiert das zweistufige Zentrum als Mitte zwischen der Einzelheit (Äußerlichkeit wie zufällige Größe, Gestalt usw.) des Individuums und der Allgemeinheit desselben (Schlussfigur: E-B-A). Die Einzelheit der Individuen fungiert umgekehrt selbst als eine Mitte zwischen zwei anderen Extremen (B-E-A), mit der das zweistufige Zentrum nach dem erststufigen Zentrum streben kann. Schließlich wird das idealisierte oder allgemeine Zentrum wieder zur Mitte (E-A-B).[103] So machen die drei Momente der Individuen durch die drei einander durchdringenden Schlüsse „die vollständigen Verhältnisse des Begriffes"[104] aus.

Die Individuen sind daher die Einheit der Begriffsdifferenz. Als rein logische Struktur kann dieses Resultat heuristisch und regulativ nicht nur Erscheinungen der Physik, sondern auch der Politik und Rechtswissenschaft entsprechen. Beispiele für die Anwendung einer solchen Schlussform sind etwa das Verhältnis von Satellit-Planet-Stern in der Astronomie[105] oder das von Bürger-Bedürfnis-Staat in der Politik.[106] Wie jedes Moment des Begriffs im notwendigen Schluss kann jedes Moment der Individuen auch an allen drei Stellen (Terminus Major und Minor sowie Medius) eines Schlusses treten. Wegen dieser möglichen Permutation der einzelnen Stellen nennt Hegel den absoluten Mechanismus auch „freye[n] Mechanismus"[107], dessen Bestimmung mithin *Gesetz* ist.

Der freie Mechanismus als die Einheit der Begriffsdifferenz instantiiert sich in der Äußerlichkeit des Einzelnen und rekurriert dann die Äußerlichkeit *qua* Instanz des Gesetzes auf sich. Durch diese Zirkulation unterscheidet sich das Gesetz als ein „Prinzip von *Selbstbewegung*"[108] von der Regel, die nur eine statische, oberflächliche Gleichförmigkeit besitzt. Wäre das den Individuen immanente Gesetz wirklich eine Selbstbewegung, wäre die Spannung zwischen der Äußerlichkeit der Individuen und dem allgemeinen Zentrum nicht nur ein Streben, weil Streben bedeuten würde, jene Äußerlichkeit als Fremdheit abzulegen. Als das Gesetztsein oder Resultat der Selbstbewegung müsste jene Äußerlichkeit mithin nicht als fremde, sondern als eigene bestimmt werden.

---

103   Vgl. GW 12: 144.
104   GW 12: 145.
105   Vgl. GW 23,2: 790.
106   Vgl.GW 20: 206f (Enz.³1830, §198 A).
107   GW 12: 146.
108   GW 12: 146.

Dementsprechend würde jene Spannung zwischen den irrelevanten Einzelnen und dem einwirkenden Allgemeinen als der gesetzte Gegensatz angesehen werden, weil beide Elemente jener Relation als Individuen bestehen. Die Fremdheit als Streben widerspricht also der Einheit der Individuen und dem Prinzip der Selbstbewegung. Resultierend aus diesem Widerspruch wird die Fremdheit mithin weggelassen. Nach dieser Korrektur ersetzt das chemische Weltbild das mechanische, wo beide einander entgegengesetzten *Relata* miteinander verbunden werden können.

> L$_{\text{Der Chemismus}}$ (der gesetzte Mechanismus) = die Gegensatz neutralisierende Welt

Ausgehend von der spekulativen Methode ist der Übergang vom Mechanismus zum Chemismus wie folgt zusammenzufassen. Das verständige Moment hält zuerst am Objekt als Selbstständigem fest, das wegen der Aufhebung der Vermittlung des Schlusses unmittelbar ist und sich auch gleichgültig gegeneinander verhält. Ein solches ordnungsloses Beziehungsgeflecht, das als ‚Weltbild' interpretiert werden kann, wird jedoch vom dialektischen Moment angezweifelt, weil die Unmittelbarkeit und Gleichgültigkeit in ihrer Selbstbezüglichkeit selbst eine Bestimmtheit und Ordnung voraussetzt. Um die Selbstständigkeit des Objekts bewahren zu können, besteht das verständige Moment darauf, dass die Gleichgültigkeit keine Bestimmtheit oder Ordnung, sondern eine „Mitteilung" bzw. ein zufälliger, aufeinander wirkender Prozess der Objekte ist. Weil das Objekt in diesem Prozess, der sich anhand der naturphilosophischen Kategorie des Drucks exemplifizieren lässt, zerstört werden kann, stellt das dialektische Moment ununterbrochen die Selbstständigkeit des Objektes in Frage. Alternativlos räumt das verständige Moment die Abhängigkeit der Objekte vom Allgemeinen *qua* weltlicher Ordnung ein und korrigiert den Mechanismus zum absoluten Mechanismus, in dem das äußerliche Einzelne dem Einfluss des Allgemeinen Widerstand leistet. Das Zusammenbestehen von Objekten, die dem Allgemeinen Widerstand leisten, und dem Allgemeinen selbst scheint dem dialektischen Moment jedoch widersprüchlich zu sein. Zur Vermeidung des Widerspruchs wird das beidseitige und als ‚Reibung' gedachte Verhältnis vom verständigen Moment als Wirkung des Allgemeinen am Objekt uminterpretiert. Statt ein äußerliches Selbstständiges zu sein, ist die Äußerlichkeit des Objekts nun das Produkt des Allgemeinen. Dies ergibt den Gedanken des freien Mechanismus, weil die Wirkung des Allgemeinen sich in seinem Anderen, dem Einzelnen, findet. Das dialektische Moment erinnert aber daran, dass die Verwandlung der Äußerlichkeit dem originellen Gedanken des Mechanismus widerspricht, der allein auf jener Äußerlichkeit rekonstruiert werden soll. Im Dilemma gefangen, begreift das spekulative Moment die Entwicklung des Mechanismus als einen negativen zirkulären Prozess, der vom verständigen Moment als Chemismus interpretiert wird, in dem zwei gegensätzliche Stoffe miteinander notwendig verbunden werden.

3.2.2 *Der Chemismus*

Im Chemismus wird die Welt *qua* logischer Totalitätsbegriff nach dem Muster der chemischen Reaktionen und Verbindungen konzipiert. Im Mechanismus wird die Spannung zwischen Äußerlichkeit einzelner Objekte und ihrer gedanklichen Totalität *qua* Welt noch nicht als innerliche Spannung anerkannt, die durch die Individuen selbst gesetzt wird. Deswegen scheinen z. B. zwei durch die äußerliche Bewegung auf einander bezogene Himmelsköper auch ohne diesen Bezug isoliert bleiben zu können. Dies ist nun bei chemischen Objekten nicht mehr der Fall, da die Äußerlichkeit einzelner Objekte und ihre immanente Allgemeinheit als zwei Momente *einer* negativen Einheit gesetzt werden. Bezüglich dieser Integration muss die Äußerlichkeit einzelner Objekte in ihrer Immanenz (ihrer gedanklichen Totalität *qua* Welt) verändert werden.

Die Objekte, die wegen ihrer defizienten Äußerlichkeit mit anderen Objekten integriert werden müssen, sind z. B. Säuren mit Basen. Die Integration der Objekte miteinander aufgrund ihrer inneren Defizite (Widersprüche) führt wieder zu einem neuen Prozess, in dem die Objekte miteinander verbunden werden. Hegel nennt diesen neuen Prozess „*Chemismus*"[109].

Im chemischen Prozess negieren die Objekte ihre defiziente Äußerlichkeit durch die Verbindung mit anderen, ebenfalls defizienten und ihnen diametral entgegengesetzten Objekten, im Sinne eines kompensatorischen Prozesses. Wie Säure mit Base bilden entsprechende Objekt-Verbindungen daher zusammen eine „*Verwandtschaft*"[110]. Hier führt Hegel erneut die Schlussform ein, indem beide Objekte durch ihre Verwandtschaft zu einer Einheit (die Neutralität) werden. Die Mitte des Schlusses *qua* Verwandtschaft bildet die gemeinsame Natur beider Objekte. Der Schlusssatz ist das Produkt dieses chemischen Prozesses, nämlich ein „*neutrales*".[111] Im neutralen Produkt sind zwei Objekte mithin zu einer Einheit geworden, der Gegensatz folglich getilgt.

Da im Produkt die defiziente Äußerlichkeit beider Objekte negiert wird, gibt es auch keinen Widerspruch zwischen Äußerlichkeit und Immanenz. Der immanente Begriff scheint im Produkt seine Realität zu gewinnen. Allerdings

---

109 GW 12: 147.
110 GW 12: 149.
111 GW 12: 150.

ist diese Realisierung des Begriffs kaum eine Selbstbewegung zu nennen. Denn erstens ist das neutrale Produkt noch ein formales und statisches, weil es sich zu vorausgehenden Objekten noch äußerlich verhält. Diese Äußerlichkeit wird durch die Unumkehrbarkeit des chemischen Prozesses markiert. Wegen der Unumkehrbarkeit gehört der Gegensatz der defizienten Objekte zugleich nicht zur Selbstdifferenz des neutralen Produktes. Dies widerspricht der aus dem Mechanismus gewonnenen Konklusion, dass die Objekte Begriff oder Selbstdifferenzierung sein müssen.

Das Produkt ist zwar ein neutrales, mit anderen defizienten Objekten zusammen wird es aber wieder zum Gegensatz. Das neutrale Wasser wird z. B. durch den Zusatz von Essig wieder sauer. Dieser Prozess des Zusatzes (eines defizienten Objektes) macht daher einen neuen Schluss (Neutrales-Defizientes-Defizientes) aus. Das neue defiziente Objekt *qua* Produkt des neuen Schlusses kann dann wieder mit anderen defizienten Objekten auf einen Neutralisationsprozess eingehen. Das Defiziente und das Neutrale bilden daher einen Kreislauf, der das Defiziente zu seinen Extremen und das Neutrale zu seiner Mitte hat und der den dritten Schluss (disjunktiven Schluss) konstituiert, weil neutrale Objekte und defiziente Objekte im Kreislauf ausschließend ineinander verwandelt werden. Das neutrale Produkt ist bezüglich dieser Zirkulation selbst ein Ganzes, also „ein *ursprünglich bestimmtes Element*".[112] Die anfänglichen Defizite der Objekte sind nicht mehr äußerlich und fremd, sondern eigen.

Bezüglich der Zirkulation *qua* Selbstbewegung scheint der Begriff endlich eigene Realität zu gewinnen. Jedoch gibt es noch Äußerlichkeit oder Fremdheit. Einerseits wird die Möglichkeit der Verbindung beider defizienten Objekte im ersten Prozess nur von außen (Äußerlichkeit 1) vorausgesetzt. Andererseits ist die Zirkulation zwischen defizienten und neutralen Objekten im zweiten Prozess erst durch einen äußerlichen Zusatz (Äußerlichkeit 2) z. B. Essig möglich.[113] Indem beide wichtigen Prozesse auf Äußerlichkeit basieren, ist jene Zirkulation selbst problematisch, weil die vom Neutralen ausgeschiedenen defizienten Objekte nicht unbedingt mit jenen anfänglichen defizienten Objekte koinzidieren.

Wegen dieser Fehlbarkeit widerspricht jene Zirkulation der Selbstbewegung des Begriffs. Die Selbstbewegung des Begriffs erfordert nämlich, dass die Differenzierung und Äußerlichkeit als eigenes Setzen des Begriffs bestimmt werden muss. Die nächste Folgebestimmung für den objektiven Begriff muss daher von der Fremdheit völlig befreit werden. Vor diesem Hintergrund wird

---

112   GW 12: 151.
113   Vgl. GW 12: 152f.

Teleologie eingeräumt, bei welcher der Zweck hinsichtlich seiner Reflexivität von Äußerlichkeit ganz befreit und durch das Inneres allein entschieden wird. Das chemische Weltbild wird durch ein teleologisches ersetzt.

$L_{\text{Teleologie}}$ (der gesetzte Chemismus) = Die selbstbewegende Objektivität

Der spekulativen Methode folgend ist der Übergang vom Chemismus zur Teleologie wie folgt zusammenzufassen. Das verständige Moment weist zuerst mit dem Gedanken des Chemismus auf die negative Selbstbezüglichkeit des Begriffs hin. Im Chemismus sind zwei gegensätzliche Stoffe, Säure und Base, miteinander zu verbinden. Produkt ihrer chemischen Verbindung ist das Neutrale. Bezüglich der Unumkehrbarkeit der chemischen Verbindung wird die chemische Verbindung vom dialektischen Moment infrage gestellt, weil negative Selbstbezüglichkeit des Begriffs die Rückkehr zu sich bzw. Umkehrbarkeit voraussetzt. Zur Verteidigung des Chemismus wendet das verständige Moment ein, dass durch Zusatz eines Stoffes das Neutrale wieder zu Säure oder Base zurückkehren kann. Der äußerliche Zusatz wird jedoch vom dialektischen Moment zurückgewiesen, weil der Ausdruck „Zusatz" schon seine Äußerlichkeit aufweist, die der Immanenz der negativen Selbstbezüglichkeit des Begriffs widerspricht. Vor diesem Dilemma weist das spekulative Moment wieder auf den Prozess des Chemismus hin, in dem die selbstbezügliche Negation – verglichen mit dem Gedanken des Mechanismus – noch deutlicher und konkreter aufgewiesen wird und der in den Gedanken der Teleologie ‚mündet'.

3.2.3 *Teleologie*

Der Zweckbegriff kann nicht unmittelbar, sondern erst durch Reflexion gewonnen werden. Angesichts dieser Reflexion ist er von Äußerlichkeit befreit. Die Welt wird als eine durch Teleologie in Zusammenhang gebrachte Totalität konzipiert. Isoliert betrachtet ist der Zweck abstrakte Bestimmung. In der Frage „was ist dein Zweck?" ist der Zweck z. B. ein ganz Allgemeines und wird noch nicht zum Konkreten bestimmt. In dieser Phase bleibt der Zweck abstrakt mit sich identisch. Wird diese Frage aber z. B. mit „zu studieren" beantwortet, verwandelt sich der allgemeine Zweck in ein zu erreichendes äußerliches Ziel (das Besondere). Solange das Studium nicht ausgeführt wurde, ist dieser Zweck nicht realisiert. Das Studium ist bezüglich der Ausführung die Realität oder die Objektivität des Zwecks.

Angesichts der Realisierung steht der Zweck aber der Objektivität (der Realisierung des Zwecks) gegenüber. Gegenüber der Objektivität ist der Zweck endlich und subjektiv. Bezüglich seiner Forderung an Realisierung ist der Zweck jedoch auch potentiell die handelnde Einheit der Objektivität und Subjektivität. Wird ein Zweck gestellt, teilt er sich daher in den subjektiven unausgeführten Zustand und die ihm gegenüberstehende zu realisierende Objektivität. Diese Entwicklung von einem unbestimmten, allgemeinen Zweck zu einem spezifischen wird von Hegel mit Urteil bezeichnet. Mit dem Hinweis auf das Urteil führt Hegel erneut die Schlussform ein. Das Urteil bildet die erste Prämisse (das Setzen des Zwecks). Als subjektiver Zweck ist er aber nicht nur darum endlich, weil ihm die zu realisierende Objektivität gegenübergestellt wird, sondern ebenso, weil er als zufälliges Bedürfnis oder Trieb (Durst, Hunger usw.) erscheinen kann. Bezüglich dieser Doppelendlichkeit widerspricht der subjektive Zweck der Forderung des Begriffs, nämlich den Gegensatz als eigene Begriffsdifferenzierung (differenzierte Identität) notwendig zu erweisen und zu vereinigen.

Die Forderung an Realisierung ist allerdings notwendig für den Zweck. Die Realisierung hat sowohl eine negative Bedeutung, indem die der Subjektivität gegenüberstehende Objektivität in der Realisierung negiert wird, als auch eine positive, indem die endliche Subjektivität in Objektivität verwirklicht wird. Ausgehend von diesem Aspekt ist die Objektivität die *„Voraussetzung"*[114] des Zwecks, durch die er zuerst als subjektiv gesetzt und dann realisiert werden kann. Bezüglich der Abhängigkeit des Zwecks von Objektivität ist das Setzen des subjektiven Zwecks zugleich Voraussetzen der Objektivität. Wenn ich z. B. das Essen zu meinem Zweck setze, um meinen Hunger zu befriedigen, setze ich zugleich auch Lebensmittel, wie Fleisch, Reis, als Objekte meines Zwecks voraus, durch die mein Zweck in Erfüllung gebracht werden kann.

Zur Realisierung des Zwecks erhält die Objektivität auch die Bedeutung eines „*Mittel*[s]"[115] wodurch ein Zweck erfüllt werden kann. Das *Mittel* ist auch die *Mitte* des Schlusses, durch den der subjektive Zweck und das anvisierte Objekt zusammengeschlossen werden. Der Zusammenschluss ist die potentielle Einheit des Objektiven und Subjektiven, die das Wesen des Zwecks ausdrückt. Der Zweck bedient sich des Mittels, und indem das Mittel sich auch auf das anvisierte Objekt bezieht, machen beide Hegel zufolge die „*zweyte Prämisse des Schlusses*"[116] aus (der Zweck bestimmt das Mittel seiner Realisierung). Das Setzen des Zwecks ist mithin die erste Prämisse, und die Bestimmung des Mittels dem Zweck gemäß ist die zweite.

Möchte beispielsweise eine Schülerin an der Universität Heidelberg studieren, benötigt sie dafür das den entsprechenden Schulabschluss

---

114 GW 12: 162.
115 GW 12: 162.
116 GW 12: 165.

markierende Zeugnis. Das Zeugnis dient hier als Mittel zum Studium. Allerdings ist das Mittel selbst noch nicht die wirkliche Identität (Erfüllung des Zwecks) des subjektiven Zwecks und des anvisierten Objektes (das Zeugnis ist selbst kein Studium). Es ist nur ein ‚Weg' zum Objekt. So erreicht der Zweck seine Identität mit der Objektivität beim Mittel noch nicht, weil das Mittel dem anvisierten Objekt nicht entspricht.

Allerdings wird die geforderte Identität auch beim anvisierten Objekt nicht erreicht, solange der Zweck nur äußerlich ist. Beispielsweise scheint mein Zweck, etwas zu essen, zwar durch das Fleisch erfüllt zu werden, aber das in Frage kommende Objekt hat im Verzehr nur eine negative Bedeutung. Denn bald wird dieser Zweck aufgrund meines erneut aufkommenden Hungers wieder auftreten. Die geforderte Identität kann daher wegen dieser schlechten Unendlichkeit der Bedürfnisse nie erledigt werden. Die Befriedigung des Hungers *qua* ausgeführten Zwecks ist vielmehr ein Mittel, um einen neuen Zweck (neuen Hunger zu befriedigen) zu erzeugen. Der Zweck selbst ist dem Objekt *qua* Fleisch äußerlich. Tiere existieren nicht zur Befriedigung meines Hungers. Mein Zweck zu essen ist den Tieren äußerlich und irrelevant. Solche dem Objekt irrelevanten Zwecke sind mithin äußerliche Zwecke:

> Sie erfüllen also ihre Bestimmung nur durch ihren Gebrauch und Abnutzung, und entsprechen nur durch ihre Negation dem, was sie seyn sollen. Sie sind nicht positiv mit dem Zwecke vereinigt, weil sie die Selbstbestimmung nur äußerlich an ihnen haben, und sind nur relative Zwecke, oder wesentlich auch nur Mittel.[117]

Vor diesem Hintergrund kann die geforderte Identität zwischen Zweck und seiner Realisierung nicht in der äußerlichen Teleologie erfüllt werden. Der Schlusssatz *qua* ausgeführter Zweck kann daher auch nicht von jenen zwei Prämissen vermittelt erschlossen werden.

Ausgehend von einer anderen Perspektive wird der Zweck im Prozess seiner Ausführung jedoch bereits realisiert und entspricht daher dem Begriff desselben. Es gibt bereits eine zweimalige Negation in demselben Prozess, wodurch der äußerliche Zweck seiner Vermittlung des Mittels nach wieder zu sich zurückkehrt und zur innerlichen Teleologie wird. Die erste Negation ist die erste Prämisse *qua* das Setzen des Zwecks, also der Entschluss, etwas zu tun. Indem der Zweck konzipiert wird, negiert er *qua* auszuführendes Objekt gedanklich den unbestimmten Zweck in Allgemeinen. Ein konkreter Zweck ist bereits eine Negation des unbestimmt allgemeinen Zwecks.

---

117 GW 12: 169.

Die zweite Negation ist die Realisierung des Zwecks durch den Gebrauch oder die Abnutzung des Mittels, wodurch das auszuführende Objekt negiert wird und der Zweck als ein ausgeführter zu sich zurückkehrt. Da alle Momente des Zwecks in der Konzeption impliziert werden, weist die erste Negation in der Tat schon auf die zweite Negation oder Nichtigkeit des Mittels hin.[118] Das Setzen des konkreten Zwecks als vorhergehende Planung enthält schon die Forderung, die geplanten Objekte zu realisieren. Der Zweck ist so die doppelte Negation als Affirmation. Bezüglich der Rückkehr des Zwecks setzt sich der Zweck in allen seinen Momenten (das Allgemeine vor dem Entschluss, das Besondere nach dem Entschluss, das Einzelne in dem Mittel oder der Realisierung) durch, und hiermit macht er in diesem Prozess seiner Ausführung einen Schluss aus, worin er sowohl Extrem als auch Mitte, folglich die „*Totalität in ihrem Gesetztsein*"[119] ist.

Indem der Zweck in seiner Konzeption nicht nur potentiell, sondern auch in seiner Ausführung wirksam ist, liefert er die Konzeption für den nächsten Kandidaten, nämlich einen sich verwirklichenden und selbsterhaltenden Zweck (innerliche Teleologie). Den Begriff, der sich adäquat in Objektivität realisiert, nennt Hegel die „*Idee*" und „*Wahrheit*"[120]. Das äußerliche teleologische Weltbild wird bezüglich der neuen Konzeption durch das innerliche teleologische Weltbild ersetzt. Bezüglich der inneren Teleologie *qua* gedanklicher Totalität wird das Denken der Realität nicht äußerlich hinzugefügt, sondern immanent erhalten. Das logische Modell der inneren Teleologie wird vor allem den lebendigen Organismen gemäß geprägt.

$L_{\text{Die Idee}}$ (die gesetzte Teleologie) = die innere Teleologie

Mit Blick auf die spekulative Methode lässt sich der Übergang von Teleologie zur Idee wie folgt zusammenfassen. Das verständige Moment nimmt zuerst die Teleologie als eine negative Selbstbezüglichkeit an, die zwei Seiten hat: eine dem Zweck entsprechend auszuführende Realität, die dem Handelnden gegenübersteht, und die Verwirklichung des Zwecks in der Realität als die Rückkehr zum Handelnden selbst. Das dialektische Moment wendet ein, dass die Realität nicht aus dem Zweck selbst, sondern äußerlich gegeben ist. Mit anderen Worten: Die gegebene Realität widerspricht *prima facie* der Selbstbezüglichkeit. Um seine Position – den Fokus auf der Selbstbezüglichkeit – aufrecht zu erhalten, wendet das verständige Moment ein, dass die Realität

---

118 Vgl. GW 12: 170f.
119 GW 12: 172.
120 GW 12: 173.

des Mittels durch das Setzen des Zwecks bestimmt ist, sodass die Realität nicht bloß unmittelbar gegeben, sondern durch den Zweck vermittelt gedacht werden muss. Jedoch wird vom dialektischen Moment mit gleichem Recht die Differenz geltend gemacht und daran erinnert, dass die Realisierung des Mittels der des Zwecks nicht gleicht. Auch wenn Zwecke realisiert werden, sind manche von ihnen – z. B. Triebe und Bedürfnisse – nie ganz zu befriedigen und vielmehr Mittel zu weiteren Zwecken. Dem offenen Widerspruch des verständigen Moments begegnet das spekulative Moment so, dass es das verständige Moment auf den Prozess hinweist, in dem sich der Zweck durch die von ihm gesetztes Mittel in einer ihm adäquaten Realität setzt. Dieser sich in einer ihm adäquaten Realität durchführende Prozess ist die Idee, die unmittelbar mit dem Gedanken des Lebens beginnt.

Exkurs 5. Die vorgestellte Realität oder die gedachte Objektivität?
Die größte Schwierigkeit im Diskurs über Hegels Metaphysik kreist um die Frage: Was versteht man unter Realität? Viele Interpreten, insbesondere diejenigen, die Hegels Logik als Ontologie lesen, verwenden zumeist Begriffe wie „Sein", „Existenz", „Realität" oder „Dinge", ohne darüber im Kontext der Hegelschen Logik zu reflektieren, – als ob solche Begriffe unmittelbare Evidenz besäßen.

Horstmann gebraucht z. B. vor allem den Begriff „Sein" und spricht mehrfach von der „Einheit von Denken und Sein", ohne solche Begriffe und Phrasen präzise zu definieren oder hinreichend zu erläutern.[121] Was er unter „Sein" versteht, lässt sich jedoch aus seinem Gebrauch von synonymen Begriffen durchaus erschließen. Zum Zweck der Erklärung des Seins ersetzt er „Sein" beispielsweise mit „Existenz von materiellen und geistigen Entitäten"[122]. Konkrete Beispiele für solche Entitäten sind Horstmann zufolge Vorstellungen wie Stühle, Bäume oder auch Schreibmaschinen als materielle Entitäten sowie Familien, Staaten oder Kunstwerke als geistige Entitäten. Diese Entitäten sind laut Horstmann Beispiele für das Sein. Houlgate versteht unter dem „Sein" zudem etwas Ähnliches zu Horstmann.[123] Ein ähnliches Beispiel – Gold – wird auch von Kreines als Beispiel für das „Ding" angeführt[124]. Das „Ding" benötigt Kreines zufolge einen metaphysischen Grund als Erklärung. Bowman reinterpretiert den Begriff „die Sache" bei Hegel durch ihr lateinische Äquivalent

---

121 Horstmann (2004): 135.
122 Horstmann (2004): 135.
123 Vgl. Houlgate (2006): 118.
124 Vgl. Kreines (2015): 8.

3.2 DIE OBJEKTIVITÄT

„res"[125] als die Realität, die anhand der Cartesischen Unterscheidung noch weiter geteilt wird in die formale Realität (die vom Denken unabhängigen materiellen und geistigen Substanzen) und die objektive Realität (der intentionalen Gehalt der vorgestellten Korrelate, sei es der materiellen oder geistigen Substanzen).[126] Daher ist Hegels Begriff „die Sache" für Bowman wie auch für Horstmann eine der Dichotomie von Materie und Geist vorrangige ontologische Struktur. Solange die Dualität von Subjekt und Objekt die Rolle der ‚naiven' logischen Struktur unseres Denkens spielt, ist dann aber Hegels Metaphysik wegen ihres Ersetzens einer solchen dualen Struktur durch eine monistische Struktur nach P. F. Strawson keine deskriptive, sondern eine „revisionäre Metaphysik"[127].

Dennoch darf eine revisionäre Metaphysik Hegel nicht so einfach zugeschrieben werden, da Hegel nicht von einem Unterschied zwischen Subjekt und Objekt ausgeht, sondern von deren Identität. Eine solche Behauptung der revisionären Metaphysik setzt voraus, dass die tatsächliche Struktur unseres Denkens eben der Gegensatz oder die Dualität von Subjekt und Objekt ist. Dies ist jedoch bereits bei Kant nicht der Fall, indem Kant unter dem Begriff „Objekt" eine Einheitsfunktion für „das Mannigfaltige einer gegebenen Anschauung"[128] versteht. Bezüglich dieser Einheitsfunktion, die Kant zufolge nur zum Verstand gehört, ist das Objekt kein dem Subjekt oder dem Selbstbewusstsein Fremdes, sondern das Produkt des „Ichs", auf das sich die Einheitsfunktion des „Ichs" ausdehnt. Der Gegensatz von Subjekt und Objekt bei Kant ist folglich eine ‚verborgene Identität'.

Dasselbe gilt auch für Hegels Begriff als solchen. Wie im Kapitel über den Schluss referiert, wird das Objekt durch die Negation der Schlussdifferenz erzeugt. Zwar scheint das Objekt wegen des Verlusts seines Selbstbezuges dem Subjekt gegenüberzustehen, macht aber, wie oben dargelegt, mit anderen Objekten eine gleiche logische Totalität wie das Subjekt aus. Bezüglich der gleichen Struktur sind Objekte auch potentielle Begriffe, die in der auf das Kapitel über Objektivität folgenden Ideenlehre zu ihrer vollständigen Bestimmtheit gelangen, also zum objektiven Gedanken (Idee) werden.

Kants „Ich denke" oder Hegels „Begriff als solcher" stellen in diesem Kontext niemals nur eine Seite des Gegensatzes von Identität und Unterschied dar. Vielmehr sind beide („Ich denke" und „Begriff als solcher") eine differenzierte Identität. Wie Kants Bestimmung der ursprünglich-synthetischen Einheitsfunktion

---

125 Bowman (2013): 18.
126 Vgl. Bowman (2013): 17f.
127 Bowman (2013): 7, 103, 157.
128 AA III: 111 (KrV B 137).

der Apperzeption die tiefere Darstellung der logischen Struktur unseres selbstbewussten Denkens ist, darf Hegels Darstellung der Struktur des Begriffs als des sich begreifenden Denkens auch nicht als Ersatz für unsere tatsächliche Struktur des Denkens verstanden werden. Wenn die gegensätzliche Struktur von Subjekt und Objekt als „das Bekannte"[129] angenommen wird, möchte Hegel nur diese bekannte Struktur erkennen und nicht durch etwas Neues ersetzen. Wenn Strawson Kants Arbeit offenkundig als die deskriptive Metaphysik anerkennt, warum muss Hegels Metaphysik dann eine revisionäre sein? Man nimmt Hegels Metaphysik nur erst als revisionäre Metaphysik an, wenn man, wie Bowman, von Anfang an die Dualität von Subjekt und Objekt schon als die tatsächliche Struktur unseres Denkens unkritisch voraussetzt.

Wird die unkritische Voraussetzung der ontologischen Lesart für den Gegensatz von Subjekt und Objekt oder von Begriff und Sein (Bewusstseinsgegensatz) gezeigt, ist es nicht mehr schwierig zu verstehen, was die Objektivität bei Hegel von der vorgestellten Realität in der ontologischen Lesart unterscheidet, und warum diese Lesart darauf insistieren muss, dieser vorgestellten Realität unbedingt einen Platz einzuräumen. Wegen dieses Gegensatzes von Subjekt und Objekt stellen sich alle Interpreten der ontologischen Lesart unter Realität eine vom Denken unabhängige, dem Denken gegenüberstehende Sphäre vor, zu der das Denken nur in einer äußerlichen, kognitiven Relation steht.[130] In Bezug auf das Denken oder das Subjekt hat schon Kant diese äußerliche Rolle des Denkens negiert, indem er die Einheitsfunktion des Selbstbewusstseins durch die Kategorien des Verstandes für die sinnliche Mannigfaltigkeit „notwendig"[131] hält – und deshalb auch für alle Erfahrung. Gegen dieses Kantische Modell des kognitiven, allgemeingültigen, konzeptualisierenden Selbstbewusstseins entwickelt Bowman die Argumentation, dass die Bestimmungen der präkonzeptualen Realität (die formale Realität Bowmans) nicht durch die Kategorien des Verstandes erschöpft werden können.[132] Aufgrund dieser Unerschöpfbarkeit ist Bowman zufolge eine präkonzeptuale Realität notwendig für Hegels Metaphysik, weil Hegels Metaphysik eine Korrektur Kants darstellt.

Bowman gibt zwei Gründe dafür an, warum Kants Modell in Frage gestellt werden kann. Der erste Grund besteht im leeren bzw. widersprüchlichen Zustand der sinnlichen Mannigfaltigkeit.[133] Die sinnliche Mannigfaltigkeit als die

---

129 GW 9: 26.
130 Vgl. Bowman (2013): 18.
131 AA III: 115 (KrV B 143).
132 Vgl. Bowman (2013): 22.
133 Vgl. Bowman (2013): 22.

Vorstufe der Synthese der Apperzeption findet sich Bowman zufolge einerseits in einem unbewussten Zustand, weil die Synthese der Apperzeption ein Maßstab für den Bewusstseinszustand sei. Andererseits beziehe sich diese sinnliche Mannigfaltigkeit erstaunlicherweise doch auf das Bewusstsein, weil das Adjektiv „sinnlich" diesen Bezug auf das Bewusstsein impliziere. Deshalb sei diese Vorstufe selbst problematisch. Der zweite Grund besteht laut Bowman in der Schwierigkeit, jene Synthese zu verstehen. Bowman versteht unter der ursprünglichen Synthese der Apperzeption eine Transformation, durch welche die sinnliche Mannigfaltigkeit zum repräsentierten Inhalt werden könne.[134] Für Bowman scheint diese Transformation der sinnlichen Mannigfaltigkeit zum repräsentierten Gehalt nur schwer nachvollziehbar zu sein. Sie gleicht einer äußerlichen Synthese – einem Bündel von Stöcken (tying a stick into a bundle) – die in einem Zeichen (signal) ihren entsprechenden Ausdruck findet.

Gegen den ersten Grund spricht, dass Bowman die unzutreffende Zweistämmigkeitsthese vertritt, als könnten der sinnliche Stoff (Anschauung) und die verständige Kategorie (Begriff) wirklich voneinander unterschieden werden. Die Vorstufe der sinnlichen Mannigfaltigkeit ist nur ein theoretisches Moment aus Kants quasi-psychologischer Analyse des menschlichen Erkenntnisvermögens und nicht eine wirkliche Bewusstseinsstufe. Im Normalfall kann man kein sinnliches Gefühl ohne Bewusstsein und Verstandeskategorien haben.

Der zweite Grund scheint auch aus dem Missverständnis der Synthese der Apperzeption zu stammen. Die synthetische Einheit der Apperzeption ist eine logische Funktion, und kein kognitiver Prozess. Was Bowman durch jenen Vergleich der Transformation vom Bündel der Stöcke zum Signal oder Satz erfordert, ist tatsächlich ein kognitiver Prozess, in welchem die sinnlichen Stimuli durch z. B. Sehzellen (Fotorezeptoren) und Sehnerven sowie durch die Großhirnrinde des Gehirns zu einer Vorstellung transformiert werden. Wie im letzten Exkurs dargestellt, beseitigt Hegel jene Unterscheidung zwischen Anschauung und Begriff eben aus dem Grund, um dieses Missverständnis zu vermeiden, und verwandelt Kants Logik, die unter Verdacht steht, ein Psychologismus zu sein, in die logische Sprache. Dies bestätigt aber nicht Bowmans These, dass Hegel die sog. formale oder präkonzeptuale Realität als das Desiderat der Kantischen Metaphysik der Intentionalität ansieht, und deshalb diese vermeintliche Realität seinem metaphysischen Konzept hinzufügt.

In Bezug auf die vom Denken unabhängige, vorgestellte Realität ist auch unklar, inwiefern sich diese vorgestellte Realität von der Erfahrung im Kantischen

---

134 Vgl. Bowman (2013): 23.

Sinne unterscheidet. Die Vorstellungen der ontologischen Lesart für ihre vorgestellte Realität wie Stühle, Bäume oder Gold scheinen gar nicht auszureichen, um eine vom Denken unabhängige Realität zu begründen, weil die Denkbestimmungen des Denkens nicht mit solchen empirischen Begriffen identifiziert werden dürfen. Im Gegenteil können die Anhänger der ontologischen Lesart niemals einen Begriff wie „Realität" aus ihrer vorgestellten Realität entnehmen. Dies wird besonders deutlich im Hinblick auf Hegel, sofern er die „Realität" vor allem nicht als eine Vorstellung, sondern als eine Denkbestimmung betrachtet, die, seiner psychologischen „Stuffenleiter"[135] entsprechend, als ein Teil der Seinslehre zur Anschauung (und nicht zum Denken) gehört.

Beim Denken darf man im Hegelschen Sinne nur vom „Objekt" und nicht vom „Sein", von der „Realität", dem „Ding" und der „Existenz" sprechen, weil der Gegenstand jetzt durch den Begriff *qua* sich begreifendes Denken selbst bestimmt wird. Wie im letzten Exkurs erläutert, eignet sich das Denken seinen Gegenstand selbst an. Die Objekte in diesem Abschnitt sind wegen ihrer Prostruktur als einer des Begriffs eben das Gebilde dieser Selbstaneignung des Denkens. Der Prozess der Selbstaneignung der Objekte ist auch nicht mehr auf angeschaute Qualität oder vorgestellte Erscheinung gerichtet, sondern schafft – parallel zu naturwissenschaftlicher Entwicklung mit Mechanismus, Chemismus und Teleologie – Produkte der aktiven Ausübung des reinen menschlichen Denkens.

Diese Selbstbestimmung und Selbstaneignung des Denkens gehört eigentlich nicht mehr zum Bereich der von Kant bloß als Teil theoretischer Erkenntnis definierten transzendentalen Philosophie. Die transzendentale Lesart von Hegels Ausführungen zur innerlogischen Objektivität des Begriffs ist insofern auch problematisch. Die Probleme dieser transzendentalen Lesart werden im Exkurs 6 noch ausführlicher diskutiert.

3.3   Die Idee

3.3.1   *Das Leben*

Zur Erinnerung: Das Denken gewinnt zwar nach der Aufhebung des Realismus die Priorität vor der Realität, fungiert aber dem subjektiven Idealismus zufolge nur als eine zusätzliche Form der Realität (dem Inhalt). Im ersten Teil der Begriffslehre (Subjektivität) wird das Denken im Sinne des Begriffs, Urteils und Schlusses als bloß subjektive Form bestimmt. Im zweiten Teil der Begriffslehre

---

135   GW 12: 19.

(Objektivität) wird das Denken – wie im Falle des Mechanismus, Chemismus und der äußerlichen Teleologie deutlich wird – trotz seiner Objektivität nur als gedankliche und daher subjektive Form der totalen Realität angenommen.

Durch die Aufhebung der äußeren Teleologie erweist das Denken sich als der Realität immanent. Das Denken ist keine der Realität sekundäre Reflexion, sondern *Bilden* der Realität. Wegen der immanenten Rolle des Denkens für die Realität ist es negative Selbstbezüglichkeit seiner und seines Anderen. Hegel nennt das logische Muster der Identität zwischen Begriff und Realität oder Subjekt und Objekt die „Idee" oder „*Subjekt-Objekt*".[136] Die Idee ist daher die aus dem Begriff hervorgebrachte Objektivität. Trotz der Bildungsfunktion des Begriffs für die Realität hält der subjektive Idealismus die Idee für subjektiv. Im Hinblick auf die kritische Funktion freilich entspricht die Ideenlehre demjenigen subjektiven Idealismus, der zwar tatsächlich die Identität des Begriffs und der Realität erreicht, aber dieser Identität einen starren und eingeschränkten subjektiven Sinn zuschreibt.

Das erste Muster der subjektiven Idee *qua* innere Teleologie ist das Leben. Das logische Muster des Lebens entspricht den lebendigen Organismen. Im Leben wird der Begriff *qua* Seele mit seiner entsprechenden Realität, dem Leib unmittelbar zusammengeschlossen. Der Leib ist das Mittel der Seele, mit dem das Lebewesen sich durch Nahrung am Leben erhalten kann. Für das Bestehen der Seele ist der Leib *qua* Mittel ein Moment der Seele. Leib und Seele sind eine Einheit und können nicht voneinander getrennt werden. Diese voll differenzierte, aber untrennbare Identität nennt Hegel „das *lebendige Individuum*"[137]. Da der Zweck des Leibes eben die Selbsterhaltung des Individuums und daher auch die Selbsterhaltung des Leibs selbst ist, ist der Zweck der Selbsterhaltung dem Leib *qua* Objekt nicht äußerlich wie in der äußeren Teleologie, sondern immanent. Aufgrund dieses Wechsels der äußeren Teleologie zur inneren rehabilitiert Hegel auch die Aristotelische Tradition der inneren Teleologie wieder.

Da das Leben *qua* Idee Subjekt-Objekt ist, ist es auch der realisierte Begriff. Wegen der triadischen Begriffsstruktur muss das Leben zudem die Funktion der Selbstdifferenzierung (also Urteilung) und deren Vereinigung an ihm selbst realisieren. Da der Begriff drei Momente (Allgemeinheit, Besonderheit und Einzelheit) hat, gibt es auch drei entsprechende organische Funktionen im Lebewesen. Hegel zufolge sind das die Sensibilität, Irritabilität und Reproduktion.

---

136   GW 12: 176.
137   GW 12: 183.

Das Allgemeine entspricht der Sensibilität. Resultierend aus dem Kapitel über den Begriff als solchen besitzt das isolierte Allgemeine einen zweifachen logischen Charakter: unmittelbare Selbstbezüglichkeit und Negativität. Angesichts der unmittelbaren Selbstbezüglichkeit erhält das Lebewesen das unmittelbare Selbstgefühl, in dem alle Reize z.B. durch die Zusammenarbeit von sinnlichen Rezeptoren (z.B. Zapfenzelle), Nervensystem und Großhirnrinde (cerebral cortex) aufgenommen werden. Im Hinblick auf die Negativität ist die Sensibilität die Selbstnegation (Passivität oder Rezeptivität) des Lebewesens, durch die die Seele sich zuerst vom Leib und dann von der Außenwelt distanziert.

Als Reaktion auf die Rezeptivität hat das Lebewesen auch Widerstandskraft oder Irritabilität (das Besondere), durch deren verschiedene Weise der Reaktion auf die Außenwelt die Arten der Lebewesen spezifiziert werden.

Das einzelne Moment ist die Reproduktion, mit dem der Zusammenhang der verschiedenen Glieder und Organe des Lebewesens durch das Selbstgefühl permanent und als ein Ganzes gewährleistet wird. Die drei Momente des Lebewesens machen daher ein lebendiges System aus, das zur Selbsterhaltung in den *Lebensprozess* eintritt.

Beim organischen System führt Hegel wieder die Schlussformen ein. Das organische System macht den ersten Schluss (Sensibilität-Irritabilität-Reproduktion) des Lebens aus, um die Identität des Begriffs und seiner Realität zu setzen. Auf diesen Schluss folgt der zweite, nämlich die Wechselwirkung des Lebewesens mit der Außenwelt, die der Selbsterhaltung im Lebensprozess dient. Hegel nennt das Bedürfnis zur Selbsterhaltung den „absolute[n] *Widerspruch*" oder „Schmerz".[138]

Der Zweck, die Außenwelt in Übereinstimmung mit dem Begriff zu bringen, macht das primäre Bedürfnis aus, bei dem das Lebewesen zeigt, dass es einen Trieb hat. Durch Transformation der äußeren, teils unorganischen, teils unorganischen Stoffe in Energie – z.B. durch Nahrungsaufnahme (auch Photosynthese der Pflanze) – findet ein Ausgleich zwischen dem, was das lebendige Individuum als solches ist, und umweltlicher Natur, in der es lebt. Angesichts der Funktion der Selbsterhaltung ist die Assimilation von Lebendigem und Umwelt auch eine Reproduktion im Sinn des Stoffwechsels (Metabolismus), mit dem das Lebewesen sich bis in den mikroskopischen Zellen immer wieder erneuert. Dieser Kreislauf macht Hegel zufolge den zweiten Schluss des Lebens aus, der das Lebewesen und seine Erneuerung als Extreme und die Umgebung bzw. die Umwelt als Mitte hat. So scheint das Lebewesen seine angemessene Realität in der Welt zu entwickeln.

---

138   GW 12: 187.

3.3 DIE IDEE

Allerdings kann die Übereinstimmung zwischen lebendigem Individuum und Umwelt wegen des Alters nie gänzlich erreicht werden. Im Alter siegt der unorganische Prozess in Gestalt des Mechanismus und Chemismus gegen den organischen Lebensprozess. Der *„beständige Kampf"*[139] des Lebendigen gegen die unorganische Natur geht schließlich im Tod zu Ende, mit dem das Lebendige seine angemessene Realität endgültig verliert. Die Idee kann daher nicht in einem vergänglichen Lebewesen existieren.

Um die Idee *qua* angemessene Realität des Begriffs zu bewahren, muss das Ende des einzelnen Lebewesens die Entstehung oder Geburt eines neuen Lebewesens zur Folge haben. Der Gedanke der Fortpflanzung wird schon im Gedanken der Reproduktion implizit mitgedacht. Die Reproduktion liefert daher den Protobegriff der Kontinuität oder Allgemeinheit des Lebewesens. Die Fortpflanzung führt dann zur *Gattung* und dem dritten Schluss.

Im dritten Schluss, der die Individuen zu seinen Extremen und die Fortpflanzung zu seiner Mitte hat, d.h. im Prozess der Gattung setzt sich das Lebewesen fort in einem anderen, von ihm selbst gezeugten Lebewesen und erhält sich nicht mehr ausschließlich in einer ihm nicht-entsprechenden unorganischen Natur, womit die Voraussetzungen geschaffen sind, dass die Realität des Lebewesens nicht verloren geht. Mit Rücksicht auf die Fortpflanzung nennt Hegel diese neue Form der Selbsterhaltung des Lebewesens *„Verdopplung des Individuums"*[140]. Durch den Geschlechtsverkehr tritt ein Prozess in Kraft, bei dem das Lebewesen sich zuerst in Form des Keims und dann eines neuen Lebewesens erhält. Dem neuen Lebewesen droht aber immer noch der Tod, sodass derselbe Prozess wieder stattfindet und sich ins schlecht Unendliche kontinuiert.

Der negativen Lehre nach hat die Gattung als Allgemeinheit in dieser schlechten Unendlichkeit (der linearen Unendlichkeit) jedoch immer eine neue, unmittelbare Einzelform (das individuelle Lebewesen), die ihrer Allgemeinheit widerspricht. Der positiven Lehre nach drückt diese schlechte Unendlichkeit aber aus, dass das unmittelbare Einzelne kein Wesen, sondern die mit sich zusammengehende Allgemeinheit (Gattung oder Lebensprozess) allein das Wesen ist. Aufgrund beider Lehren muss die Idee eine Allgemeinform finden, die der Einzelform entspricht. Dies führt zum *Erkennen*, in dem die Kognition vom einzelnen Erkennenden durchgeführt wird, das mit allgemeinen Begriffen ausgestattet ist. Wegen des Übergangs vom Leben zum Erkennen nennt Hegel den Tod des individuellen Lebens „das Hervorgehen des

---

139 TW 8: 376 (Enz.³1830, §219 Z).
140 GW 12: 190.

Geistes"[141]. Durch diesen Übergang erreicht der subjektive Idealismus seine letzte Station: den erkennenden Idealismus.

L$_{\text{Die Idee des Erkennens}}$ (das gesetzte Leben) = Das Allgemeine betreibende Einzelne

Der spekulativen Methode folgend lässt sich der Übergang vom Leben zum Erkennen wie folgt zusammenfassen. Das verständige Moment nimmt zuerst das Lebewesen als einen Selbstbezug. Das Lebewesen erhält sich durch eine Teilung und Zusammenarbeit seiner Organe. Diese Selbsterhaltung wird vom dialektischen Moment angezweifelt, weil die Erhaltung nicht bloß von der internen Gliederung, sondern auch von der externen Umgebung des Lebewesens abhängt. Das verständige Moment korrigiert dann das Muster des Selbstbezugs, das sich einerseits in der internen Interaktion innerhalb *eines* Lebewesens und andererseits in der externen Interaktion zwischen den Lebewesen untereinander und ihrer Umgebung artikuliert. Durch Nahrung und Stoffwechsel erhält sich das Lebewesen in der Umgebung. Auch diese Selbsterhaltung wird erneut vom dialektischen Moment geprüft, indem gezeigt wird, dass das Lebewesen endlich dem Tod ausgesetzt ist. Um dem Selbstbezug in der Idee des Lebens Rechnung zu tragen, denkt das verständige Moment die Interaktion zwischen dem Lebewesen und seiner Umgebung als Fortpflanzung des Lebewesens, in der sich die Gattung erhalten kann. Unter der Perspektive des dialektischen Moments scheint die ‚neue' Selbsterhaltung jedoch unplausibel zu sein, weil die Gattung *qua* Allgemeines nicht mit der Fortpflanzung des einzelnen Lebewesens zu identifizieren ist. Das drohende Dilemma findet einen Ausweg durch das spekulative Moment, das den Lebensprozess als einen Prozess begreift, in dem das Allgemeine durch Negation des Einzelnen exprimiert wird. Der Prozess wird vom verständigen Moment übernommen und als Erkennen bezeichnet, in dem allgemeine Begriffe vom einzelnen Erkennenden gebraucht werden.

3.3.2 *Die Idee des Erkennens*

Indem das Lebewesen durch die Aussicht auf seinen Tod den Sinn und die Bedeutung der Allgemeinheit erfahren hat, macht es Gebrauch von der Form der Allgemeinheit oder des Begriffs. Da die objektive Gültigkeit der Allgemeinheit vom Lebewesen auch in der Fortpflanzung erfahren wird, gewinnt der Begriff *qua* Allgemeinheit jetzt auch seine objektive Gültigkeit. Bezüglich der objektiven Gültigkeit scheint der Begriff seine angemessene Realität erreicht zu haben.

---

141 GW 12: 191.

Im Hinblick auf Darstellung dieser angemessenen Realität sucht das erkennende Subjekt in der Außenwelt nach derjenigen Realität, die seinen allgemeinen Begriffen entspricht. Obwohl im Erkennen die Entsprechung des Begriffs und der Realität *qua Wahrheit* gesetzt ist, setzt das Suchen des Erkennenden den gegebenen Begriffsgehalt voraus. Wegen dieser Gegebenheit ist jene Entsprechung nur eine formale Verwandlung der Objektivität in die Subjektivität, d.h. in die Begriffsbestimmungen. Die fremde Gegebenheit bleibt selbst im Erkennen noch bestehen. Das suchende Erkennen vertritt daher die theoretische Einstellung, die sich wegen der Voraussetzung der vorrangigen Gegebenheit gegen die Realität zurückhaltend und passiv verhält. Hegel zufolge vertritt Kants Formalismus eben diese theoretische Einstellung.

A.   Die Idee des Wahren

Ausgehend von dieser fremden Gegebenheit bezieht sich das Erkennende in erster Linie auf den gegebenen Stoff und verwandelt alles Fremde in gedankliche Formen. Da das Erkennende selbst zum Denken gehört, ist diese Verwandlung des fremden Gegebenen in Begriffsform im Sinn der Homogenisierung eine Identität (abstrakte Allgemeinheit). Das die Identität aussprechende und setzende Erkennen nennt Hegel „das *analytische*"[142] Erkennen, dessen Produkte allgemeine Begriffe sind. Wegen dieser Verwandlung besitzt das analytische Erkennen einen zweifachen Charakter. Während solche Begriffe angesichts der Gegebenheit zum Objekt gehören, werden sie wegen ihrer gedanklichen Form auch für subjektiv gehalten. Das analytische Erkennen kann sich weiter entwickeln, wenn den vorhandenen Begriffen weitere Begriffe hinzugefügt werden, die den bereits vorhandenen implizit sind. Die Entwicklung ist in diesem Sinne eine Ableitung. Weil die Arithmetik, wie im Kapitel über das mathematische Sein bereits referiert wurde, auf der abstrakten Eins basiert, gehört sie wegen dieser abstrakten Homogenität der Zahl und damit auch den analytischen Wissenschaften an.

Die Aufgabe des analytischen Erkennens besteht in der Abstraktion, die diese Form der Verwandlung *qua* Umwandlung des Gegebenen in Begriffsbestimmungen ist. Die gegebenen mannigfaltigen Stoffe werden durch diese Abstraktion des Denkens zu allgemeinen Begriffen wie der Gattung, den Eigenschaften, der Ursache usw. Hegel nennt diese Verwandlung „*analytische Methode*"[143]. Der Standard für die Abstraktion ist die abstrakte Identität des Begriffs und des Stoffes. Der Gehalt des Begriffs „Farbe" bezieht sich z.B. allein auf die optische Reflexion des Objekts unter Berücksichtigung des Lichts.

---

142   GW 12: 202.
143   GW 20: 223 (Enz.³1830, §227).

Das analytische Erkennen hält an einem Zusammenhang zwischen dem Begriffsgehalt und dessen empirischen Referenz fest. Hegel nennt diese direkte Referenz „die *unmittelbare* Beziehung des Begriffs auf das Object"[144].

Diese positivistische Überzeugung schlägt aber fehl, sobald vom Begriffsgehalt eines solchen Allgemeinen gezeigt wird, dass er nicht allein auf jenem empirischen Faktum, sondern auch auf seinem logischen Zusammenhang basiert. Die Bestimmung der Eigenschaft setzt, wie in der Wesenslehre gezeigt wurde, bereits die logische Struktur des Dinges voraus, wie z.B. die Wirkung die Ursache voraussetzt usw. Die abstrakte Identität wendet sich aus diesem Grund von der Gegebenheit ab und hin zum begrifflichen Zusammenhang (Vermittlung).[145] Da der begriffliche Zusammenhang auf den Unterschied hinweist – vgl. den Unterschied von Eigenschaft und Ding, Ursache und Wirkung usw. –, widerspricht das analytische Erkennen seinem Anspruch auf Setzung der Identität. So geht das analytische Erkennen ins *synthetische Erkennen* über, dessen Ziel darin besteht, jenen Unterschied in einer Einheit als in einer differenzierten Identität aufzulösen.

Das Ziel des synthetischen Erkennens ist es, die Verschiedenheit der Bestimmungen auf eine notwendige Weise „in ihrer Einheit zu fassen"[146]. Wenn das analytische Erkennen wegen seiner abstrakten Identität die erste Prämisse des Schlusses des Erkennens ist, so ist das synthetische Erkennen *qua* Zusammenhang jener Verschiedenheit die zweite Prämisse.

Die Definition ist die Folgebestimmung des analytischen Erkennens, worin die vom analytischen Erkennen vorgefundenen allgemeinen Begriffe (Gattungen, Eigenschaften) miteinander in einem begrifflichen Zusammenhang stehen. Für die Definition wird zuerst eine Differenz benötigt, durch die sich ein Begriff von einem anderen unterscheiden lässt.[147] Die Wahl einer solchen Differenz schließt aber vielerlei ein. In der Definition des Menschen z.B. markiert die Vernunft eine Differenz des Menschen zum Tier, wodurch sich der Mensch von anderen Tieren unterscheidet. Eine zutreffende Differenz muss dem Objekt in jedem Fall eigentümlich sein.

Solche Differenzen sind allerdings schwer zu bestimmen, weil die Objekte verschiedene Merkmale haben. Warum dieses und nicht jenes Merkmal die Eigenschaft des Objekts ist, hängt ganz von der Zufälligkeit ab. Wie Hegels Beispiel vom Ohrläppchen zeigt, könnte das Ohrläppchen in diesem Sinne auch eine Differenz ausdrücken, durch die der Mensch von anderen Tieren

---

144 GW 12: 209.
145 Vgl. GW 12: 208.
146 GW 12: 209.
147 Vgl. GW 12: 210f.

3.3 DIE IDEE

unterschieden werden kann,[148] obwohl das Ohrläppchen kein wesentlicher Charakter der Menschen ist. Angesichts der Zufälligkeit der Merkmale benutzt Hegel den Sinn des Wortes „*Merkmal*", das als „*Merkzeichen*"[149] nur für die äußerliche Reflexion gilt, die dem erkennenden Subjekt erlaubt, den Gegenstand zu identifizieren. Die Begriffsdifferenz *qua* Merkmal hängt daher nicht primär vom begrifflichen Gehalt ab, sondern von der zufälligen empirischen Beschaffenheit. Die Zufälligkeit der Begriffsdifferenz widerspricht aber der Notwendigkeit der Synthesis. In Rücksicht auf die Notwendigkeit muss ein Begriff von seinem Oberbegriff durch die Differenz notwendig abgegrenzt werden. Eine notwendige Begriffsdifferenz muss deshalb eine logische Disjunktion sein. Wegen der Disjunktion geht die Definition in die *Einteilung* über.

Aufgrund der Notwendigkeit muss die Einteilung „den ganzen Umfang des durch die Definition im allgemeinen, bezeichneten Gebiets"[150] umfassen und dem begrifflichen Anspruch zufolge Vollständigkeit aufweisen. Eine empirische Begriffsdifferenz kann in Rücksicht auf Merkmale allerdings nur zufällig sein. Die Produkte der Einteilung, die anhand einer empirischen Begriffsdifferenz durchgeführt wird, sind nur die *zufälligen, verschiedenen* Arten der Gattung.[151] Weil die Vollständigkeit der Einteilung immer auch von der Extension der Gattung abhängt, die selbst zufällig ist – vgl. Hegels Beispiel der unbestimmten Arten vom Papageien[152] –, widerspricht die Einteilung wegen der Empirie der Notwendigkeit des synthetischen Erkennens. Die Disjunktion *qua* Einteilung darf daher nicht der Empirie, sondern dem Begriff (dem logischen Zusammenhang) allein entnommen werden.

Beispielsweise kann die Farbe Gelb anhand der Einteilung des Begriffs „Farbe" durch den Gegensatz von dunkel und hell bestimmt werden. Allerdings besitzt der Gegensatz von dunkel und hell bei näherem Betrachten höchstens bloß die Form des Begriffs. Die Inhalte „dunkel" und „hell" entstammen selbst der Empirie. Bezüglich dieser heterogenen Gegebenheit ist die Einteilung der Definition auch nicht vollkommen, d.h. autonom bestimmt. Die vollkommene Bestimmung eines Begriffs geht für Hegel einher mit seiner Individualisierung. Aus diesem Grund nimmt er die Geometrie als Beispiel: „Das rechtwinklige Dreieck ist vollkommen bestimmt im Pythagoreischen Lehrsatz."[153] Die Individualisierung eines Begriffs führt daher zum *Lehrsatz* und Beweis, durch die sich ein Begriff (das Allgemeine) durch seine Begriffsdifferenz

---

148 Vgl. GW 12: 213.
149 GW 12: 213.
150 TW 8: 382 (Enz.³1830, §230 Z).
151 Vgl. GW 12: 219.
152 Vgl. GW 12: 218.
153 GW 23,2: 803.

(das Besondere) zur Einzelheit entwickelt. In Lehrsatz und Beweis wird das Einzelne nicht empirisch aufgegriffen, sondern bloß begrifflich konstituiert. In Rücksicht auf die Notwendigkeit ist diese Entwicklung streng genommen eine bloß formale Entwicklung.

Im Lehrsatz werden die Begriffe in einem strengen, logischen Zusammenhang eingesetzt, demzufolge die Begriffe voneinander notwendig abgeleitet werden können und nicht mehr wie in der Definition und Einteilung nur zufällige „Vorgefundene"[154] sind. Weil die Organisation der Begriffsbestimmungen notwendig sein soll, muss der Organisationsvorgang bewiesen werden. Da solche Bestimmungen aber aus der Empirie aufgenommen werden, lässt sich nur zufällig angeben, welche Bestimmungen in Lehrsätzen oder ggf. Axiomen angenommen werden sollen. Die zufällige Entscheidung zieht die weitere Schwierigkeit nach sich, dass die Denkbestimmungen miteinander zufällig zusammengeschlossen oder schlimmstenfalls inkonsistent sein können. Ausgehend von der Zufälligkeit und Inkonsistenz müssen Denkbestimmungen in ihrer Notwendigkeit und ihrer „*Congruenz*"[155] bewiesen werden.

Der Beweis muss Hegel zufolge zwei Seiten haben. Die eine ist die Konstruktion, durch die das Material für den Beweis herbeigebracht und organisiert wird, die andere der Vorgang des Beweisens, mit dem die Objektivität (im Sinn der allgemeinen Gültigkeit) in ihrer Notwendigkeit dargestellt werden soll. Allerdings hängt die Notwendigkeit des Beweises von der Konstruktion ab, die durch den subjektiven Gedankengang des Beweisenden ausgeführt wird.[156] Wie Hegels Kritik an der anschaulichen Darstellung der Geometrie zeigt, können die räumlichen Bestimmungen nicht allein auf Grundlage ihrer Anschaubarkeit, sondern erst durch Berücksichtigung der Spontaneität des Denkens bewiesen werden.[157]

Im Beweis der Summe der Innenwinkel in einem planaren Dreieck, die immer 180° beträgt, darf nicht bei der Anschauung stehen geblieben werden. Vielmehr muss durch einen Eckpunkt des Dreiecks eine Parallele als Hilfslinie gezogen werden, um daraufhin mithilfe des Theorems der inneren Wechselwinkel die Konklusion zu erhalten, dass die Summe der Winkel 180° beträgt. Ein solcher Beweis liegt also nicht in der Unmittelbarkeit des Dreiecks begründet, sondern muss mithilfe des subjektiven Gedankengangs konstruiert werden. Durch die Konstruktion wird der subjektive Grund zum Grund des objektiven Vorgangs. Im Hinblick auf die Notwendigkeit des Beweisvorgangs

---

154   GW 12: 220.
155   GW 12: 223.
156   Vgl. GW 12: 225.
157   Vgl. GW 12: 226.

bleibt der subjektive Grund aber noch im Verborgenen. Wegen dieser Verborgenheit ist die Identität des Begriffs und der Realität oder des Subjekts und Objekt noch nicht erreicht.

Weil der subjektive Gedankengang (*qua* Begriff) wegen seiner Verborgenheit der Realität noch gegenübersteht, ist das theoretische Erkennen endlich und nicht imstande, die Wahrheit zu erreichen. Trotzdem gibt dieser Mangel des theoretischen Erkennens einen Hinweis auf den weiteren logischen Fortgang. Trotz des theoretischen Grundcharakters des Erkennens (sog. *tabula rasa*), das sich dem Objekt gegenüber vorrangig passiv verhält, wird der subjektive Grund im Beweis durch die Tätigkeit des Subjekts aufgewiesen, womit sich die theoretische Idee zur praktischen entwickelt. OL tritt mit der praktischen Idee ins „Handeln"[158] ein, in dem der Vorrang des Subjekts vor dem Objekt gesetzt wird. Der subjektive Idealismus gibt damit seine Voraussetzung der fremden Gegebenheit auf und verwandelt sich in einen handelnden subjektiven Idealismus. Im handelnden subjektiven Idealismus wird dem Objekt hinsichtlich der absoluten Gewissheit des Subjekts eine Nichtigkeit zugeschrieben.

Mit Blick auf die spekulative Methode ist der Übergang vom theoretischen zum praktischen Erkennen wie folgt zusammenzufassen. Das verständige Moment nimmt zuerst das Erkennen als einen neuen Selbstbezug, der sich durch eine formale Verwandlung des Gegebenen zum Begriff auf sich bezieht. Wegen der wesentlichen Rolle des Gegebenen in der Verwandlung lässt sich das Erkennen als theoretisches Erkennen bzw. Idee des Wahren kennzeichnen. Da in der formalen Verwandlung des Gegebenen in Begriff die Identität eine wichtige Rolle spielt, ist das Erkennen als analytisches Erkennen zu bezeichnen. Diese Identität wird vom dialektischen Moment angezweifelt, indem deutlich gemacht wird, dass im analytischen Erkennen auf den komplexen, begrifflichen Zusammenhang nicht reflektiert wird und dass das Gegebene nicht auf das Prinzip der Identität reduziert werden kann. Vor diesem Hintergrund wird das analytische Erkennen durch das synthetische Erkennen ersetzt, in dem Begriffe mit einem logischen Zusammenhang, nämlich Genus plus Differenz, konstruiert werden. Es wird vom dialektischen Moment jedoch daran erinnert, dass die Differenz, die aus der Empirie aufgegriffen wird, ein zufälliges Merkmal ist und durch Begriffe willkürlich eingeteilt werden. Um die Zufälligkeit und Willkürlichkeit zu beseitigen muss ein einzelner Begriff nicht empirisch aufgenommen, sondern bloß aus dem begrifflichen Zusammenhang konstituiert werden. Der geometrische Lehrsatz und Beweis werden vom verständigen Moment als Vorbild der begrifflichen Konstruktion des Einzelnen angenommen. Weil unter der Prüfung des

---

158 GW 12: 230.

dialektischen Moments das Wahrheitskriterium nicht mehr im Gegebenen selbst liegt, sondern im begrifflichen Beweis des Denkens, widerspricht der im Beweis begründete Gedanke dem Anspruch des theoretischen Erkennens ganz generell, weil beim theoretischen Erkennen das Gegebene und nicht das Denken selbst das Korrektiv des Begriffs ist. Auf diese Weise wird das theoretische Erkennen bzw. die Idee des Wahren vom verständigen Moment zum praktischen Erkennen bzw. zur Idee des Guten weitergeführt.

B.   Die Idee des Guten

Durch den Prozess der theoretischen Idee hat sich die Subjektivität (v.a. im Gedanken des Beweises) als die Wahrheit der Objektivität erwiesen. Von der Analyse werden zuerst die gegebenen Stoffe durch Abstraktion in allgemeine Begriffe verwandelt. Dann werden solche allgemeinen Begriffe durch Definitionen, Einteilungen und Lehrsätze dem Beweis integriert, dessen entscheidendes Element nicht im Beweis selbst liegt, sondern ihm verborgen bleibt. Dieses fehlende Element ist der subjektive Gedankengang, der in der praktischen Idee thematisch wird.

Da die Subjektivität nun als primärer Urheber der Wahrheit gilt, spielt die Objektivität nur die Rolle des Scheins bzw. der Nichtigkeit. Die Gewissheit des Subjekts ist nicht nur seine Wirklichkeit, sondern auch die „*Unwirklichkeit der Welt*"[159]. Im Vergleich zum theoretischen Erkennen enthält das praktische Erkennen zuerst eine Identität zwischen Subjekt und Objekt, indem sein Gedanke nun in Handlungen den Anspruch erhebt, sich in der ihm gegenüberstehenden Objektivität zu realisieren. Diese Identität ist zweitens höher als die des theoretischen Erkennens, weil im Handeln die Identität des Denkens wegen der Nichtigkeit der Objektivität nur die Autorität des Denkens selbst anerkennt. Die praktische Idee wird daher von Hegel „das Gute" genannt.

> Diese in dem Begriff enthaltene, ihm gleiche und die Forderung der einzelnen äußerlichen Wirklichkeit in sich schließende Bestimmtheit ist das *Gute*. Es tritt mit der Würde auf, absolut zu sein, weil es die Totalität des Begriffes in sich, das Objektive zugleich in der Form der freien Einheit und Subjektivität ist. Diese Idee ist höher als die Idee des betrachteten Erkennens, denn sie hat nicht nur die Würde des Allgemeinen, sondern auch, des schlechthin Wirklichen.[160]

Zwar ist die Idee des Guten *qua* Trieb, sich zu realisieren, in der praktischen Idee wirksam, aber sie wird noch nicht in der Außenwelt realisiert. Durch das Setzen des Zwecks der Handlungen wird auch die Unterscheidung und damit

---

159   GW 12: 231.
160   GW 12: 231.

die Unüberbrückbarkeit zwischen Subjektivität und Objektivität vorausgesetzt, weil auch der in der Außenwelt realisierte Zweck nur ein Vorübergehendes ist. Die moralische Handlung ist z.B. nur einmalig und garantiert keine Wiederholung – geschweige denn den Wahrheitsgehalt der Annahme. Der Zweck soll in der Realität ausgeführt werden. Aber wegen der Zufälligkeit der Realität gibt es Hindernisse, die dieser Realisierung im Wege stehen. Moralische Dilemmata oder eine zu kurze Lebenszeit sind nur einige von zahlreichen möglichen Beispielen. Aufgrund solcher Schwierigkeiten bleibt die praktische Idee, die auf dem moralischen Standpunkt steht, ein nie zu realisierendes „*Sollen*", „ein absolutes Postulat".[161] Dies ist der Widerspruch der praktischen Idee, einerseits die objektive Welt für nichtig zu halten, andererseits wegen der Unüberbrückbarkeit zwischen Subjekt und Objekt die Selbständigkeit der objektiven Welt anzuerkennen. Bezüglich dieses Widerspruchs ist die praktische Idee ebenso endlich wie die theoretische Idee.

Aus einer anderen Perspektive betrachtet wird dieser Widerspruch in der Tat aufgelöst, weil er eben durch die praktische Idee selbst erzeugt wird. Weil die praktische Idee die objektive Welt für nichtig hält, realisiert sie sich bezüglich dieses Fürwahrhaltens. Ohne diese Überzeugung, dass die Welt nichtig ist, kann die praktische Idee nicht fortbestehen. Sieht man das Fürwahrhalten der Nichtigkeit der Welt als die erste Prämisse an, ist die Unüberbrückbarkeit der objektiven Welt *qua* das zweite Fürwahrhalten der praktischen Idee die zweite Prämisse. Zu ihrer Selbsterhaltung benötigt die praktische Idee die Unüberbrückbarkeit der Differenz von handelndem Denken und Welt, weil das Wesen des Guten ein Sollen ist. Wäre das Gute wirklich realisiert, würde es nicht mehr sein. Paradoxerweise fordert der Wille selbst, dass „sein Zweck auch nicht realisiert werde."[162]

> Der Wille steht daher der Erreichung seines Ziels nur selbst im Wege dadurch, daß er sich von dem Erkennen trennt, und die äußerliche Wirklichkeit für ihn nicht die Form des Wahrhaft-Seyenden erhält; die Idee des Guten kann daher ihre Ergänzung allein in der Idee des Wahren finden.[163]

In OL wird nun gesetzt, dass die Objektivität der Welt, die dem Begriff notwendigerweise einen Gehalt gibt, durch die Vernunft bestehen bleibt. Sowohl die theoretische als auch die praktische Stellung des Denkens wird von der Vernunft geleitet. Mithilfe der Ergänzung der praktischen Idee räumt OL die durch sie gesetzte Barriere weg und erhält ihre differenzierte Selbstidentität.

---

161   GW 12: 233.
162   TW 8: 387 (Enz.³1830, §234 Z).
163   GW 12: 233.

Die Identität der Theorie und Praxis ist die zweifache Expression des philosophischen Begreifens, die nur durch Selbstdifferenzierung realisiert werden kann. Diese Erfassung des Verhältnisses zwischen Theorie und Praxis als die höhere Rückkehr zum Leben lautet Hegel zufolge „die absolute Idee"[164]. Das zurückgekehrte Leben ist statt eines biologischen Lebens ein begreifendes.

Das philosophische Begreifen ist eine Selbstvergegenständlichung, die bezüglich der kritischen Reflexion ein Selbstbezug und bezüglich des kritisch zu prüfenden Gegenstandes ein Fremdbezug ist. Daher ist das philosophische Begreifen sowohl Selbstbezug als auch Fremdbezug. Im theoretischen Erkennen wird dem Fremdbezug Vorrang gegeben. Das Denken setzt die fremde Gegebenheit *qua* Wahrheit voraus. Im handelnden Erkennen wird dem Selbstbezug Vorrang eingeräumt. Das Denken setzt die Nichtigkeit der Welt *qua* Gewissheit des Denkens selbst voraus. Beide Modi des Erkennens werden durch gegenseitige Ergänzung auf eine prozessuale Einheit gebracht, die das philosophische Begreifen ist. Der subjektive Idealismus wird letzten Endes aufgehoben. Statt des subjektiven Idealismus wird der absolute Idealismus als die Epistemologie des philosophischen Begreifens etabliert.

$L_{\text{Die absolute idee}}$ (das gesetzte Erkennen) =
die Epistemologie des philosophischen Begreifens

In Anlehnung an die spekulative Methode lässt sich der Übergang vom praktischen Erkennen zur absoluten Idee wie folgt zusammenfassen: Im praktischen Erkennen wird umgekehrt der Selbstbezug des Denkens durch eine Gewissheit der Nichtigkeit der Realität aufgebaut. Dem dialektischen Moment scheint dieser Selbstbezug einen Widerspruch zu enthalten, weil die Annahme der Nichtigkeit der Realität in der Ausführung des handelnden Denkens bloß durch ihre gleichsame Negation aufrechterhalten werden kann. Mit anderen Worten: Von einer Nichtigkeit der Realität auszugehen, bedeutet *ipso facto* diese zugleich vorauszusetzen. Dementsprechend bleibt der Selbstbezug des Denkens durch die Handlung ein nie zu realisierendes Sollen, weil die Negation der Realität in ihrer Operationalität inhaltlich parasitär ist. Die Auflösung des Dilemmas, dass die Verneinung zugleich etwas, das verneint werden soll, voraussetzt, obliegt dem spekulativen Moment: Im Prozess setzt das Erkennen den ihm entsprechenden Gegenstand voraus und hebt diesen Gegenstand auf. Der *ganze* oder philosophisch begreifende Prozess macht die wahrhafte Realität der Vernunft aus. Mithilfe der Rückkehr zur Idee des Lebens, ohne welche die Spaltung zwischen theoretischem und praktischem

---

164 GW 12: 235.

Erkennen nicht auszugleichen ist, wird Einsicht in die Prozessualität des philosophischen Begreifens gewonnen. Mit dem Gedanken, dass der *Prozess* das Wahre ist und dass die logische Entwicklung nun dazu gekommen ist, ihn selbst zu denken, schreitet die Idee des theoretischen und praktischen Erkennens zur absoluten Idee fort.

Exkurs 6. Warum Hegels Metaphysik keine Transzendental- Philosophie ist

Um Missverständnisse im Vorhinein zu vermeiden möchte ich anmerken, dass meine Definition des Terminus „Transzendentalphilosophie" streng der Definition von Kant folgt. Eine ähnliche Einschränkung habe ich zuvor auch für den Terminus „Ontologie" gemacht. Kant definiert die Transzendentalphilosophie als eine Erkenntnis, die „sich nicht so wohl mit Gegenständen, sondern mit *unserer Erkenntnisart* von Gegenständen, *sofern diese apriori möglich sein soll*, überhaupt beschäftigt"[165]. Es geht in der Transzendentalphilosophie um die apriorische Erkenntnis des Objektbezuges. Aus dieser Definition erschließen sich die drei wesentlichen Eigenschaften der Transzendentalphilosophie: (1) Objektivität, (2) Apriorität und (3) Erkenntnis bzw. Theorie. Der Umfang der Transzendentalphilosophie wird von Kant auf die spekulative, also theoretische Vernunft eingeschränkt. Die praktische Erkenntnis, sofern sie mit der Neigung, die die Pflicht überwinden muss, zu tun hat, gehört nicht zur Transzendentalphilosophie.[166] Das gilt auch für die reflektierende Urteilskraft, weil ihr Grundbegriff der Zweckmäßigkeit bei Kant nur subjektiv und nicht objektiv gilt. Hegels Logik darf im Vergleich zur Kantischen Definition der Transzendentalphilosophie deshalb nicht dem transzendentalen Projekt zugeschrieben werden.

Erstens betrachtet Hegel die Denkbestimmungen „nicht nach der abstracten Form der Apriorität gegen das Aposteriorische, sondern sie selbst in ihrem besondern Inhalte"[167]. Hegel übernimmt von Kant die Merkmale der apriorischen Erkenntnis, nämlich Allgemeinheit und Notwendigkeit, für seine Definition der Objektivität des Denkens.[168] Alle Denkbestimmungen, die aus dem Denken selbst hervorgebracht werden, sind allgemein und notwendig und entsprechen deswegen der aus dem Denken hervorgebrachten Objektivität, die im Exkurs 5 erläutert wurde. Angesichts des bloßen Begriffsgehaltes beseitigt Hegel Kants Gegensatz zwischen Apriorität und Aposteriorität, der

---

[165] AA III: 43 (KrV B 25).
[166] AA III: 45 (KrV B 29).
[167] GW 21: 49.
[168] Vgl. GW 20: 79 (Enz³ 1830 §41).

unter dem Verdacht des Psychologismus steht, und verwirklicht sein Ziel, die Kantische Metaphysik als Wissenschaft „wieder zu reinigen"[169]. Zusammenfassend gesagt untersucht Hegel nicht mehr die apriorische Erkenntnisart des Denkens, sondern den objektiven Gehalt des begreifenden Denkens, der im strengen Sinne den Namen „Logik" tragen darf.

Zweitens wird der Umfang der Hegelschen Logik weit über jene Grenze der Transzendentalphilosophie, also über die bloße spekulative Vernunft, auf die praktische Vernunft und die reflektierende Urteilskraft (Zweckmäßigkeit) ausgedehnt, die für Kant nur subjektive Gültigkeit haben. Für Hegel ist die theoretische Erkenntnis (die Idee des Wahren) nur ein Modus Denkens. Neben ihrer passiven theoretischen Einstellung ist die Vernunft auch aktiv und handelnd und kann ihren Gehalt ausführen. Daher wendet Hegel sich von der rein theoretischen Lokalisation der Transzendentalphilosophie ab. Im Vorbegriff der enzyklopädischen Logik, insbesondere in der zweiten Einstellung des Gedankens zur Objektivität, merkt Hegel in Bezug auf Kants Kritik der Urteilskraft an, dass Kant in ihr „den Gedanken *der Idee* ausgesprochen hat"[170]. Diese Idee ist, wie am Anfang des Kapitels über die Idee referiert wurde, die aus dem Begriff hervorgebrachte Objektivität z.B. die menschliche Kultur.

Wie in der Idee des Lebens gezeigt wurde, instantiiert das Lebewesen das Muster des Begriffs in Form der inneren Zweckmäßigkeit. Zuerst ist das Lebewesen eine verwirklichte Instanz des Begriffs, weil die Seele des Lebewesens sich in seinem Leib erhält und durch Reproduktion erneuert. Zweitens erhält sich das Lebewesen als ein Ganzes (Seele mit Leib) weiter durch den Stoffwechsel mit der objektiven Welt. Schließlich erhält sich die allgemeine Gattung des Lebewesens durch ihre innere Unterscheidung (Geschlechtsunterscheidung). Diese bei Kant nur subjektiv-gültige Reflexion auf den Begriff der Zweckmäßigkeit besitzt für Hegel auch eine objektive Dimension, weil in der Entwicklung und im Verhalten des Lebewesens die Notwendigkeit und Allgemeinheit der Zweckmäßigkeit bestätigt wird. Durch die Idee des Wahren wird ferner die handelnde Spontaneität des Denkens bestätigt, durch die die Objektivität im Beweis aufgebaut wird. Das Denken, das sich seine objektive Form in der Realität gibt, ist der Wille, der sich im Vergleich zur theoretischen Stellung des Denkens nicht passiv, sondern aktiv gegen sein Objekt verhält. Im Sinne des sich realisierenden Denkens passt der Ausdruck „Transzendentalphilosophie" für die Hegelsche Idee daher nicht.

Obwohl ich selbst auch eine Kantische und deshalb eine deflationäre Lesart für Hegels Metaphysik vertrete, muss diese Lesart nicht unbedingt

---

169 GW 10.2: 826.
170 GW 20: 93 (Enz³ 1830 §55 A).

die transzendentalphilosophische Lesart sein. Trotzdem schreiben einige Interpreten der Hegelschen Metaphysik diese Kantische Transzendentalphilosophie zu. Laut Hartmanns *Kategorientheorie* beispielsweise wird Hegels Logik zu einer systematischen Rekonstruktion der apriorischen Kategorien.[171] Solche Kategorien dienen der Interpretation aller „Gefundenen der Erfahrung, Wissenschaft und Philosophie"[172]. Die Kategorien selbst als die transzendentalen Bedingungen jener Gefundenen könnten aber nicht mehr auf Empirie gestützt werden. Ihr Sinn hängt dieser These zufolge nur von ihren wechselseitigen Zusammenhängen ab. Deswegen sei ein solches System der Kategorien offensichtlich „voraussetzungslos" und erzeuge jede Kategorie nur anhand der strikten Dialektik in einem geschlossenen Kreis.[173] Im Gegensatz zur metaphysischen Interpretation haben solche Kategorien auch keinen Bezug zu konkreten Existierenden und daher auch keine metaphysische Bedeutung. Sie bewegen sich nur auf einem „kategorialen Niveau" und seien rein apriorisch.[174]

Dieser in sich geschlossene Kreis der Kategorien, dessen Geschlossenheit auf dem Kantischem Begriff der Apriorität basiert, scheint mir sehr problematisch zu sein. Erstens passt Kants Gegensatz von Apriorität und Aposteriorität, der von Hartmann übernommen wurde, nicht zu Hegels Logik, weil Hegel, wie gesagt, nur die Notwendigkeit und Allgemeinheit des Begriffsgehalt betont, und damit ein problematisches Verständnis der Apriorität vermeidet – etwa eines ewig bestehenden Kategorienkosmos oder einer genetischen Begabung. Zweitens widerspricht die apriorische Geschlossenheit der geschichtlichen Grundlage der Hegelschen Logik. Obwohl Hegel, Fichte folgend, die Denkbestimmungen in der Logik nacheinander streng ableitet, behauptet er niemals die Geschlossenheit solcher Denkbestimmungen. Statt geschlossen zu sein, sind die Denkbestimmungen in der Logik selbst Resultate der Philosophiegeschichte, obwohl ihre Abfolge dem wirklichen Verlauf der Philosophiegeschichte nicht eins zu eins entspricht. Obwohl die Ordnung der Objekte im Kapitel über den Mechanismus der prästabilierten Harmonie Leibniz' entspricht, sind die Denkbestimmungen in der Logik trotz ihrer systematischen Entfaltungsweise nicht unabhängig von der Philosophiegeschichte. Drittens ist die Geschlossenheit der Kategorien epistemisch fraglich. Die Geschlossenheit erweckt den Eindruck, dass die Kategorien eine isolierte Sphäre ausmachen, die vom Erkennen unabhängig ist. Dies ist bei

---

171 Vgl. Hartmann (1972): 103.
172 Hartmann (1972): 104.
173 Hartmann (1972): 104.
174 Pinkard (1992): 601.

Hegel nicht der Fall, weil die Idee des Erkennens die Erkenntnisbedingungen des spekulativen Denkens angibt, ohne in einen Kantianismus zu verfallen.

Wegen der problematischen These der Geschlossenheit der Kategorienmenge bei Hartmann korrigiert Pippin Hartmanns transzendentale Lesart zu einer anderen Kantischen These: dass die spekulative Logik eine *Untersuchung der begrifflichen Bedingungen der möglichen bestimmten Erkenntnisobjekte* ist, nach der unser Selbstbewusstsein eine transzendentale begriffliche Struktur hat. Oder anders gesagt: Pippin liest Hegel nach dem Muster der transzendentalen Einheit der Apperzeption Kants.[175] Diese Deutung kritisiert auch die vorkritische Metaphysik *qua* geistigen Monismus, dessen zentraler Begriff die hypostasierte Substanz ist.[176] Hegel stimmt Pippin zufolge mit dem Kantischen Projekt dahingehend überein, dass seine Philosophie, inklusive der *Phänomenologie des Geistes* als der Hegelschen transzendentalen Deduktion der Kategorien, eine Radikalisierung der kritischen Philosophie ist. Wie Kant, so richte sich auch Hegel sowohl gegen den direkten Realismus, demzufolge die Bestimmungen der Objekte uns immer auf eine unmittelbare Weise gegeben werden, als auch gegen den dogmatischen Idealismus, demzufolge sich das Subjekt immer nur seiner mentalen Zustände bewusst sei.[177] Jeder mögliche Objektbezug der menschlichen Erkenntnis benötige eine transzendental begriffliche Struktur unseres Selbstbewusstseins, und die Hegelsche Logik sei eine ebensolche Untersuchung dieser begrifflichen Struktur.

Mit einigen von Pippins Ansichten über Hegel stimmt der Verfasser allerdings überein, wie z.B. hinsichtlich der zentralen Rolle der Kantischen synthetischen Einheit der Apperzeption für Hegels spekulative Identität, welche Differenz einschließt und im Referat des Kapitels über den Begriff als solchen erläutert wurde. Dasselbe gilt auch für Hegels Entontologisierungsschritte und seine Thesen gegen die Onto-Theologie, die im Referat des Kapitels über das Absolute erwähnt wurden. Trotzdem scheint Pippins auf Kant aufbauende Lesart insgesamt zu eng zu sein, wenn er Hegels Metaphysik nur im Licht der Transzendentalphilosophie liest. Wie erläutert wird die Transzendentalphilosophie bloß auf die Erkenntnisart und dementsprechend auf die theoretische Vernunft eingeschränkt. Pippins eigene Bestimmung der möglichen Erkenntnisobjekte spiegelt sich auch in seiner Stellungnahme mit Blick auf die Transzendentalphilosophie. Indem Hegel die Praxis, also die Idee des Guten, auch dem Erkennen zuschreibt, dehnt er den Bereich des Erkennens von der

---

175 Vgl. Pippin (1989): 6.
176 Vgl. Pippin (1989): 3f, 177.
177 Pippin (1989): 35.

engen theoretischen Haltung weit auf den ganzen Bereich der menschlichen Handlungen aus. Bezüglich dieser Ausdehnung kann das logische Moment auch das Gebiet der Praxis betreffen. Wegen der fehlenden Einbeziehung dieses Bereiches ist die Lesart der Transzendentalphilosophie mit Hegels Metaphysik inkompatibel.

Mit der allzu starken Fokussierung auf Kants transzendentale Einheit der Apperzeption, die Kant in der transzendentalen Analytik behandelt, könnte Pippin außerdem Gefahr laufen, die wichtige Bedeutung zu übersehen, welche die transzendentale Dialektik und insbesondere die die „skeptische Methode"[178] Kants für Hegels Dialektik hat. Die Dialektik, die erst in der absoluten Idee thematisiert wird, spielt eine wichtige Rolle vor allem in Hegels Epistemologie philosophischen Begreifens. Die Dialektik hat Hegel ausdrücklich der Antinomienlehre entnommen. Wird die Dialektik in Hegels Logik übergesehen, kann die dynamische Entwicklung der Denkbestimmungen bei Hegel nicht erklärt werden, was einen wichtigen Unterschied zu Kants transzendentalen Logik markiert.

Außerdem aber scheint die Synthesis bei Kant mehrdeutig zu sein, und die Synthesis der Einbildungskraft bedeutet z.B. eine Verbindung des Verstandes mit einem ihm fremden Teil der Sinnlichkeit. Bei Hegel dagegen ist die Synthesis zugleich auch Analysis[179], weil die Differenz nicht aus dem fremden Anderen, sondern aus dem selbstbezüglichen Denken erzeugt wird. Genau dies ist die Pointe, mit der Hegel den Bewusstseinsgegensatz von Subjekt und Objekt überwindet. Wenn Pippin nur die Kantische Synthesis als Synthesis überhaupt betont, läuft er Gefahr Hegels Bemühung, den Bewusstseinsgegensatz zu überwinden, zu vernachlässigen,'.[180] Wenn er Hegel vor allem auf Basis der Kantischen Einheitsfunktion des Selbstbewusstseins liest, dürfte diese Gefahr virulent werden, weil das Selbstbewusstsein bei Hegel kein gegensatzloser Zustand, sondern gerade im Gegenteil eine Seite des Gegensatzes von

---

178 AA III: 292 (KrV B 451).
179 Vgl. GW 12: 242.
180 Pinkard kritisiert Pippin hier hinsichtlich seiner Vewechslung des Bewusstseins mit dem Denken (vgl. Pinkard (1990). Diese Kritik scheint unzutreffend zu sein, solange Pinkard das Denken vom Bewusstsein nur durch eine selbstreflexive Relation des Denkens unterscheidet. Der Grund, warum Pinkards Kritik an Pippin nicht zutrifft, ist, dass Pippin statt des Bewusstseins zuerst das Selbstbewusstsein betont und sich damit auf einer Linie mit Hegel befindet. Denn auch Hegel sieht das Selbstbewusstsein, wie im Exkurs 5 erwähnt, als die Existenz des Begriffs als solchen an. Sofern die Selbstbezüglichkeit, die der Begriff als Bestimmungsmerkmal besitzt, dem Selbstbewusstsein nicht abgesprochen werden kann, gilt Pinkards Unterscheidung und seine darauf basierende Kritik an Pippins ‚Verwechslung' nicht.

Subjekt und Objekt ist. Der wahrhaft gegensatzlose Zustand ist Hegel zufolge das Denken oder die Vernunft.

Die Gefahr einer einseitigen Interpretation der Hegelschen Philosophie kann noch ausführlicher am Beispiel von Pinkard erläutert werden, dessen Interpretation trotz kleinerer Unterschiede zu Pippin in Richtung des Selbstbewusstseins geht und ähnliche Interpretationsschwierigkeiten nach sich zieht.

Pinkards Interpretation nach wird Hegels Metaphysik zuerst als die Erklärung der logischen Möglichkeit[181] und später als *Explikation unserer geistigen Eigenschaften* bestimmt. Dieser Interpretation zufolge schließt sich Hegel zwar der Kantischen Diagnose des „begriffliche[n] Dilemma[s]"[182] der traditionalen Metaphysik an, sieht aber in diesem dialektischen Resultat nicht etwas Sinnloses, wie Kant, sondern etwas Aufschlussreiches. Eben diese dialektische Fähigkeit mache die geistige oder selbstbewusste Eigenschaft der Menschen aus und ermögliche damit die aristotelische „zweite Natur"[183] des Menschen als des selbstinterpretierenden Tiers. Durch die zweite Natur haben die Menschen einen normativen gesellschaftlichen Raum erzeugt, worin sie ein von anderen Lebewesen unterschiedenes Leben führen können.

Pinkard hat durchaus Recht, wenn er Hegels Ansicht über das Selbstbewusstsein nicht nur in der theoretischen Dimension, sondern auch in der praktischen Dimension lokalisiert, und den selbstbewussten Menschen mit „Akteur" bezeichnet. Für Pinkard ist Hegels Metaphysik eine Explikation der dialektischen Struktur des menschlichen Selbstbewusstseins, die den Kern der ganzen menschlichen Kultur (als der zweiten Natur) ausmacht. Das größte Problem bei Pinkards und Pippins Interpretation aber scheint meines Erachtens der vage Unterschied zwischen dem selbstbezüglichen oder spekulativen Denken und dem Selbstbewusstsein zu sein.

Obwohl das Selbstbewusstsein *qua* „Existenz"[184] des reinen Begriffes von Hegel mit dem Begriff als solchen identifiziert wird und im späteren Kapitel über die absolute Idee der Begriff wieder aufgegriffen wird, darf man den Begriff als solchen und mithin das Selbstbewusstsein nicht mit der Idee verwechseln. Der Begriff als solcher am Anfang der Begriffslehre bleibt noch in der bloßen Bestimmtheit der Subjektivität. In dieser einseitigen Bestimmtheit gibt es noch keine aus dem Begriff selbst erzeugte Objektivität, und insofern ist

---

181   Vgl. Pinkard (1988).
182   Pinkard (2012): 4.
183   Pinkard (2012): 7.
184   GW 12: 17.

der Begriff noch abstrakt und „unvollendet"¹⁸⁵. Diese Konklusion gilt auch für das Selbstbewusstsein, sofern es mit dem Begriff als solchen identifiziert wird.

Im Gegensatz dazu muss die Idee bezüglich ihrer aus dem Begriff erzeugten Realität vom Begriff als solchen unterschieden werden. Erst in der Bestimmtheit der Idee erhält das Denken seine wahrhafte Form, also seine Subjekt-Objekt-Einheit. Dies kann mit Hegels Bestimmungen des Denkens und dem Synonym „Vernunft" auch in der *Enzyklopädie* und in der *Phänomenologie des Geistes* bestätigt werden. In der enzyklopädischen Psychologie identifiziert Hegel das gegensatzlose Denken mit Vernunft. In der *Phänomenologie des Geistes* – im Kapitel „Vernunft" – setzt er ferner die Vernunft mit einer Bewusstseinsgestalt gleich.¹⁸⁶ Da das Kapitel mit der Überschrift „Selbstbewusstsein" sich jedoch vor dem Kapitel über die Vernunft (dem Gegensatzlosen) findet, ist das Selbstbewusstsein nicht vom Gegensatz befreit. In der Tat ist das Selbstbewusstsein, wie der Begriff als solcher, in der Begriffslehre auch einseitig mit der bloßen Form der Subjektivität behaftet. Daher entspricht die Idee, die für Hegel der wahre Ausdruck des objektiven Denkens ist und selbstverständlich auch die absolute Idee umfasst, trotz der gleichen Selbstbezüglichkeit nicht dem Selbstbewusstsein.

Alle drei transzendentalphilosophischen Deutungen von Hegel orientieren sich stark an der Kantischen Philosophie. Obwohl sie den Einfluss, den die Kantische Kritik der vormaligen Metaphysik auf Hegel hatte, richtig einschätzen, vergessen sie den Einfluss der Kantischen „Doktrin"¹⁸⁷ auf Hegel, die als das „System der reinen Vernunft" zugleich auch „eigentliche Metaphysik"¹⁸⁸ ist. Die Kantische Kritik ist eben eine Vorbereitung der eigentlichen Metaphysik und keine Zerstörung der Metaphysik. Tatsächlich baut Kant im Gegenteil die Metaphysik wieder auf und dehnt den Bereich der Metaphysik noch weiter auf die Praxis aus. Ferner vernachlässigen die vor dem Hintergrund der Transzendentalphilosophie argumentierenden Interpreten nicht nur die Kantische Doktrin, sondern auch die anderen zwei Kritiken von Kant, indem sie den Fokus nur auf die erste Kritik legen. Schließlich übersehen Pippin und Pinkard den Unterschied zwischen dem Selbstbewusstsein und dem Denken, indem sie beide den Terminus „Selbstbewusstsein" wählen, um Hegels Hauptprojekt zu charakterisieren. Das Selbstbewusstsein ist für Hegel wichtig, aber ihm mangelt es Hegel zufolge an Objektivität. Weil Pippin und Pinkard unter dem Selbstbewusstsein etwas anderes als Hegel verstehen, ist diese

---

185 GW 12: 25.
186 Vgl. GW 20: 465 (Enz³ 1830 §467 A).
187 AA III: 43 (KrV B25).
188 AA III: 43 (KrV B25), 42 (KrV B23).

Bezeichnung irreführend. Dieses Problem wird deutlicher, wenn daran erinnert wird, dass unter Selbstbewusstsein üblicherweise auch Selbstkenntnis z.B. waches Bewusstsein über eigene körperliche Zustände zu verstehen ist. Die Selbstkenntnis ist aber weit von dem entfernt, was Hegel unter Begreifen versteht.

3.3.3 *Die absolute Idee*

Weil die Identität der theoretischen und praktischen Idee zu betrachten ist, wird sie zur absoluten Idee, die als Epistemologie des philosophischen Begreifens Fremd- und Selbstbezug einschließt. In der absoluten Idee bzw. der Epistemologie des philosophischen Begreifens gibt es für OL keine Schranke mehr. Die Welt *qua* der kritisch zu prüfende Gegenstand des philosophischen Erkennens wird durch die praktische Idee vorausgesetzt. Durch ihre begreifende Handlung *qua* ihre Realität bezieht sich die praktische Idee auf sich. Ohne den Fremdbezug *qua* Welt ist der Selbstbezug des philosophischen Begreifens unmöglich. Analog zu Kant ist „die *analytische* Einheit der Apperzeption [...] nur unter der Voraussetzung irgend einer *synthetischen* möglich."[189] In diesem negativen zirkulären Prozess des philosophischen Begreifens findet sich die adäquate Realität des philosophischen Begreifens. Wegen der Entsprechung des Begriffs und seiner Realität ist die Epistemologie des philosophischen Begreifens eine Wahrheit, die sich durch ihre eigene Norm des philosophischen Begreifens nur auf sich bezieht und im Sinne der Autonomie auch frei ist.

Wie in der Rechtswissenschaft eine Entität mit Person bezeichnet wird, die Verantwortung für ihre Handlung tragen kann und daher frei ist, nennt Hegel die absolute Idee hinsichtlich ihrer logischen Freiheit und Handlung „die *Persönlichkeit*",[190] die die Quelle der Spontaneität ist. Die absolute Idee darf nicht hypostasiert werden. Sie muss als ein philosophischer, erkennender Prozess begriffen werden. In der Handlungstheorie werden z.B. alle Charakteristika einer Person nur durch ihre Handlungen ausgedrückt. Hinter ihren Handlungen gibt es nichts Verborgenes. Hegel behält diesen Duktus der Handlungstheorie auch für die absolute Idee bei. Die absolute Idee besteht bloß im epistemischen Prozess des philosophischen Begreifens. Das Wesen der menschlichen Vernunft erhält seine vollkommene Expression im philosophischen Begreifen. Hegel nennt die Epistemologie des philosophischen Begreifens das „Denken des Denkens" und schließt sich daher

---

189 AA III: 109 (KrV B 133f).
190 GW 12: 236.

Aristoteles' „νόησις νοήσεως"[191] an. Hinsichtlich der theologischen Definition der Aristotelischen Metaphysik ist die spekulative Logik auch eine philosophische Theologie, eine Wissenschaft über den Gott, der zwar im Sinne der Vorstellung auch als der christliche angesehen werden kann, aber seinem Begriffsgehalt nach, der philosophische ist.

Obzwar dieser logische Gott wegen seiner negativen Selbstbezüglichkeit einen Kreis ausmacht, kann er bezüglich des analytischen Erkennens auch in drei unterschiedliche Momente („*Schluss*" und „*System*"[192]) zerlegt werden. Diese drei formalen Momente sind Hegel zufolge der Anfang, der Fortgang und das Ende, die den drei Momenten des Begriffs (der Allgemeinheit, der Besonderheit sowie der Einzelheit) entsprechen. Die absolute Idee ist daher nicht nur eine höhere Rückkehr zum Leben, sondern als das philosophische Begreifen auch eine höhere Rückkehr zum Begriff als solchen.[193] Sie unterscheidet sich vom Begriff als solchen dadurch, dass (1) ihre Bewegung „*allgemeine absolute Tätigkeit* [ist], die sich selbst bestimmende und selbst realisierende Bewegung ist",[194] und (2) sie „nicht nur als Gegenstand, sondern als dessen eigenes, subjectives Thun ist, als das *Instrument* und Mittel der erkennenden Thätigkeit, von ihr unterschieden, aber als deren eigene Wesenheit."[195] Mit Blick auf die dynamische und instrumentelle Eigenschaft der absoluten Idee nennt Hegel sie auch „Methode".[196] Während der erste Punkt die Allgemeinheit betrifft, hat der zweite Punkt mit dem philosophischen Erkennen zu tun.

Ad (1): Die Allgemeinheit ist hier keine numerische Allheit. Eine solche Methode wäre eine äußerliche Art und Weise, die auf alle Gegenstände angewandt wird. Hegel hält hingegen die absolute Idee *qua* „Methode" für die innere Natur der Gegenstände. Die Dinge werden erst durch Denkbestimmungen (wie z.B. Ding und Eigenschaft, Ursache und Wirkung, Gattung und Art usw.) intelligibel. Im Sinne der Intelligibilität und Methode machen die Denkbestimmungen die Natur der Dinge aus. Das sinnlich Mannigfaltige allein kann das Objekt nicht konstituieren. Die Welt muss erst durch Denkbestimmungen Intelligibilität erhalten. Die Vorstellung oder selbst der Name eines Gegenstandes muss erst in den Begriff oder den logischen Bereich

---

191   GW 20: 62 (Enz.³1830, §19 A), TW 8: 388 (Enz.³1830, §236 Z); Vgl. auch Aristoteles, *Metaph.*: 1072b18-1072b30.
192   GW 12: 247, 249.
193   Vgl. GW 12: 236, 238.
194   GW 12: 238.
195   GW 12: 238.
196   GW 12: 237.

aufgenommen werden.[197] Im Gegensatz zum Begriff als solchen steht die absolute Idee *qua* das philosophische Begreifen nicht Objektivität gegenüber. Die Denkbestimmungen, die die Objektivität ausmachen, sind selbst Produkte des philosophischen Begreifens. Indem das Denken kein ihm absolut Fremdes hat, wird es auch nicht eingeschränkt. Die Allgemeinheit der „Methode" ist daher im Sinn der absoluten Uneingeschränktheit zu verstehen.

Ad (2): Aufgrund der Allgemeinheit der Methode fällt auch der Unterschied zwischen OL und HL weg. Mit Rücksicht auf den Erfolg einer Theorie der Voraussetzungslosigkeit unterscheiden wir uns *qua* HL oder äußerliche Reflexion anfänglich von der immanenten Entwicklung des logischen Denkens *qua* OL. Weil die Methode nun als die allgemeinste Vorgehensweise der Vernunft, also das Philosophieren, bestimmt wird, gilt sie auch für uns *qua* philosophierenden Subjekten. Das Resultat des Gedankenexperiments gilt auch außerhalb desselben. Während der Begriff als solcher *qua* Begreifen überhaupt nur zum Gegenstand der OL gehört, macht die Methode *qua* philosophisches Begreifen auch die Natur unseres philosophischen Erkennens in HL aus. Sofern unsere äußere Reflexion philosophischem Erkennen angehört, macht sie auch von der Methode Gebrauch. Das philosophische Erkennen ist kein bloß willkürlicher Zusatz, sondern die notwendige Vorgangsweise der Vernunft.

Zwar gibt es Unterschiede zwischen der spekulativen Methode und dem Begriff als solchen, aber sie haben formal die gleiche dreifache Struktur: Anfang (Allgemeinheit), Fortgang (Besonderheit) und Ende (Einzelheit). Der *Anfang* ist seinem Begriffsgehalt nach ein absolut Unmittelbares, das keinen Vorgänger hat. Aufgrund der absoluten Unmittelbarkeit ist der Anfang auch ein reiner Selbstbezug, den Hegel „reines Sein" nennt. Unter dem reinen Sein wird gewöhnlich eine allgemeine Bestimmung der Dinge verstanden. Allerdings kann das Sein nicht an dem Dinge selbst wahrgenommen werden. Kein Ding trägt das Namenschild „Sein". Im Gegenteil muss das Sein seine Bedeutung von den Dingen durch höchste gedankliche Abstraktion bekommen. Das Sein *qua* gedankliche Abstraktion ist daher „die Erhebung der Vorstellung, des empirischen und räsonnirenden Bewußtseins, zu dem Standpunkte des Denkens."[198]

Aufgrund der höchsten gedanklichen Abstraktion bleibt aber *nichts* im Sein übrig. So muss Nichts *qua* Fremdbezug des Seins auch mitgedacht werden. Das Sein erweist sich daher als ein doppeldeutiger Begriffsgehalt. Der Vorgang vom Selbstbezug zu Doppelbezügen des Seins macht den *Fortgang* oder

---

197 GW 12: 244.
198 GW 12: 240.

Wendepunkt der Methode aus, der nicht der äußerlichen Reflexion, sondern seinem „Gegenstand selbst"[199] entnommen werden muss. Bezüglich des doppeldeutigen Begriffsgehaltes (Sein und Nichts) tritt der Widerspruch *qua* Werden auf. Wegen der negativen, zirkulären Charakteristik nennt Hegel das zweite Moment der Methode auch das „*Dialektische*" oder „*Dialektik*"[200].

Das Werden ist seinem Begriffsgehalt nach ein Prozess, in dem entweder Sein zum Nichts oder Nichts zum Sein *wird* bzw. immer schon geworden ist. Beide möglichen Fälle machen daher zwei Momente des Werdens aus, nämlich Vergehen und Entstehen. Wegen der Widersprüchlichkeit erhält das Werden sich nicht, sondern kollabiert zu einem Gewordenen. Durch den Kollaps des Widerspruchs werden die Doppelbezüge wieder zum Selbstbezug (Sein), aber einem höherstufigen und vermittelten Selbstbezug (Dasein). Aufzählend könnte man das Werden das Ende oder „*das Dritte*"[201] nennen, denn es gehört wesentlich demselben philosophierenden Prozess und kann nicht unabhängig von ihm existieren.

Nicht nur Sein-Nichts-Werden, sondern alle dialektischen Bewegungen in der spekulativen Logik sind „*Beyspiele* von Beweisen"[202] der absoluten Idee. Erst in der absoluten Idee als Epistemologie des philosophischen Begreifens wird die dem philosophischen Begreifen adäquate Realität erreicht, die in dem Prozessgedanken begründet liegt. Hinsichtlich der negativen Zirkularität ist das philosophische Erkennen auch mit „spekulative Methode" zu bezeichnen. Entgegen bspw. dem spinozistischen Modell, das Absolute als Substanz zu interpretieren, setzt Hegel die ‚Realität' mit dem ganzen epistemischen Prozess des philosophischen Begreifens gleich. Summa summarum artikuliert sich die Vernunft vollkommen im philosophierenden Erkennen, das aus drei Momenten – dem verständigen, dialektischen und spekulativen – besteht. Mit der Thematisierung der spekulativen Methode lässt sich letztendlich die Legitimität unserer systematischen Darstellung der *Wissenschaft der Logik* im Hegelschen Sinne erhalten.

Die spekulative Logik fängt mit dem reinen Sein an und endet mit der absoluten Idee, die als selbstbezügliche Negativität ein „*erfülltes* Sein" (Selbstbezug als Fremdbezug) ist. Angesichts des Selbstbezugs kann die spekulative Logik auch als die Wissenschaft des Seins bezeichnet werden, welche *die allgemeine Wissenschaft und daher „die erste*"[203] Philosophie ist. Sie ist *die*

---

199 GW 12: 241.
200 GW 12: 242.
201 GW 12: 247.
202 GW 12: 245.
203 GW 12: 198.

allgemeinste und daher die erste Philosophie, weil sie den Begriffsgehalt aller Denkbestimmungen, die in anderen philosophischen Wissenschaften (z.B. der Natur- und Geistphilosophie) verwendet werden, genau bestimmt und streng ableitet. Nur durch die erste Philosophie erhalten die anderen philosophischen Wissenschaften im Sinn der Methodologie ihre Wissenschaftlichkeit.

Da die absolute Idee die negative Zirkulation ist, fordert sie ihrer Struktur gemäß zuerst ihre verschiedenartige Realisierung (Natur) als ihre Negation und dann als die Rückkehr von ihrem Fremden (Natur) zu sich (Geist). Bezüglich der Rückkehr aber ist die spekulative Logik auch „*die letzte*"[204] Philosophie. Aufgrund der Charakteristik der letzten Philosophie ist *Wissenschaft der Logik* im Sinne des der philosophischen Physik Nachfolgenden die eigentliche Metaphysik. Über die genaue Bedeutung von „eigentliche Metaphysik" bzw. von der *Enzyklopädie der philosophischen Wissenschaften* Hegels wird im Folgenden Rechenschaft abgelegt.

3.3.4   *Enzyklopädie der philosophischen Wissenschaften als Manifestationsprozess der eigentlichen Metaphysik*

Wird *der Wissenschaft der Logik* bloß als der ersten Philosophie und daher als der eigentlichen Metaphysik Rechnung getragen, lässt sich Hegels Konzept der eigentlichen Metaphysik nicht erschöpfend genug in Betracht ziehen. Obwohl wir *qua* philosophierende Subjekte in der absoluten Idee mit der spekulativen Methode *qua* dem philosophischen Begreifen identifiziert werden, bleibt der Abgrund zwischen uns *qua* philosophierenden Subjekten und dem Gegenstand der spekulativen Logik, der *reinen* Idee, weil bezüglich unserer anthropologischen, sittlichen und geschichtlichen Konstellationen unsere Identifikation mit der absoluten Idee, die bisher bloß eine logische Idee ist, noch keine von deckungsgleichen Identifikation ist. Die vollständige Identifikation darf jedoch keine Einbahnstraße sein, sodass die Idee nur passiv mit uns identifiziert wird. Sondern die Identifikation muss ‚interaktiv' stattfinden. Anders gesagt: Die absolute Idee muss sich auch als ein solches philosophierendes Subjekt erweisen, das analog zu uns mit vergleichbaren anthropologischen, sittlichen und geschichtlichen Konstellationen ausgestattet ist. Übrigens bleibt die erste, in der Logik erreichte absolute Idee noch in der Unmittelbarkeit, die ihrem Begriffsgehalt der Selbstvermittlung – als *System* und *Schluss* – nicht entspricht. Anders gesagt: Die logische absolute Idee ist nur *eine* Weise der Realisierung der absoluten Idee. Es könnte noch weitere Weisen der Realisierung geben,

---

204   GW 12: 198.

z.B. als Natur und Geist.[205] Die absolute Idee muss sich daher spezifizieren. Vor diesem Hintergrund markiert der erste Begriff der philosophischen Wissenschaft, der in der absoluten Idee der spekulativen Logik erreicht wird, auch die scheinbare Trennung zwischen uns als Philosophierenden und dem einzigen Gegenstand der Philosophie, nämlich der absoluten Idee.

> – Oder was dasselbe ist, der Begriff der Wissenschaft und somit der erste, – und weil er der erste ist enthält er die Trennung, daß das Denken Gegenstand für ein (gleichsam äußerliches) philosophirendes Subject ist, – muß von der Wissenschaft selbst erfaßt werden. Diß ist sogar ihr einziger Zweck, Thun und Ziel, zum Begriffe ihres Begriffes, und so zu ihrer Rückkehr und Befriedigung zu gelangen.[206]

Im obigen Zitat der Einleitung zur *Enzyklopädie* bringt Hegel selbst die zunächst bleibende Trennung zwischen uns und der absoluten Idee zum Ausdruck. Gegen die intuitive Auffassung der Identifikation zwischen uns und dem philosophischen Erkennen in der absoluten Idee als bloß weist Hegel mit dem Zitat hin auf die Notwendigkeit der weiteren Entwicklung und Rückkehr der absoluten Idee bzw. der eigentlichen Metaphysik zu sich, in der die vollkommene Identifikation zwischen beiden stattfindet. Nur mit dieser Rückkehr zu sich ist der eigentlichen Metaphysik voll Rechnung getragen, weil der Ausdruck „Metaphysik" wörtlich schon das Nachfolgende der philosophischen Physik zu seiner formalen Bestimmtheit hat.

In was für einem Zustand findet sich aber die absolute Idee wieder und wie entwickelt sie sich ausgehend von diesem Zustand weiter? Auf dem Entwicklungsstand der spekulativen Methode, die wegen der nichtvorhandenen Abweichung zwischen An- und Fürsichsein nicht mehr über sich hinausgehen muss, kehrt die absolute Idee als realisierte Idee zur Idee als solcher bzw. zur reinen Idee zurück und bleibt damit frei und ruhend bei sich.[207] Aufgrund der vollkommenen Durchsichtigkeit und Freiheit der absoluten Idee ruht die Idee ganz bei sich. Fernerhin kann die mögliche weitere Entwicklung der absoluten

---

205   Im zweiten Absatz des Kapitels über die absolute Idee weist Hegel selbst auf Natur und Geist als zwei weitere Weisen hin, der absoluten Idee ein Dasein oder eine Realität zu geben. Vgl. GW 12: 236f.
206   GW 20: 59 (Enz.³1830, §17).
207   Genau genommen ist die Freiheit hier als Befreiung und „Bei-sich-Sein" zu verstehen: „Die reine Idee, in welcher die Bestimmtheit oder Realität des Begriffes selbst zum Begriffe erhoben ist, ist vielmehr absolute *Befreyung*, für welche keine unmittelbare Bestimmung mehr ist, die nicht ebensosehr *gesetzt* und der Begriff ist; in dieser Freyheit findet daher kein Uebergang Statt, das einfache Seyn, zu dem sich die Idee bestimmt, bleibt ihr vollkommen durchsichtig, und ist der in seiner Bestimmung bey sich selbst bleibende Begriff." (GW 12: 253)

Idee auch nicht den bisherigen Fortgang der *Wissenschaft der Logik* wiederholen, weil die vorherigen Denkbestimmungen im logischen Fortgang ihre Unangemessenheit zur absoluten Idee aufgewiesen haben.

Auf die weitere Entwicklung der spekulativen Logik zur Naturphilosophie wird von Hegel im letzten Paragraphen (§244) der kleinen bzw. enzyklopädischen Logik mit ein paar Stichworten wie „Anschauen", „Freiheit", „Entschließen" und „frei-Entlassen" extrem gedrängt hingewiesen.

> Die Idee, welche für sich ist, nach dieser ihrer Einheit mit sich *betrachtet* ist sie *Anschauen*; und die anschauende Idee *Natur*. Als Anschauen aber ist die Idee in einseitiger Bestimmung der Unmittelbarkeit oder Negation durch äußerliche Reflexion gesetzt. Die absolute *Freiheit* der Idee aber ist, daß sie nicht blos ins *Leben* übergeht, noch als endliches Erkennen dasselbe in sich *scheinen* läßt, sondern in der absoluten Wahrheit ihrer selbst sich *entschließt*, das Moment ihrer Besonderheit oder des ersten Bestimmens und Andersseyns, die *unmittelbare Idee* als ihren Wiederschein, sich als *Natur* frei *aus sich zu entlassen*.[208]

Die Freiheit wird von Hegel immer durch „Bei-sich-Sein"[209] expliziert, sodass die absolute Idee auch in ihrer Entwicklung zur Natur ihren Begriffsgehalt nicht verlieren darf. Der weitere Fortschritt wird m. a. W. durch die spekulative Methode in ihrer Transparenz geregelt und steht damit im Gegensatz zur ‚Dunkelheit' des bisherigen Fortgangs der Logik. Mit „Bei-sich-sein" bzw. Transparenz ist indiziert, dass der absoluten Idee nun gewiss ist, dass alle vorhergehenden Denkbestimmungen und deren Bewegungen ihre Expressionen sind. Dank der Transparenz sind die Denkbestimmungen und deren Bewegungen letztlich in der absoluten Idee als ihrer ‚Kette' zusammenzuschließen, die von Hegel im letzten Abschnitt über die absolute Idee bezeichnet wird als „Schluss" und „System", sodass alle Denkbestimmungen und ihre Bewegungen zugleich unmittelbar vor der absoluten Idee präsent liegen. Mit „Betrachtet" und „Anschauen" ist die Präsenz aller Denkbestimmungen und ihrer Bewegungen zum Ausdruck gebracht – als ob die absolute Idee sie gerade ‚vor Augen' hätte. Infolge der Anschaulichkeit erhält sich die absolute Idee auch ihre Unmittelbarkeit.

Bezüglich des Zusammenschlusses aller Denkbestimmungen und ihrer Bewegungen durch die absolute Idee lässt sich die Bedeutung von „Entschluss" auch leicht erklären, indem „Zusammenschluss" und „Entschluss" als

---

208 GW 20: 231 (Enz.³1830, §244), die ähnlichen Ausdrücke in der großen Logik Vgl. GW 12: 253.
209 Der Ausdruck bedeutet eine selbst- und fremdbezügliche Struktur, mit der Hegel Kants Begriff der Autonomie reinterpretiert.

Begriffspaar zusammengestellt werden.²¹⁰ Durch diesen zweiten „Ent-schluss"²¹¹ werden alle Denkbestimmungen und ihre Bewegungen aus dem Zusammenschluss der absoluten Idee frei entlassen. Das Entlassen ist frei, weil der Fortschritt trotz der Äußerlichkeit und Mannigfaltigkeit der Denkbestimmungen und ihrer Bewegungen durch transparente spekulative Methode geregelt wird.

Mithilfe der Interpretationen wichtiger Begriffe des letzten Paragraphen der enzyklopädischen Logik Hegels lässt sich Auskunft über die weitere Entwicklung der absoluten Idee geben; nämlich dass die absolute Idee mit ihrem Zusammenschluss aller vorherigen Denkbestimmungen und deren Bewegungen in eine anschauende Unmittelbarkeit bzw. Natur eintritt, in der zugleich alle Denkbestimmungen und ihre Bewegungen zur Mannigfaltigkeit und zerstreuten Äußerlichkeit entlassen werden. Aufgrund der Unmittelbarkeit der Idee kann die Rückkehr der absoluten Idee zur Idee des Lebens gleichfalls nachvollzogen werden: weil die Idee des Lebens eben unmittelbar ist.²¹² Vor diesem Hintergrund wird die Natur von Hegel auch als „äußerliches Leben"²¹³ bezeichnet. Wird unter der Natur die Bedeutung vom griechischen Wort „φύσις" – Wachsen oder Entstehen – verstanden, erscheint Hegels Gleichsetzung von Natur und Leben fernerhin als zutreffend. Als bemerkenswert ist aber hervorzuheben, dass die Rückkehr zum Leben sich von dem vorherigen Fortschritt der Idee als solchen zur Idee des Lebens dadurch unterscheiden muss, dass diese Spezifikation der Idee als solcher noch zum Versuch gezählt werden muss, eine adäquate Form der Realisation der Idee als einer solchen zu finden, während sich jene Spezifikation der reinen, absoluten Idee mit der festgelegten spekulativen Methode entwickelt.

Durch den langen Prozess der Naturphilosophie bzw. der philosophischen Physik, die in Mechanik, Physik und organische Physik eingeteilt wird, erreicht die Idee im einzelnen Lebendigen die Idee des Lebens, die wegen ihrer Unmittelbarkeit und der damit einhergehenden Unangemessenheit von Einzelnem und Allgemeinem die Realität des Begriffs nicht gewährleisten kann.

> Ueberhaupt hebt die Ueberwindung und das Vorübergehen einzelner Unangemessenheit die allgemeine Unangemessenheit nicht auf, welche das Individuum darin hat, daß seine Idee die *unmittelbare* ist, als Thier *innerhalb der Natur* steht und dessen Subjectivität nur *an sich* der Begriff aber nicht *für sich*

---

210 Die Bedeutung von „Entschluss" durch sein Gegenteil, den „Zusammenschluss", zu erschließen, legt Fulda nah. Vgl. Fulda (2006).

211 Zur Erinnerung: Die spekulative Logik fängt eben auch durch einen Entschluss an. Dies ist der erste Entschluss. Am Ende der enzyklopädischen Geistphilosophie macht Hegel explizit, dass der erste und der am Ende der Geistphilosophie zu verortende zweite Entschluss das gleiche Resultat der zirkulären Bewegung des sich wissenden Geistes sind.

212 Vgl. GW 12: 177, 180.

213 GW 12: 253

> *selbst ist.* Die innere Allgemeinheit bleibt daher gegen die natürliche Einzelnheit des Lebendigen die *negative* Macht, von welcher es Gewalt leidet und untergeht, weil sein Daseyn als solches nicht selbst diese Allgemeinheit in sich hat, somit nicht deren entsprechende Realität ist.[214]

Im Gegensatz zu Menschen mit geistigen Kompetenzen können andere Lebewesen, hier Tiere, Begriffsallgemeinheiten nicht über ihre individuelle Existenz hinaus ausdrücken. Nachweis für die Unangemessenheit des Begriffs auf diesem Stadium der spekulativ-philosophischen Entwicklung ist der Tod des Lebewesens. Dieser kann vor dem Hintergrund der Philosophie Hegels als Scheitern der Expression des Allgemeinen im Einzelnen und mithin als Scheitern der Natur als Instantiierung der absoluten Idee gedeutet werden. Gleichzeitig weist der Tod des Tieres bzw. das Scheitern der Natur auf eine *andere* Realisationsweise, nämlich den Geist bzw. den Menschen hin, in dessen Einzelheit das Allgemeine *qua* Vernunft auszudrücken ist. Anders gesagt: Der Geist geht von der Aufhebung der Natur aus. Die eigentliche Metaphysik muss die Naturphilosophie hinter sich lassen, bevor sie den Namen „Meta-Physik" *qua* das Nachfolgende der philosophischen Physik zu Recht tragen darf.

Am Ende der objektiven Geistphilosophie, nämlich der Weltgeschichte, erhält die absolute Idee bzw. eigentliche Metaphysik durch „die gegenseitigen festen Garantien"[215] der Sittlichkeit und der religiösen Geistigkeit des Staates ihre wahrhafte Realität *qua „Wissen des absoluten Geistes"*[216]. Wegen der Wissensform ist der absolute Geist auch als ein Selbsterkennendes zu verstehen. Im absoluten Geist wird die vollständige Identifikation zwischen uns als philosophierenden Subjekten und der absoluten Idee in Aussicht gestellt, weil sich die absolute Idee nun ebenfalls als ein menschliches Wissendes erweist. Allerdings kann zugleich nicht zugesichert werden, dass die Entsprechung des Begriffs der absoluten Idee und ihrer Realität bloß durch eine einzige Weise des Wissens des absoluten Geistes erfasst wird. Anders gesagt: Es kann mehrere Weisen des Wissens des absoluten Geistes geben. Entsprechend der kognitiven Funktionen der enzyklopädischen Psychologie erfasst sich das Wissen des absoluten Geistes weiterhin durch Kunst (Anschauung), Religion (Vorstellung) und schließlich Philosophie (Denken).

In der Philosophie und v. a. der Philosophiegeschichte – nicht zuletzt in Hegels *Wissenschaft der Logik* – realisiert sich schlussendlich die von der Natur befreite und *eigentliche* Metaphysik als das Nachfolgende der philosophischen Physik. Auf diese Weise tritt auch die vollständige Identifikation zwischen uns

---

214   GW 20: 374 (Enz.³1830, §374).
215   GW 20: 541 (Enz.³1830, §541 A).
216   GW 20: 530 (Enz.³1830, §541).

als philosophierenden Subjekten und der absoluten Idee ein, – als eine Identifikation, die sich immer nur in einem System artikulieren kann. Vor diesem Hintergrund darf dann die spekulative Logik zu Recht den Namen „eigentliche Metaphysik" tragen.

Fazit: Epistemologie des philosophischen Begreifens als die eigentliche Metaphysik

Aufgrund meiner systematischen Untersuchungen zu Hegels eigentlicher Metaphysik ziehe ich nun das Fazit, dass Hegels eigentliche Metaphysik die Epistemologie des philosophischen Begreifens ist. Der gesamte Verlauf der *Wissenschaft der Logik* und des enzyklopädischen, philosophischen Systems ist die Rechtfertigung und Darstellung des absoluten Idealismus *qua* Hegels metaphysischen Standpunkts, der nichts anders als das philosophische Begreifen ist. Wie das private Gutachten bestätigt, das Hegel an seinem Freund Friedrich Immanuel Niethammer schickte, ist es Ziel der *Wissenschaft der Logik*, die eigentliche Metaphysik durch die Kritik der vormaligen Metaphysik und der groben Form der Transzendentalphilosophie Kants darzustellen. Ausgehend von diesem Ziel wird die gesamte spekulative Logik in die objektive und subjektive Logik eingeteilt. Während die objektive Logik für die Aufhebung des metaphysischen Standpunktes der vormaligen Metaphysik, also des Realismus, sorgt, beschäftigt sich die subjektive Logik mit der Aufhebung des metaphysischen Standpunktes der Transzendentalphilosophie, nämlich des subjektiven Idealismus.

Im Realismus wird die Realität als Gegebenes angesehen. Ausgehend von der Unterscheidung zwischen sinnlicher und intellektueller Gegebenheit wird der Realismus entsprechend in den direkten und indirekten Realismus eingeteilt. Während dem sinnlich Gegebenen angesichts dessen Unmittelbarkeit die Denkbestimmung „Sein" zugeschrieben werden kann, kommt dem intellektuell Gegebenen bezüglich dessen Vermittlung die Denkbestimmung „Wesen" zu. Die Seinslehre fängt mit der minimalen Gegebenheit „Sein" an und endet mit der Negation der Unmittelbarkeit. Die Konklusion der Seinslehre lautet: Das Sein ist kein Unmittelbares, sondern eine Vermittlung durch das Fremde. Bezüglich der Vermittlung fängt die Wesenslehre mit der Reflexion an und endet mit der Integration von Vermittlung und Unmittelbarkeit. Die Konklusion der Wesenslehre lautet: Das Wesen muss sich in Sein manifestieren. Der einzige Kandidat der Denkbestimmungen, der ohne die Gefahr, wieder das Problem der Wesenslogik herauf zu beschwören, dieses Erfordernis befriedigen kann, ist das begreifende Denken.

Im subjektiven Idealismus wird das begreifende Denken bloß als subjektiv angesehen. Die Realität, die durch den Begriff vorstrukturiert wird, ist daher statt der originalen nur die subjektive Realität. Die Begriffslehre im Ganzen fängt mit „Begriff" an und endet mit der absoluten Idee. Die Konklusion der

Begriffslehre lautet: Das philosophische Begreifen ist allein wahr im Sinne der Entsprechung seiner Realität. In der Seinslehre wird die sinnliche Realität aufgehoben, die vom Denken unabhängig ist. In der Wesenslehre wird die intellektuelle Realität aufgehoben, die das Denken transzendiert. In der Begriffslehre wird das subjektive Denken aufgehoben, das der Realität gegenübersteht. Durch drei Aufhebungen rechtfertigt Hegel seinen metaphysischen Standpunkt: den absoluten Idealismus als die Epistemologie des philosophischen Begreifens. Die Vernunft kann nicht in Anschauung und Vorstellung, sondern bloß im philosophischen Begreifen ihre Realität erreichen.

Nach dem Fazit zur gesamten vorliegenden Untersuchung der spekulativen Logik werden nun noch alle Missverständnisse bezüglich der Hegelschen Metaphysik sowie die Kritik des Verfassers an ihnen abermals zusammengefasst. Eine vorläufige Einschätzung der Missverständnisse ergibt aber auch, dass sich ihnen an manchen Stellen doch etwas Positives abgewinnen lässt. Während die standardmetaphysische Lesart, grob gesagt, die objektive Seite der Hegelschen Logik betont, fokussiert sich die transzendentale Lesart auf die subjektive Seite der Hegelschen Logik. Meines Erachtens sollen diese beiden Seiten jedoch zusammengeführt werden.

(A) Die standardmetaphysische Deutung (Onto-Theologie)

Heidegger ist wahrscheinlich der prominenteste typische Vertreter dieser Deutung, weil er einerseits den großen Rahmen dieser Lesart durch die Bezeichnung „Onto-Theo-Logie" vorzeichnet und anderseits das Sein als den Grund dieses Rahmens vorgibt. Heidegger zufolge ist der Grund für Hegels Zugehörigkeit zur Onto-Theologie ganz einfach, weil Hegels Logik eine mit dem Sein beginnende und mit dem erfüllten Sein (der absoluten Idee) *qua* dem höchsten Sein endende Logik ist. Die verschiedenen Interpretationen von Houlgate, Horstmann, Henrich, Bowman, Stern und Kreines differieren voneinander nur im Hinblick auf ihre verschiedenen Auffassungen vom höchsten Sein. Für Henrich, Horstmann, Bowman und Houlgate ist Hegels absolute Idee ein exemplarisches Sein mit einer selbstbezüglichen Struktur, sodass dieses Sein die Kluft von Sein und Denken überbrücken kann. Für Stern und Kreines hingegen ist Hegels absolute Idee, *qua* die vollkommene Form des Begriffs als solchen, der begriffliche Erklärungsgrund von allem.

Das Hauptdefizit dieser onto-theologischen Lesart besteht in ihrer vorgestellten, und deshalb dem reinen Denken fremden oder von ihm unabhängigen Realität. Die objektive Logik richtet sich sogar eben auf den Beweis dieses Defizits der vormaligen Metaphysik. Der Gipfel des Beweises wird im Kapitel über das Absolute erreicht. Sein und Existenz sind typische Denkbestimmungen, mit denen die vorgestellte Realität bezeichnet wird.

Viele Interpreten, wie Heidegger und Houlgate, insistieren besonders stark auf das Sein, wobei doch das Sein als solches *qua* Selbstbezug bei Hegel keine ontologische Bedeutung hat, sondern nur eine rein logische Bestimmung ist. Die Standardmetaphysiker glauben, dass die Realität entweder unmittelbar durch Anschauung (Empirismus, Commonsense-Realismus) oder vermittelt durch Reflexion (Rationalismus) gegeben wird. Während das durch die Anschauung unmittelbar Gegebene in der Seinslehre kritisiert wird, übt Hegel in der Wesenslehre Kritik an dem durch die Reflexion vermittelten Gegebenen.

Die Seinslehre zeigt dabei den allseitigen Widerspruch zwischen der qualitativen Perspektive und der quantitativen Perspektive über die Realität, sowie den unauflösbaren Widerspruch zwischen den qualitativen Unterschieden und der Homogenität dieser Unterschiede im Hinblick auf die Quantifizierung. Beide Perspektiven gehören zur Anschauung. Die Wesenslehre dagegen zeigt den Widerspruch zwischen dem Postulat einer dem Denken transzendenten Substanz und der immer übrigbleibenden äußeren Reflexion. Die meisten Interpretationen der onto-theologischen Lesart begehen nur z.T. den ersten Widerspruch in der Seinslehre. Indem sie aber die absolute Idee oder den Begriff als solchen als die vom Denken unabhängige endgültige Entität postulieren, fallen alle von ihnen in den Widerspruch der Wesenslehre.

Nichtsdestoweniger hat die onto-theologische Lesart immer dann Recht, wenn Hegel so gelesen wird, dass er anders als der subjektive Idealist die Realität nicht negiert. Dies ist immer dann wertzuschätzen, wenn die Interpreten aus der Gegenposition, nämlich der Kantischen, in der die vormalige Metaphysik kritisiert wird, statt der Realität die Subjektivität als das Selbstbewusstsein akzentuieren und dabei Gefahr laufen, diese realistische Dimension der Hegelschen Metaphysik zu übersehen.

(B)   Die transzendentalphilosophische Deutung

Die Gegenposition zur onto-theologischen Lesart bildet die transzendentalphilosophische Lesart, die sich an der kritischen Philosophie Kants orientiert. Sie interpretiert die Hegelsche Logik vor dem Hintergrund der apriorischen Bedingungen möglicher Erfahrung, deren höchste Bedingung die transzendentale Einheit der Apperzeption oder des Selbstbewusstseins ist. Während Hartmann, der als Vertreter dieses Interpretationsansatzes gilt, sich verstärkt auf die Kategorien als jene apriorischen Bedingungen fokussiert, insistieren Pippin und Pinkard auf den Vorrang des Selbstbewusstseins.

Es gibt zwei Hauptdefizite dieser Lesart. Erstens ist die Bezeichnung „Transzendentalphilosophie" für Hegels Logik zu eng gewählt. Die Transzendentalphilosophie wird ihrer Definition nach in der ersten Kritik nur auf die spekulative oder theoretische Vernunft eingeschränkt. Hegels Logik enthält jedoch nicht nur Kants erste Kritik, sondern bezüglich der Idee des Lebens und des Guten auch die zweite und dritte Kritik. Zweitens ist die Bezeichnung „Selbstbewusstsein" für den ‚Gipfelpunkt' der Hegelschen Logik, nämlich die Ideenlehre, unpassend gewählt. Obwohl Hegel selbst den Begriff als solchen mit dem Selbstbewusstsein als einem Beispiel des Begriffs als solchen identifiziert, heißt das nicht, dass die Ideenlehre auch zum Selbstbewusstsein gehört; andernfalls gäbe es keinen Unterschied zwischen dem Begriff als solchen und der Idee. Die Idee besitzt ihre aus dem Begriff erzeugte Realität, die beim Begriff als solchen nicht besteht. Anders gesagt: Der Begriff als solcher *qua* Selbstbewusstsein ist noch mit der bloßen Subjektivität behaftet und daher nicht vom Gegensatz des Subjekts und des Objekts befreit. Dies kann auch durch die Überschrift des zweiten Abschnitts der *Phänomenologie des Geistes* bestätigt werden, der den Titel „Selbstbewusstsein" trägt und so dem ersten, mit der Überschrift „Bewusstsein" betitelten Abschnitt gegenübersteht. Erst im Abschnitt „Vernunft", die in der enzyklopädischen Psychologie als Synonym für das Denken gilt, wird jener Gegensatz von Subjekt und Objekt aufgelöst. Im selben Sinn darf man die Ideenlehre in der Logik nicht ohne weiteres mit dem Selbstbewusstsein identifizieren, weil die Idee *per definitionem* kein bloßes Subjekt, sondern eine Subjekt-Objekt-Einheit ist.

Trotz solcher Defizite muss die transzendentale Lesart in Bezug auf den Gedanken der Subjektivität gewürdigt werden, genauso wie der onto-theologischen Lesart bezüglich der Realität oder Substanz ein gewisses Recht zugesprochen werden muss.

Wie der vorliegenden Darstellung entnommen werden kann, haben beide Lesarten ihre jeweiligen Vor- und Nachteile. Die Antwort des Verfassers auf beide Lesarten ist typisch dialektisch: Die Hegelsche Metaphysik muss sowohl Substanz als auch Subjekt sein. Aus historischer Sicht vertritt die onto-theologische Lesart, ganz grob gesagt, den Spinozismus und die transzendentale Lesart vertritt den Kantianismus. Hegels Philosophie übernimmt aber beide Traditionen. Zwar weist Hegel durch die objektive Logik den Anspruch der onto-theologischen Lesart auf eine dem Denken transzendente Realität zurück, baut aber im Abschnitt der Objektivität der Begriffslehre wieder eine durch den Begriff vermittelte Realität auf. Trotzdem darf man den wesentlichen Unterschied zwischen beiden philosophischen Traditionen nicht übersehen, weil dieser Unterschied die Kantische Umänderung der Denkart betrifft. Die Realität muss nicht ein fertig Gegebenes, sondern durch das Denken Vermitteltes sein. Unsere Begriffe über die Realität sind keine unmittelbaren, bloß mechanischen Reaktionen auf äußerliche Stimuli, sondern Produkte der Aneignung, die das Denken vollzieht.

FAZIT: EPISTEMOLOGIE DES PHILOSOPHISCHEN BEGREIFENS

Umgekehrt ist die Epistemologie des philosophischen Begreifens *qua* Hegels eigentliche Metaphysik kein bloßes Selbstbewusstsein als Selbstkenntnis – z.B. waches Bewusstsein eigener Zustände –, sondern eine philosophische Selbsterkenntnis. Wie die Idee des Lebens am Anfang zeigt, ist das sich in der Gestalt der Idee befindende Denken zugleich das Leibliche. Der Leib, seine Organe und Systeme sind die notwendigen Momente des Denkens. Das Denken als die Idee ist kein vom Leib unabhängiges Selbstständiges. Erst als das leibliche Denken oder als Idee kann das Denken in der Welt erkennen und handeln. Dies bedeutet natürlich nicht, dass das Denken dem Physikalismus ergeben auf physiologischer Grundlage revidiert werden kann. Die starke Betonung des Selbstbewusstseins im Hegelschen Sinne läuft zumindest Gefahr, dass man, wie im Skeptizismus und unglücklichen Bewusstsein der *Phänomenologie des Geistes*, in den Abgrund eines vermeintlich vom Leib unabhängigen Denkens fällt. Das vollkommene Denken ist für Hegel das philosophische, spekulative Begreifen. Im Sinne der Epistemologie solchen philosophischen Begreifens verteidigt der Verfasser mit der gesamten vorliegenden Arbeit über die *Wissenschaft der Logik* Hegels These, diese Logik sei die „eigentliche Metaphysik".

Literaturverzeichnis

Siglen

HL = (die) Hintergrundlogik[1]
OL = (die) Objektlogik

³§ (Ziffer)	Abschnitt aus *G. W. F. Hegel: Enzyklopädie der philosophischen Wissenschaften im Grundrisse (1830)*. In: Gesammelte Werke. Bd. 20
§ (Ziffer) A	Anmerkung zu Paragrafen aus *G. W. F. Hegel: Enzyklopädie der philosophischen Wissenschaften im Grundrisse (1830)*. Hg. von Friedhelm Nicolin und Otto Pöggeler.
§ (Ziffer) Z	Zusatz zu Paragrafen aus *G. W. F. Hegel: Enzyklopädie der philosophischen Wissenschaften im Grundrisse (1830)*. In: Werke in zwanzig Bänden. Theorie-Werkausgabe. Bd. 8-10.
Metaph.	Aristoteles: Metaphysica. Oxford 1957.
AA	Immanuel, Kant: Gesammelte Schriften. Akademie-Ausgabe. Berlin 1900ff.
TW	Hegel, G. W. F.: Werke in zwanzig Bänden. Frankfurt am Main 1971.
GW	Hegel, G. W. F.: Gesammelte Werke. In Verbindung mit der Deutschen Forschungsgemeinschaft Hg. v. d. Nordrein-Westfälischen Akademie der Wissenschaften. Hamburg 1968ff
GA	Heidegger, Martin: Gesamtausgabe. Frankfurt am Main 1975ff
HWPh	Historisches Wörterbuch der Philosophie. Hg. Joachim Ritter, Karlfried Gründer und Gottfried Gabriel. Völlig neubearbeitete Ausgabe des ‹Wörterbuchs der Philosophischen Begriffe› von Rudolf Eisler. Schwabe Verlag · Basel und Lizenzausgabe für die Wissenschaftliche Buchgesellschaft, Darmstadt 1971-2007

Bibliographie

Arndt, Andreas: Hegels Seinslogk: Interpretationen und Perspektiven (Hegel-Forschungen). Hrsg. Andreas Arndt/Christian Iber. Berlin 2000.

— : Hegels Lehre vom Begriff, Urteil und Schluss (Hegel-Forschungen). Hg. Andreas Arndt/Christian Iber/Günder Kruck. Berlin 2006.

— : Hegels „Lehre vom Wesen" (Hegel-Forschungen). Hg. Andreas Arndt/Günder Kruck. Berlin 2016.

---

1 Vgl. Unterkapitel 1.1.1.

Beiser, Frederick: „Hegel and the Problem of Metaphysics". In Fredrick Beiser ed..: The Cambridge Companion to Hegel. Cambridge 1993.
— : Hegel. New York and London 1995.
— :„The Puzzling Hegel Renaissance". In Fredrick Beiser ed.: The Cambridge Companion to Hegel and Nineteenth-Century Philosophy. Cambridge 2008.
Bowman, Brady: Hegels and the Metaphysics of absolute Negativity. Cambridge 2013.
Brandom, Robert: Tales of the Mighty Dead. Cambridge, MA 2002.
De Laurentiis, Allegra: „Introduction". In De Laurentiis, Allegra u.a. Hg.: Hegel and Metaphysics: On Logic and Ontology in the System. Hegel-Jahrbuch Sonderband. Berlin/Boston 2016.
Düsing, Klaus: Das Problem der Subjektivität in Hegels Logik: Systematisch und Entwicklungsgeschichtliche Untersuchungen zum Prinzip des Idealismus und zur Dialektik. Bonn 1995.
— : Aufhebung der Tradition im dialektischen Denken. Untersuchung zu Hegels Logik, Ethik und Ästhetik. München 2012.
Fulda, Hans Friedrich: „Spekulative Logik als „die eigentliche Metaphysik". Zu Hegels „Verwandlung des neuzeitlichen Metaphysikverständnisses", in Pätzold, Detlev u.a. Hg.: Hegels Transformation der Metaphysik. Köln 1991.
— : „Methode und System bei Hegel. Das Logische, die Natur, der Geist als universale Bestimmungen einer monistischen Philosophie", in Fulda, Hans Friedrich (Hg.): Systemphilosophie als Selbsterkenntnis. Würzburg 2006.
— : G. W. F. Hegel. München 2003.
Hartmann, Klaus: „Hegel: A Non-Metaphysical View", In Alasdair MacIntyre ed.: Hegel: A Collection of Essays. Garden City 1972.
Henrich, Dieter: Hegel im Kontext. Frankfurt am Main 1971.
— : „Hegels Grundoperation. Eine Einleitung in die ‚Wissenschaft der Logik'", in Ute Guzzoni et al. (Hg.) Der Idealismus und seine Gegenwart. Festschrift für Werner Max zum 65. Geburtstag. Hamburg 1976. SS. 208-230.
— : „Hegels Logik der Reflexion. Neue Fassung", in Friedhelm Nicolin u. Otto Pöggeler (Hg.) Hegel-Studien Beiheft 18. Bonn 1978. SS. 203-324.
— : „Die Formationsbedingungen der Dialektik: Über die Untrennbarkeit der Methode Hegels von Hegels System", Revue Internationale de Philosophie, No. 139/140(1/2), Hegel et la Dialectique, S.139-162 1982.
Horstmann, Rolf-Peter: Ontologie und Relation. Hegel, Bradley, Russell u.d. Kontroverse über interne und externe Beziehungen. Königstein/Ts 1984.
— : Die Grenze der Vernunft. eine Untersuchung zu Zielen und Motiven des Deutschen Idealismus. Frankfurt am Main 2004.
Houlgate, Stephen: The Opening of Hegel's Logic: From Being to Infinity. West Lafayette, Indiana 2006.
Iber, Christian: Metaphysik absoluter Relationalität. Berlin und New York 1990.

— : „Zum erkenntnistheoretischen Programm der Schlusslehre Hegels mit Blick auf seine Kritik am Verstandesschluss", in Andreas Arndt u.a. Hg.: Hegels Lehre vom Begriff, Urteil und Schluss (Hegel-Forschungen) Berlin 2006.

Jaeschke, Walter: „ein Plädoyer für einen historischen Metaphysikbegriff", in Metaphysik und Metaphysikkritik in der klassischen deutschen Philosophie (Hegel-Studien Beiheft 57). Hamburg 2012.

Kreines, James: „Hegel's Metaphysics: Changing the Debate". In Philosophy Compass 1/5 (2006): SS. 466-480.

— : Reason in the World. Hegel's Metaphysics and Its Philosophical Appeal. New York 2015.

Koch, Anton Friedrich: G.W.F. Hegel: Wissenschaft der Logik (klassiker Auslegung). Hg. v. Anton Friedrich Koch u. Friedrike Schick. Berlin 2002.

— : Der Begriff als die Wahrheit. Zum Anspruch der Hegelschen „Subjektiven Logik". Hg.v. Koch/Oberauer/Utz. Paderborn 2003.

— : Wahrheit, Zeit und Freiheit. Eine Einführung in eine philosophische Theorie. Paderborn 2006.

— : Die Evolution des logischen Raumes. Tübingen 2014.

Longuenesse, Béatrice: Hegel's Critique of Metaphysics. trans. by Nicole. J. Simek. Cambridge 2007.

Loux, Michael J.: Metaphysics: a contemporary introduction. New York and London 2006.

Moretto, Antonio: „Die Hegelsche Auffassung des Maßes", In G.W.F. Hegel: Wissenschaft der Logik (klassiker Auslegung). Hg. v. Anton Friedrich Koch u. Friedrike Schick. Berlin 2002.

Plevrakis, Ermylos: Das Absolute und der Begriff. Zur Frage philosophischer Theologie in Hegels »Wissenschaft der Logik«. Tübingen 2017.

Pinkard, Terry: Hegel's Dialectic: The Explanation of Possibility. Philadelphia 1988.

— : „How Kantian Was Hegel?", In The Review of Metaphysics, Vol. 43, No. 4 (Jun., 1990), SS. 831-838.

— : „Klaus Hartmann: A Philosophical Appreciation", In Zeitschrift für Philosophische Forschung, Bd. 46, H. 4, 1992. SS. 600-608.

— : Hegel's Naturalism: Mind, Nature and the Final Ends of Life. New York 2012.

Pippin, Robert: Hegel's Idealism: The Satisfactions of Self-Consciousness. Cambridge 1989.

Quante, Michael u. Mooren, Nadine (Hg.): Kommentar zu Hegels Wissenschaft der Logik (Hegel-Studien Beiheft 67). Hamburg 2018.

Rescher, Nicholas: Galen and the Syllogism: an examination of the thesis that Galen originated the fourth figure of the syllogism in the light of new data from Arabic sources including an Arabic text edition and annotated translation of Ibn al-Salah's treatise „On the fourth figure of the categorical syllogism". Pittsburgh 1966.

Ruschig, Ulrich: „Die „Knotenlinie von Maaßverhältnißen" und materialistische Dialektik", in Hegels Seinslogk: Interpretationen und Perspektiven (Hegel-Forschungen). Hg. Andreas Arndt/Christian Iber. Berlin 2000.

Sánchez de León Serrano, J. M.: Zeichen und Subjekt im logischen Diskurs Hegels (Hegel-Studien Beiheft 60). Hamburg 2013.

Stern, Robert: Hegelian Metaphysics. New York 2009.

Theunissen, Michael: Sein und Schein. Die kritische Funktion der Hegelschen Logik. Frankfurt am Main 1980.

Vollrath, Ernst: „Die Gliederung der Metaphysik in eine Metaphysica generalis und eine Metaphysica specialis". Zeitschrift für philosophische Forschung, Bd. 16, H. 2 (Apr.-Jun., 1962), SS. 258-284.

Register

Personenregister

Aristoteles 1, 5, 60, 131, 217
Arndt, Andreas 7

Beiser, Frederick 8, 10, 125, 126
Bowman, Brady 9, 124, 126, 152, 192-195, 228
Brandom, Robert 11

De Laurentiis, Allegra 8
Düsing, Klaus 10

Fulda, Hans Friedrich 13, 223

Hartmann, Klaus 10, 211, 212, 229
Heidegger, Martin 10, 93-95, 124, 228, 229
Henrich, Dieter 9, 121-124, 126, 228
Horstmann, Rolf-Peter 9, 24-27, 93, 124, 126, 152, 192, 193, 228
Houlgate, Stephen 9, 22-24, 124, 192, 228, 229

Iber, Christian 76, 77, 170, 171

Jaeschke, Walter 3

Kant, Immanuel 2-6, 10-12, 23, 24, 93, 95-97, 100, 125, 126, 145, 147, 152-155, 172, 193-196, 201, 209-216, 222, 227, 229, 230
Kreines, James 7, 8, 10, 95-98, 124, 152, 192, 228
Koch, Anton Friedrich 7, 17, 168

Lewis, David 127
Longuenesse, Béatrice 7
Loux, Michael J. 5

Mackie, John Leslie 129
Mooren, Nadine 7
Moretto, Antonio 57

Pinkard, Terry 11, 211, 213-215, 229
Pippin, Robert 7, 10, 212-215, 229
Plevrakis, Ermylos 156

Quante, Michael 7

Rescher, Nicholas 172
Ruschig, Ulrich 57

Sánchez de León Serrano, J.M. 22
Spinoza, Baruch 123, 124
Stern, Robert 10, 124-126, 152, 228

Theunissen, Michael 7, 9, 155, 156

Vollrath, Ernst 2

Wittgenstein, Ludwig 11

Sachregister

Begreifen 123, 140, 143, 149, 154, 208, 216-220, 227, 228

Das philosophische Begreifen 8, 11-13, 208, 209, 213, 216-220, 227, 228, 231
Das Sein 20, 31, 70, 91, 93, 133, 218, 227
Der begriffliche Realismus 10, 95, 124, 125, 154
Der direkte Realismus 12, 13, 16, 18, 19, 28, 29, 38, 39, 41, 46, 50, 51, 56, 64, 67, 141, 212
Der subjektive Idealismus 4, 11, 13, 15, 24, 141, 145, 151, 157, 168, 180, 181, 196, 197, 200, 205, 208, 227

Enzyklopädie 5, 22, 153, 172, 215, 220, 221
Epistemologie 8, 11-13, 208, 213, 216, 219, 227-231
Essentialismus 12, 13, 64, 67, 70, 89, 92, 98, 103, 108, 113, 115, 118, 119, 127, 134, 137, 139-141

Gott 1, 9, 93, 118, 120, 156, 217

Meta-Physik 13, 224
Metaphysik 1-17, 22-24, 27, 28, 93-96, 118, 120, 121, 123-127, 141, 155, 156, 192-195, 209-215, 217, 219, 220, 221, 224, 225, 227-231

Ontologie   2, 3, 5, 9, 10, 21-23, 25-27, 93, 121-123, 125, 154, 155, 192, 209
Onto-Theo-Logie   93, 228

Psychologismus   3, 145, 154, 195, 210

Selbstbewusstsein   152, 153, 193, 212-216, 229, 230

Theologie   1, 2, 5, 9, 10, 93, 95, 96, 120, 122-124, 127, 155, 156, 212, 217, 228
Transzendentalphilosophie   2-4, 8, 9, 11, 209-213, 215, 227, 229

Welt   5, 6, 10, 11, 27, 53, 55, 98, 106-109, 122, 123, 125-127, 145, 181, 185, 186, 188, 198, 206-208, 210, 216, 217